日大全共闘1968 叛乱のクロニクル

眞武善行

白順社

日大全共闘フォト・クロニクル

6・11 ストライキ突入 法学部三号館

5・31文理学部ロックアウト下で団交要求全学総決起集会

6・4経済学部前　団交要求総決起集会

6·4 経済学部前 団交要求総決起集会

6・11経済学部前

6・11 経済学部前　秋田明大議長

6・11 経済学部前

9･12 白山通りに座り込む日大全共闘行動隊

9・12 法・経再占拠を宣言する秋田明大議長

9・12白山通りを埋め尽くす日大生

9・30 大衆団交　両国日大講堂

秋田明大議長と古田日大会頭 9·30 大衆団交

9·30 大衆団交 両国日大講堂

9・30大衆団交

9・30大衆団交後、床には紙吹雪の散乱

芸

日大全共闘芸闘委の精鋭たち

芸闘委バリケードのなかから　左頁も

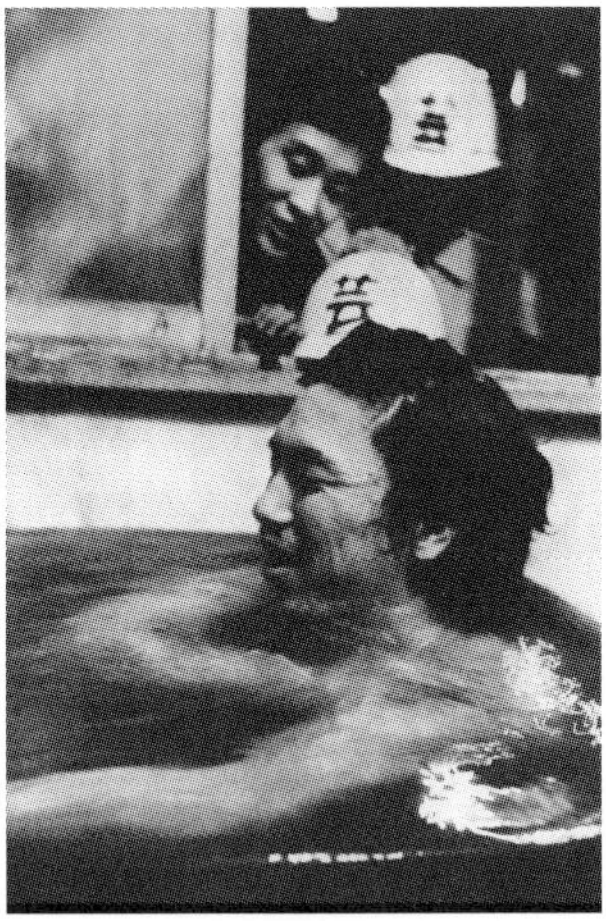

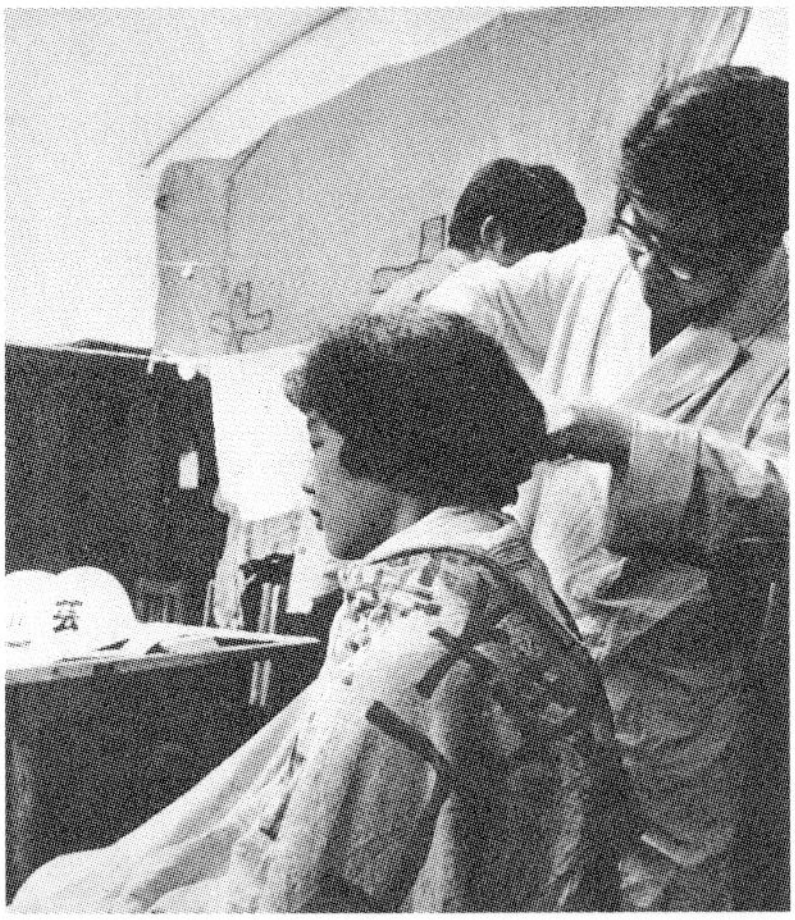

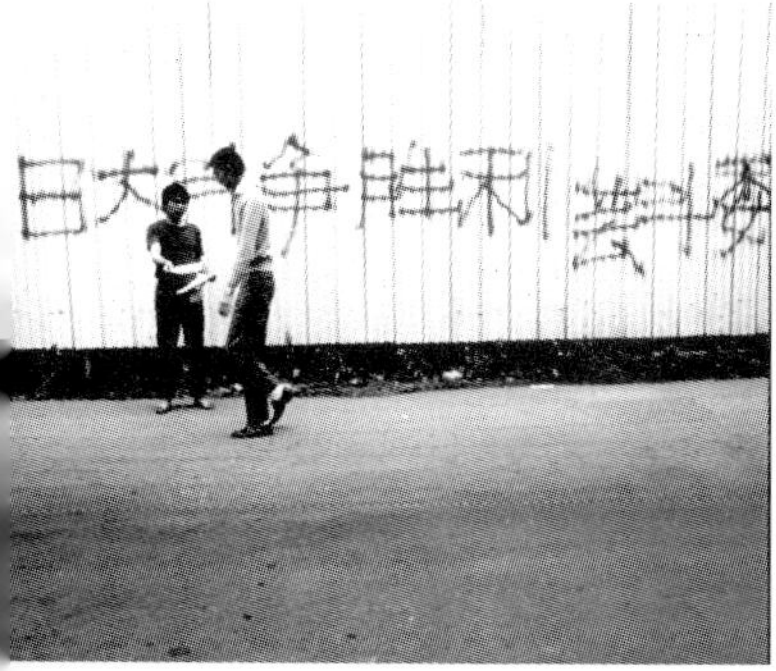

芸術学部江古田通

日大全共闘 1968 叛乱のクロニクル　目次

第2部 バリケードに抱かれて

第3部 それからの日大全共闘

第1部
自由を求めて

*何かが起こっている

一九六八年五月二十四日『読売新聞』朝刊に小さな記事が社会面に載った。

『日大生がデモ脱税事件追求』「日本大学では〝二十億円脱税〟事件の責任を追及しようと、経済学部・短大学生会（秋田明大委員長）が二十三日正午から千代田区神田三崎町の経済学部学生ホールで約四百人の学生大会を開いたがこれを無届け集会とする大学当局は午後二時すぎ校舎入口で学生証を点検、学生側はデモ体系で通り過ぎようとした。大学側はシャッターを降ろし学生たちは裏口から校外に出て、周辺の道路をデモった。日大生のデモはここ数年なかったこと」


この記事を見つけたことが、私にとって日大闘争に関わることになる端緒だった。

私は江古田にある芸術学部映画学科のなったばかりの二年生、十九歳だった。

とにかく経済学部に行ってみようと思った。何時ごろ水道橋に着いたのかははっきりしない。そこら辺をやたらと歩き回ったことを覚えている。白山通りから一本西へ入ったところにある校舎の前に学生たちが集まっていた。ここが法学部三号館であることは後に知ることになる。

やがてデモの隊列が組まれ、隊列は動きだした。

デモは経済学部前までいった。このデモのなかで、ひとつのことが起きた。デモの何列か前にいた学生が振り返り顔が合った。デモのなかに知った顔を見つけて互いに笑顔になった。彼は芸術学部写真学科三年、芸術学部自治会の委員長高橋博だった。この日にはほかにどういう行動があったか覚えていないが、高橋とは翌日、写真学科の報道部会の部室で会うことを約束して別れた。

日大闘争が始まっていた。そして、この日が私にとっての日大闘争の始まりとなった。それは私の人生にとって引き返すことのできない「第一歩」になった。

私がはじめて日大闘争に参加した五月二十四日を新聞はこう伝えている。

「二十億円の使途不明金問題でもめている東京・神田三崎町の日大で、二十四日正午すぎ、学生約七百人が経済学部校舎地下一階の学生ホールで大学側の説明を要求する無届け集会を開いた。そのさい、集会の趣旨に反対する体育会関係の学生約百人がまじって歌などをうたい、集会を妨害したため、数カ所で学生同士の小競り合いが起り、同ホールのドアのガラス一枚が割れた。

大学側は的場経済学部学生指導委員長名で「使途不明金問題については、近日中に学部長が説明するので、無届け集会をやめ、解散するよう」呼びかけると同時に、混乱をさけ二十四日、夜間部の経済学部の授業を全面休講とした。

学生たちは午後二時半ごろ、同ホールから外へ出て、校舎から約五百メートル離れた錦華公園まで歩道をデモ行進し、同公園で集会を開いたあと、再び「二十億円を返せ」などのシュプレヒコールをあげながら経済学部校舎と本部前までデモ行進、本部前で座り込みしたあと午後六時前解散した。」（『朝日新聞』一九六八年五月二十五日、以下『朝日』）

1 日大全共闘

*一九六八年五月二十一日、それは始まった

日大闘争は経済学部のたたかいから始まった。五月二十一日、経済学部地下学生ホールで無届けの学生集会がもたれた。四日前の十八日、経・短学生会（秋田明大委員長）は、使途不明金問題についての学生委員会開催を学部当局に申請した。二十日、これを学部当局は拒否した。翌二十一日経短学生会は、これに抗議する討論集会を開催したのである。集会が始まったときは、二十名ほどの学生だったという。

これに右翼・体育会の学生五十人が暴行を加えた。しかし学生会の学生たちは、これに耐えて集会を続けた。集会には三百名もの学生が集まり、これからも無届け集会を継続することを決めたという。

集会に参加していた太郎良譲二（経済二年）は、自身の日誌にこう記している。

「経済学部と短大経済学部の学生会、昼食時間に経済学部地下食堂ホールで使途不明金と学内検問体制などを弾劾する討論会を始めるが、40・50名ほどの体育会学生集団がなだれ込み、「赤狩り」と称して学生会学生に殴るける上着を引きちぎるなどの暴行を加えて校舎外に放り出す。この時の暴行行為の現場指揮命令は日大付属鶴が丘高校の現役職員・上田氏（元本部応援団長）が当たっていた。」

翌二十二日、経短学生会は予告通り抗議集会を開いた。この集会の地下ホールには四百五十人の学生が集まった。その中には法学部・文理学部などの他学部学生が三十名ほど参加していた。日大の暴力支配に屈しない日大生たちが登場した。巨大な日大闘争への血路がここに開かれたといってよい。

「経済学部と短大経済学部の学生会が、前日の暴行行為に対する抗議行動として学生課前で抗議文を採択し掲示するが、これを大学職員が目前ではがす。学外に出された学生会学生は近くの喫茶店・白十字でクラス会委員など一般学生と合流して日大改革の討論を行う。」（前記、太郎良日誌）

＊秋田明大のたたかい

五月二十一日から始まるたたかいを準備したのは経短学生会の委員長秋田明大を中心とした学生たちである。経短学生会というのは、経済学部と経済短期大学部の学生会のことである。

四月十五日、日大の二十億円使途不明金事件が新聞各社によって報道された。

『日大、20億円の不明金　国税局の監査でわかる』『教授らへのヤミ給与か』（『朝日』）

『ヤミ給与、脱税も？　日大あいまいな20億円　国税局が調査』（『読売』）

さらに四月二十日、経短学生会主催の「新入生・移行生歓迎集会」の講演会（日高六郎東大教授）が、大学当局に禁止される。これからちょうどひと月が、秋田たちの決起の日である。秋田がどれほど苦悩したか、想像がつかない。

秋田は決起の決意を固めた後、二人にその決意を語り支援を要請している。一人が日比野光男である。日比野は文理学部英文学科ＯＢで、六六〜六七年社会科学研究会委員長・六七年文連広報部長を経験した活動家である。

「闘争が始まる直前、市ヶ谷のアパートに住んでいた私を訪ねて秋田（明大）君がやってきた。当時、そのアパートの一室で私は田村（正敏）君や矢崎（薫）君と共同生活をしていた。秋田君の表情は、心なしかちょっと思いつめた感じだった。田村君や矢崎君も同席したうえで、はじめに秋田君がこう切り出した。

「実は、使途不明金の追及を足がかりに闘争を組織したいのだが……」

正直なところ、私は反対だった。当時の状況からいって闘争が結実するとはとても考えられなかった。過去の闘いの経験からして、学生が決起してもたちまち暴力的に粉砕されるだろうと見ていたからだ。

すると、秋田君が血相を変え、語気を強めて「どうしても決起するしか途はない、闘う以外の術はないんです」と、叫ぶような口調で言った。断固とした決意と気迫に押されて、私はもう反対論を述べることは出来なかった。

その後は、秋田君を援けながら田村君や矢崎君が準備に取りかかった。闘争の経験がないわけだから、相当に苦労したことと思う。」

もう一人が、土倉久仁男である。土倉は文理学部数学科ＯＢで、後の日大闘争では「日大闘争救援会」を組織する一員になる。

「67年の「四・二〇事件」のあと、経短学生会執行部の藤原（嶺雄）委員長ら被害に遭った諸君を支援しようと、全学OB会が結成された。その活動は闘争がはじまる直前まで続いていた。ある時、OB会に秋田君がやってきて「闘争をはじめることにした」と宣言した。当然だが、OB会は反対した。決起しても「四・二〇事件」の二の舞になると危惧したからだ。

とたんに秋田君の表情が一変し、きっとした顔つきでこう言った。

「すでに闘争をはじめる決心をしました。だから、わたしたちを支援してくれればいい」

ここまで言われると、いまさら反対は出来ない。

それで全学OB会は、急遽、全面的な闘争支援に方針を変更した。」（ともに「As Time Goes By」大場久明『忘れざる日々3』より）

こうして秋田は準備を進めていった。そして、経済学部で火の手が上がった。

＊二百メートルデモという伝説が生まれた

五月二十三日も抗議集会は続けられた。そしてこの日、「日大ではじめてのデモ」という事態が起こる。前日の集会には、すでに法学部・文理学部の学生が参加していた。

経済学部当局はそのことを察知して、校舎入口での学生証検査を始めた。

この他学部の学生の参加のいきさつを語るいくつかの証言が残っている。まず、のちに文理学部闘争委員会書記長となる鈴木淳夫（文理二年）の話である。日比野のアパートで、秋田と日比野の話し合いがあったすぐ後に、このアパートで文理学部学生の会議があったという。「文理社研および「GT」と称していた学園民主化対策委員会のメンバー二十人前後を中心に「市ヶ谷フラクション」が開催され、出席者の意思確認がなされた。」

つまり、経済（秋田）とともに闘いに決起するかどうか、各人に問われたというのである。

次は、矢崎薫の話。矢崎は全共闘副議長になる。「三田の寺院で経済・法・文理の代表者によって「魚籃坂会議」と後に呼ばれる会議が開かれた。法学部からは、矢崎・風間孝幸・酒井杏郎・今章らが出席した。」

話はここまで進んでいた。

ここで鳥越敏朗（経済四年）に五月二十三日の闘いについて語ってもらおう。鳥越は、六七～六八年経短学生会文化部長で、秋田が全共闘議長に就いたため経済学部闘争委員長になる。

「五月二十三日、地下ホールでの集会には、他学部からの参加者もいた。実を言えば、集会前日の夜、都内で中核派の政治集会があり、その集会にかなりの日大生が出席するという情報を得て、私は会場に赴いた。そして、その会場でこう訴えた。「明日、経済学部地下ホールで抗議集会を開く。学園民主化に関心のある学友は学部を問わず参加して欲しい」だから、当日の集会には、他学部の応援部隊が相当数いた。ところが、学部当局は検問態勢で対抗してきた。応援部隊を学生課に捕捉させるわけにはいかない。そこで、応援部隊を真中に包み込むように隊列を組み、検問を突破して学外に脱出させようとした。地下ホールから一階に、そして、水道橋の駅の近くまで隊列を組んでデモった。」

こうして伝説の二百メートルデモが行われた。

これを見ていた橋本眞史（経済一年）の話では、デモというよりは団子のようになって進んでいっただけだ、という。その方が真実に近いようだ。

形はどうであれ、日大生が街頭に飛び出したのである。それは必然であった。経済学部の校舎は、白山通りという大通りに面してビルのように建っている。校庭というものがまったくないのである。校舎を出たら、すぐに大通りである。地下の学生ホールから街頭へ。日大闘争が陽の目を見たのである。

だが、この大学の立地条件が日大闘争の性格を決定づけることになる。日大闘争は街頭で激しくたたかわれてゆくのである。

五月二十三日のたたかいでもう一つ注目しておかなければならないことは、このときすでに日大全共闘の原型が現れているということである。鳥越のいう前日の中核派の集会に参加していた今章（法三年）の話である。

「集会にはじめて中核派日大支部の旗を出した。ばらばらに参加していた日大生を集めて、集会後に総括集会を行った。ここで「日大民主化闘争に決起する」ということが話し合われた。」

ここで、文理学部の「市ヶ谷フラクション」の話と、今章の集会の話とを合わせるとこういうことになる。文理学部の田村を中心とするＭＬ派（社会主義学生同盟ＭＬ派）のグループ、法学部の中核派（マルクス主義学生同盟中核派）グループがそろったのである。ここに「二十三日の集会の他学部学生の参加」ということの意味がある。

経済学部秋田執行部のたたかいと、これらのグループが結んで、日大闘争の中心が形成されるのである。ここまで来ると、全共闘の結成まではすぐである。

この日の事態が、新聞紙上に報道されたことは重要な意味を持っている。

『学長選や民主化で三大学が大荒れ　早・日・駒大』「日大　二十億円の使途不明金をめぐり、千代田区三崎町の経済学部学生ホールで無届け集会を開いた。参加者数は学生側によると千五百人。学生側の話では各クラス、研究会代表らの経済学部学生委員会が十八日に、この問題で集会を開きたい、と大学側に申し入れたが不許可になったため、これに抗議して、二十一日から連日、集会を開いているのだという。」（『朝日』五月二十四日）

日大の学生たちの動きがマスコミに登場するのは、五月二十四日の朝刊各紙に日大経済学部のたたかいが報道されたのが、はじめてであった。

それまでは、経済学部で起こっている事態について、法学部・文理学部などの「組織」を通して知らされていたものはいた。しかし、ほとんどの日大生はこの新聞報道によってはじめて知ることになる。

のちの事態の発展をみると、多くの日大生がこの何かを待っていた。

日大闘争は一気に広がっていった。私みたいなおっちょこちょいは新聞記事に誘われて、のこのこと水道橋まで来てしまったのである。

なぜ新聞報道が日大闘争の始まりに重要な役割を果たしたのかということである。ひとつは、四月十五日の二十億円使途不明金報道によって、日大生のなかにすでに怒りがひきだされていた。すでに身構えていた学生たちも各学部にいたのだろう。

そしてつぎに、経済学部学生の決起の報道である。日大には全国に十一学部十三校舎が存在している。それぞれの学部は違う場所に単科大学のように存在している。一つの学部に通う普通の学生にとって、他学部で起こっていることなど知る由もない。

日大の十一学部十三校舎というのは、以下の通りである。まず都内の学部だが、大学本部と法学部、経済学部は神田三崎町、水道橋駅近く。理工学部、歯学部、そして医学部の日大病院は神田駿河台、御茶ノ水駅近く。文理学部は京王線高井戸駅、商学部は小田急祖師ヶ谷大蔵駅、農獣医学部は世田谷区下馬。この三学部は比較的近くにある。医学部と板橋日大病院、そして付属看護学校は板橋区大谷口。芸術学部は西武線江古田駅。千葉県には津田沼の生産工学部と理工系教養部と短大が併設されている習志野校舎がある。福島県郡山市には工学部。静岡県三島市には文理学部三島校舎と短大。

そのうえ、各学部内では「検閲制度・許可制度」というもので、学生の自由な文書の発行、集会の開催などは押さえつけられていた。それを食い破ろうとする学生には、右翼・体育会の暴力が用意されている。この検閲制度・許可制度と右翼・体育会の暴力のセットが、「日大の平穏」を維持してきた装置なのである。

だが、このときは違っていた。経短学生会の秋田たちは決起した。そして暴力に屈することはなかった。学生同士の「口コミ」も働いただろう。小さな記事とはいえ、全国紙に報道されてしまった。もはや、目隠しはできなかったのである。

日大闘争の進展と報道とは良好な関係が結ばれてゆく。大学側も繰り返し「新聞広告」を出すようになってゆく。

のちに秋田は日大闘争にとって新聞報道の意味をこう語っている。

「我々は体育会系学生らの支配する閉鎖的な「恐怖政治」の中にいた。初めて雑誌がその一端を書いた時、まるで缶詰に穴があいた感じだった。」（『朝日』夕刊「検証 昭和報道」二〇一〇年一月）

*ついに日大全共闘結成

四月二十四日以降、連日経済学部・法学部の周りでは集会やデモが繰り返される。経済学部では二十四日も地下ホールの集会が持たれた。参加する学生の数も増えていった。この日もまた右翼・体育会学生の暴力が振るわれた。学生会学生は一号館前の道路に移動、集会を続けた。ここに、法学部からのデモ隊五百名が合流した。文理学部からも三十名が参加した。ここに経済学部一号館前の道路を占拠しての日大生の全学的集会の第一回目が持たれたのである。

ここで法学部と文理学部の動きに触れておこう。

魚籃坂での経済学部・法学部・文理学部の会合の後、動きは速度を速めていった。そして、五月二十二日、二十三日の経済学部地下ホールには法学部・文理学部の学生が姿を現している。法学部では、二十四日法学部自治会学生委員総会が開かれた。ここで、使途不明金問題で何の動きもしない執行部に対して、批判の声が噴出した。委員会はわずか十五分で流会となった。執行部批判派二百名は、その場を抗議集会に切り替え、経短学生会の抗議行動に呼応することを確認した。事実上の法学部闘争委員会の登場である。そして、法学部三号館前で五百名の隊列になって、経済学部一号館前の学生と合流した。

その後、連日の抗議集会を続けた。二十七日、三号館前の集会で法学部闘争委員会（酒井杏郎委員長）の結成が宣言された。

文理学部では、二十四日の経済学部一号館前の集会に三十名が参加している。二十五日には大講堂前で抗議集会が開かれた。これに対し学部当局は、井出学生課長ら学生課員が集会の立て看板を壊したり、ハンドマイクのコードをちぎったりの妨害活動を行った。だが、学部当局の「解散通告」も無視して集会は続けられた。右翼・体育会学生五十名が妨害活動を行うが、集会参加者はどんどん膨れ上がった。

二十七日、大講堂前に三千名の学生を集めて集会を行い、文理学部闘争委員会（田村正敏委員長）の結成を宣言した。

五月二十七日、経済学部前で「全学総決起集会」と呼べる集会がはじめて開かれた。参加しているのは、すでに闘争委員会を結成している経済学部・法学部・文理学部、そして確認できるだけでも商学部・芸術学部・理工学部・農獣医学部・歯学部などの学生である。

ここで全学共闘会議の結成が提案され、大きな拍手のなかで承認された。さらに、役員も選出された。その役員は以下の通りである。

議長　　秋田明大（経済学部四年）
副議長　矢崎　薫（法学部四年）
書記長　田村正敏（文理学部四年）
会計部長　中山正宏（文理学部四年）
情宣部長　戸部源房（経済学部三年）
組織部長　今　章（法学部三年）

この役員人事が決まるには、いきさつがあった。鳥越の話である。

「この日（二三日）の夜、新宿の喫茶店「らんぶる」で人事が内定された。議長は秋田、副議長は矢崎、書記長（書記局長）は田村、会計（部長）は中山（正宏）と、ここまではほぼ決まっていたが、戸部と今のポストが未定のままだった。今を「らんぶる」に呼び出し、組織部長と情宣部長のどちらかを選べとなった。ま、どちらを選択しても大差ないのだが、今はややあきれ顔で組織部長を選んだ。しかし、それにしても田村が文闘委委員長を兼任するとは思いもよらなかった。」

こうして、経済学部二人、文理学部二人、法学部二人という全共闘役員が選出され、「日大全共闘」は船出することになる。

たたかいに結集している学生たちにとって、全共闘は「月光仮面」のようなものであったかもしれない。疾風《はやて》のように現れた「正義の味方」であった。それを人格化したのが秋田である。そう、秋田は月光仮面だった。日大全共闘＝秋田議長なのである。はっきりいえば、学生たちにとって秋田議長以外の役員は誰でもよかったのである。

全共闘を学生たちは歓喜をもって迎えた。こういうエピソードがある。

「日大全学共闘会議（秋田明大議長）」と新聞に報道されていた。右翼・体育会系の学生が流したようだが「日大全共闘は秋田という明治大学の議長がやっている」というデマが、この時期駆け巡った。全共闘支持の学生たちにもこのデマに惑わされたものが結構いたようである。だが、このデマを信じたものも「全共闘の議長はいつ右翼に襲われ、刺されてしまうかもしれないから明治大学から借りてきたのか」などと考えた。全共闘への信頼、その一員である自分、その確信には揺るぎはまったくなかった。

この日の日大生たちを見た『朝日ジャーナル』の記者は、こう書いている。

「日大生の表情があれほど生きいきしているのを、いや日大生にかぎらず、学生の集団があれほど、ういういしく息づいているのを発見するのはまれなことであった。それは「古田を倒せ」をかけ声にした行進であり、つまり古田重二良日大会頭に対する、怒りのデモであるにもかかわらず、怨念の集団であるよりは、歓喜にうちふるえる集団に見えた。」（「最大の私学・最大の危機　日大のルネッサンス」『朝日ジャーナル』社会観察欄、1968・6・9号）

六二年の文理学部数学科事件で日大を追われた教員の一人、倉田令二郎（当時は九州大助教授）は、こういっている。

「日大闘争は大衆闘争であるといっても昨年五月の爆発にあたってやはり、闘う思想をもった人たちがその核となった。あの血みどろの三年間と呼ばれる経済学部の自治権奪還闘争における非合法の闘争準備期間なしには日大闘争は存在しなかったろう。実際、純粋の自然発生的闘争などどこの世にあるだろうか。

秋田明大は、あるいは社研のキャップとして、あるいは唯一の御用委員長でない委員長として、この困難な闘いを推進してきた一人だった。」（「秋田明大君のこと」『朝日ジャーナル』1969・9・28号）

日大闘争はかつてない大衆闘争としてくりひろげられてゆく。「闘う思想をもった人たちがその核となった」というのは確かなことであるが、それは日大闘争の一側面でしかない。あっという間にその「人たち」を膨大な数の学生たちが取り囲んだ。多くの日大生が身構えていたのである。決起した巨大な日大生はその「人たち」を規制し、呑み込んでいった。その「人たち」と日大生たちは、今までにない新しい関係を結んでいくことになる。それこそが、日大闘争を日大闘争として成り立たせ、日大全共闘が新しく生み出された組織であり、それこそが「歓喜にうちふるえる集団」なのである。

＊五・三一文理学部で

五月二十八日経済学部前の集会で「五・三一団交要求全学総決起集会」を文理学部で開くことが発表された。五月三十一日である。

「この日文理学部当局は全面休講を通告し、渋谷駅、下高井戸駅に登校禁止令を出していた。右翼団体であり古田の私兵である日本大学学生会議は、文理のキャンパスに車を乗り入れ、体育系学生を集めて、集会を始めた。一方、久米執行部も二〇名ほどの学生を集めて集会を開き、文闘委、全共闘の集会が無届であり、その方針は学園を破壊するものであると訴えた。一方常任委員会議長団は、「二八日抗議集会禁止決議がなされたが、我々議長団は、三〇〇余名にのぼる抗議の声を無視することはできない」と声明した。文闘委に結集する学生は、一一時、大講堂前で八〇〇名の決起集会を開き、一二時三〇分本館前に移行した。」「当局は通用門を閉め、体育系学生は、全共闘の集会を妨害せんと正門にピケを張り始めた。文闘委は、大衆団交に結集する学生をむかいいれるため、正門に座り込みを始めた。一時頃、突然、学生会議の車が座り込みの学生の中につっこみ、体育系右翼学生が牛乳瓶や角材をもってなぐりこみ、三十余名に負傷を負わせ、内三名は内臓損傷、腎臓出血などで救急車で病院に運ばれた。」（文闘委編『叛逆のバリケード』後に三一書房刊）

文闘委は、正門の向かいにあるグランドに撤退した。

一方、十二時頃、経済学部、法学部を中心にする全共闘本隊は経済学部前に集まった。芸術学部も、「映画学科学生会」の旗を掲げて五十名ほどがこれに加わった。

二時三十分、経済前に結集した全共闘が文理学部に到着。文理の学生たちと合流して集会を開いた後、デモ隊列をしっかりと組んで文理学部構内に入った。

ここではじめて全共闘の「大衆団交要求　全学総決起集会」が勝ち取られた。学生たちは何を語り、訴えたのか、覚えている者はいない。ただ熱かった、それだけである。

ただ一人の学生のことは多くの者が忘れないでいる。その学生は、白衣を着て試験管を手に持って現れた。そして「いままで実験をしていたが、こんなことはしていられない。闘争に参加します」といった。単純に同感した者も、「よくやるよ」と思った者もいる。この白衣の学生は、文理学部化学科三年東條守。文理学部のリーダーの一人である。

文闘委委員長の田村は、この時期学生服を着て演説している。このあたりに文闘委の性格が表れているのかもしれない。

この日、文理の学生は右翼・体育会学生の暴力に屈しなかった。経済学部の学生たちが暴力に屈せずに、抗議集会を続けてきた。そしてこの日、文理学部の学生が続いた。全共闘は、右翼・体育会の暴力に負けていない。その姿が学生たちを吸引している。日大闘争にとって右翼・体育会の暴力とのたたかいが前提となる。それ抜きには一切が成り立たないのである。全共闘に固く結集して、右翼・体育会の暴力に負けずに、闘争を進める。それ以外に道はないことを、多くの学生が確信している。

文理では文闘委の権威が確立し、自治会久米執行部は大衆的に葬られた。また、全共闘にとっても水道橋の経済学部・法学部から離れて、全学集会を成功させた。三学部の学生だけでなく、他学部の学生も多数参加している。日大全共闘の大衆的確立にとっても重要な日になった。芸術学部の学生は、文理学部に着く頃には百名を超えていた。この日の大衆団交要求は、大学側に拒否された。

＊六・四全学総決起集会

全共闘は六月四日、二回目の大衆団交要求の全学総決起集会を開いた。

『不明金追及で集会　日大学生』「二十億円の使途不明金でもめている日大で、四日午後二時すぎから全学共闘会議（秋田明大議長）の学生約五千人が、東京・三崎町の経済学部前の路上で集会を開いたのち、西神田の本部校舎までデモ行進し、秋田議長ら代表十二人が細谷学生部長と会い、①理事の総退陣②経理の公開などを要求して古田会頭との大衆団交を要求した。

大学側と押し問答の末、大半は同夕解散したが、約千人は午後七時二十分ごろ本部を占拠、同九時前解散した。」（『朝日』六月五日）

この日、芸術学部ではじめての学内集会を、正午より中庭で開いた。芸術学部闘争委員会（眞武善行委員長）の旗揚げである。

経済学部前には東京からは遠く離れた文理学部三島、郡山工学部の学生も参加していた。日大本部前を埋め尽くして、団交要求交渉を行った。だが、この日も大学側はこれを拒否した。全共闘は六月十一日の「第三回大衆団交要求全学総決起集会」を提起。錦華公園までのデモを行った後、解散した。

芸術学部は錦華公園横の坂道で総括集会。その後、明治大学の学生会館の和室で会議を持った。「これから毎日、昼休みの中庭集会をつづける」と決めた。

法学部の学生は本部前に残った。そのうちの一部が「全共闘はなまぬるい」として本部に突入、二階の学生部長室前で抗議集会を開いた。この行動が、六月十一日にむかう全共闘の方針に一定の影響を与えたことは、確かだろう。

この日、全共闘に対抗する「六学部自治会共闘」は、礫川公園で集会を開いた。この団体は、民青（民主青年同盟）の主導で民青派と中間派の自治会を集めて、五月二十五日までには結成されていた。参加自治会は、法学部二部、経商短二部、農獣医学部、文理学部、医学部、理工学部習志野の自治会である。

農獣医学部の六百名はこの集会を離脱して、経済学部前の全共闘に合流した。

一方、大学当局は靖国神社に右翼・体育会学生約一千名を集めて、介入を狙っていたという。

2　六・一一、日大生は変わった

＊ビラの攻防

六月十一日を前にして、全共闘からこういうビラが出されている。

『一部右翼学生の暴力からストライキを断固防衛し、日大生の勝利を実現せよ』『6・11大衆団交に古田は出てこい！』「われわれの闘いが、心の奥底から発せられた「人間をかえせ」という悲痛な叫び声として提起され、「敗北」という言葉を使うことの許されない闘いとしてあるのなら、われわれのささやかな要求さえ、それを貫徹する為には、より高度な、より効果的な、より鋭い、未来をこめた、戦術と方法がとられねばならない。大衆団交を、要求しても要求しても拒否されるなら、次は何だ！　この日大闘争が、過去のありとあらゆる闘いの敗北と不幸をのり越えるものとしてある以上、いかなることをしても勝利への前進あるのみだ。人間として学生として生きることの可能な条件をしっかり確保するのか、或いは日大を去るのかというギリギリの線で、いま問いは進展しようとしている。日大改善案（五八年）以来の急速なる日大の反動と腐敗の進行を、一〇万学友の力によって、一転して栄光ある流れにふりむけるためには、然り、ストライキしかない。大学当局への最後通牒・学生の権利の最初の行使＝ストライキを実現しよう。不安や危惧や躊躇は一切必要ではない。確信と希望と決断だけが、必要なことの一切なのだ。」

ビラが出ているので、全共闘は「六月十一日の集会で要求していた大衆団交が拒否された場合、ストライキを実行する」という方針を決定していた。全共闘でどういう討論があったのか、いつそれが決定されたのか、それは伝わっていない。はっきりしていることは、この段階では全共闘役員と各学部代表による「全共闘会議」と呼ばれる執行部の会議は行われていない。それが定期的に開催され、実質的に力を持つのは各学部のストライキが行われてからである。ビラは出たがこの時期、「ストライキ」という言葉が躍っていたわけではない。また、この時期の日大生に「ストライキ」のイメージなど描ける人間などほとんどいなかったのではないか。

文理学部では「組織」を通して、「行動隊の形成と経済学部のストライキ」が伝達されていったという。だから文理の学生は「経済学部に突っ込む」と理解していたという。

芸術学部では、桑原健一（映画学科五年・処分退学者）から「ストライキ」「行動隊の形成」ということが伝えられた。法学部の中核派から桑原に伝えられた、そう想像している。こうしたやり方で、ストライキ方針は各学部に広がっていったのではないだろうか。

この全共闘のストライキ方針に、右翼学生や大学当局が鋭く反応している。右翼学生団体「日本大学学生会議」のビラが飛び出す。

『すべての良識派的一般学友に六・一一共闘会議の本部前集会不参加を訴える』「ここにおいて共闘会議の指導者の意図する所は、学園の民主化の美名にかくれた、学園の赤化にほかならない。しかし我々は彼らを全面的に支持している所の圧倒的多数の正義感義憤に燃えた良識派的一般学友諸君の言動に対しては、少なからず賛成出来るところがある。しかし、諸君達に決定的あやまちが二つばかりあるという重大な事実を深く認識しなければならない。第一点は、共闘会議の一連の運動が三派連合民青同の指揮による運動であるという事。第二は、それがまさに階級闘争理論に支えられた運動であるという事である。我々日本大学学生会議は、一切の政治色を排す。確かに歴史は支配者と被支配者との対立のくり返しであるが、大学内において支配者は大学当局であり、被支配者は学生であるような階級闘争理論をも排し、あくまで平和的話し合いと秩序を守るという事を根本にして、是々非々をはっきりさせ、不正を断固として正してゆく努力をおしまないものであるが、彼ら全学共闘会議の実態が明らかになった現在、そして彼ら全学共闘会議の意図するところが学園の民主化ではなく、彼ら指導者たちの独占的権力の確立にあるという事が明らかになってきたという現在、我々日本大学学生会議は、６・11本部前結集において、共闘会議の指揮系統を実力をもって粉砕し、我が愛すべき母校の八〇年の社稷を守りぬいて行く覚悟である。」（『叛逆のバリケード』）

すでに六月五日には「体育会」と「体育連合会」との連名で、声明が出されている。

「重ねて言うが、私たちは日本大学の歴史と伝統を守り、あくまで学生の本分に忠実であり、つねに軽挙妄動を戒め合って行動してきた。

しかし、君たちが良識を失い、群衆暴力の暴走にまかせて、学園と学園の秩序を破壊するが如き不法行為を続行してやまない時には、私たちは、学園を暴徒の破壊から守る為めに、体育会および体育連合会と良識ある全学生と共に敢然と起ち上がるものである。」

こうして六月十一日へ、緊張が一気に高まっていった。

＊血の弾圧

こうして六月十一日を迎えた。全共闘の方針に従って、各学部では正午から集会をもって、経済学部前午後二時結集のため続々と集まってきた。芸術学部でも、左腕に赤い布を巻きつけた行動隊約五十名を先頭に、経済学部に到着した。

芸術が到着したときには、まだそれほど多くの学生は集まってはいなかった。全学集会が始まるにはまだ時間があった。そのとき、経済学部一号館の玄関のシャッターが降り始めた。学生たちは持っていた旗竿でシャッターを止めようとした。左側の竹竿がうまくかかり、シャッターは傾いて止まった。これがこの日に起こった惨劇の始まりである。

学生たちは校舎内に入った。私もはじめて経済学部の校舎に入った。中は広い廊下が奥に続いている。その奥の方に黒い塊になって人が動いている。手には何か得物をもっているようである。消防用のホースを持ち出して放水を始めようとしている奴もいた。電気が消されていたのか、やけに暗い。恐怖心のためか、怒りのためか、そのあとの記憶はない。

押し出されるように道路に出ると、外は太陽の光にあふれていた。学生の数は膨れ上がっていた。その学生たちは、上を向いて何か叫んでいた。そのとき、目の前に鉄製の大きなゴミ箱が落ちてきて、大きな音を立てた。

隣にいた桑原は手から血を流していた。割れたコーラビンの破片が当たったという。そこに二人の若い女性が現れて、タバコをもっているかと聞いた。ハイライトの箱を渡すと、二、三本を取り出してそれをほぐして、タバコの葉を桑原の手の傷口に当て、その上から手際よく包帯を巻いていった。タバコの葉は、とりあえずの止血剤になるのだといった。「そういう関係の仕事ですか」と聞くと、医学部の看護学校の学生だという。

その後何度か校舎の中に入ったようだが、一つのシーンの記憶しかない。校舎の中は暗かった。そしてやたらと広く感じられた。何だかガラーンとした感じである。右翼・体育会学生の数は少なくなっていた。消防用のホースが床に投げ捨てられていた。奥に進んでいった。全体がスローモーション映画のように動いていた。右手に二階に上る階段があって、そこに右翼・体育会学生が群がっていた。そのシーンから続くのかどうか、外に出ると全共闘の学生はまばらになっていた。真ん中で、しばらくボーと立っていたような気がする。

そこに、大川正行（法四年）が走ってやってきた。「法学部と芸術学部は法学部三号館へ」といった。私は「ストライキだ」と思った。周りにいた数人の芸術学部学生を集めて、法学部三号館に走った。

これが六月十一日経済学部での経験、記憶のすべてである。

この日に起こったことの全体は、のちに写真、映画、新聞報道、出版物などを見てイメージすることができる。そのすべてが自分自身の経験・記憶であるように思い込んでしまうこともある。しかし、よくよく振り分けていくと、これだけが自分の経験・記憶であった。

「経済学部では、ヘルメットを被った吉田寛学部長が、地下ホールに体育会系学生二百五十名を集めて「不逞の輩から経済学部を守れ」と訓示。守衛が経済学部一号館正面玄関のシャッターを突然閉めはじめる。学友二十名がシャッターに取りつき素手と旗竿で阻止。

その時、学内に立て籠もった体育会系学生を発見、学友百五十名が学内になだれこむ。これを見た職員は体育会系学生を指揮して、木刀を振りかざし、無防備の学友に殴る蹴るの暴行を加えた。さらに一号館の上階から、体育会系学生はもちろん守衛までが、集会に参加し座込んだ学生をねらって石やコーラビンなどをつぎつぎに投げ込む。一瞬、五〇〇〇名は総立ちとなったが、そこにも机、椅子、鉄製の灰皿などが見境もなく投げ落とされ、地獄絵さながらの惨状。頭蓋骨や肩甲骨を損傷した負傷者が続出する。「やめろ！　人殺し！」の怒号が乱れ飛ぶが、二階のバルコニーでは、体育会系学生がこれ見よがしに日本刀（白鞘）を振りまわし威嚇。この間も放水や消火器、催涙ガス液を浴びせ、重さ十キロ、幅六十センチのスチール製ごみ箱やロッカー、果ては砲丸投げの鉄球までもがデモ隊にむかって投げ落とされた。

全共闘は態勢を立直すため、一旦、本部へ抗議のデモ。ここで秋田議長はスト突入を宣言。この時、白山通りから経済学部二号館前の路上に赤白モヒカンのヘルメットが投出される。周辺の学友が急いで装着、五〇名の行動隊が編成され、つぎつぎと正面玄関から学内に突入、缶ビールが投げつけられるなか、体育会系学生が築いた手前のバリケードを突破。奥側のバリケードに取りつくが、日本刀や木刀、ゴルフクラブやチェーンなどの凶器を振りかざし、消火器を吹きつける職員と体育会系学生に阻止され、正面玄関や守衛室付近まで押しもどされる。この間一〇〇名ほどの学友が白山通りの窓からも一号館に突入。しかし、立て籠った体育会系学生の暴力に抗し得ず、顔面を血だらけにした学友や殴打され気絶した学友を搬送するため、撤退。

大学当局は機動隊八〇〇名の出動を要請。学友らは機動隊が加害者の体育会系学生を排除してくれるものと誤認、拍手と歓声で迎えたが、機動隊は体育会系学生の暴力行為を制止するどころか、被害者の学友たちを規制する暴挙にでる。怒りの抗議をする学友らが排除され、規制に抵抗する学友六名が検挙された。」（『新版叛逆のバリケード』）

私にはこの日、大学本部に行った記憶はまったくない。ましてや、秋田議長のストライキ宣言など聞いていない。モヒカンのヘルメットも見ていない。機動隊など見ていない。

経済学部の校舎に出たり入ったりしている間に、全共闘本隊は大学本部に行っていた。その間で、ストライキだと思って法学部三号館に行った。そう考えるとつじつまが合ってくる。だが無理してつじつまを合わせる必要もない。なんとも記憶というもののたよりなさを思う。自分の経験と記憶をしっかり検証しながら叙述を続けてゆくだけである。

＊機動隊に拍手の日大生、そして日大理事

それにしても機動隊を見て日大生は拍手を送ったという。「お巡りさん、こいつらひどいんだぜ、何とかしてくれよ」というのが、素直な心情だったのであろう。この話は、のちのちまでの語り草となる。

「経済学部一号館校舎をめぐる攻防がしばし沈静化したその時、白山通りを埋めていた五千人の日大生の中から、パラパラと拍手が起こった。

突然の、拍手だった。初めのうち散発的だった拍手が、徐々に大きさを増していった。

危険を避けようと、校舎を遠まきにしながら白山通りの車道を神保町方面へと膨らんでいった学生たちの方から、拍手の波が校舎の方へと広がっていった。

と同時に、整然と行進する靴底の音が、辺りに響いた。

路上に佇んでいた学生たちの群れが割れた。その間から、人波をかき分けて姿を現したのは、警察機動隊だった。紺色の制服に身を固め、ヘルメットをかぶり、ジュラルミンの楯を小脇に抱えた完全武装の機動隊の隊列が、装甲車を引き連れて、経済学部の校舎の前に登場した。機動隊は、経済学部校舎と総決起集会参加者との間に、まず、割って入った。そして、持参した楯を学生たちの前に立てて、仁王立ちになった。学生たちの拍手が一段と高まり、ワアッという歓声すら轟いた。私も、拍手で機動隊を迎えた学生の一人だ。全学総決起集会に参加し、路上で無差別に行使される暴力を目の前にしていた学生たちは、当然校舎内に陣取る無法者たちを排除しに機動隊がやって来たと思った。校舎の上から、無防備な学生や一般市民に向かって、無差別に危険物を投げ続ける大学側の暴挙を止めさせてくれるだろうと期待した。」（三橋俊明『路上の全共闘 1968』河出書房新社）

これが当時の日大生の正直な姿である。この日、もう一つ信じられないことが起こっていた。

『体育会の気持は本学の精神　鈴木理事語る』「日大の鈴木勝理事（学生担当）ら大学側の代表者は、十一日午後、大学本部内で記者会見し次のように話した。「乱闘で多くのケガ人が出たことは遺憾だが、体育会の学生には、前夜も衝突だけは極力避けるように説得していた。いずれにしても共闘会議を中心にした反代々木系の暴力主義的な学生から大学を守ろうという空気が体育会などに強いのは事実で、こういった学生の気持は本学の精神にそったものといえる。」」(『朝日』六月十二日)

なんとも呆れてしまう。だが、これが日大の本性なのである。「六月十一日」が特別のことではない。「いつもの日大」がそこにあっただけである。一つだけ「いつもの日大」と違ったことがある。大学と右翼・体育会学生の暴力に屈することなく、しっかりと向き合った学生たちが登場した。ただこれだけが、この日にはじめて起こったことである。

この日、日大生はしみじみと教育されたのである。その教育でどのように成長していったのか。それがこれからの物語である。

＊法学部三号館ストライキへ

法学部三号館前である。法学部と芸術学部の学生が集まり始めた。そこに、一台のトラックが到着した。その幌付きの荷台から角材と白いヘルメットが入った段ボールが降ろされた。それはすぐ校舎の中に運び込まれた。学生たちは、そのヘルメットを奪い合うようにして被った。ヘルメットを被った日大生。そのうちの幾人が、そうなることを想像していただろうか。その姿はテレビの中の「三派全学連」のようである。ヘルメット姿で角材をもって、機動隊と渡り合う「三派全学連」には疑問や反発を感じていた学生も多かったに違いない。だが、ヘルメットを被った本人も、それを取り巻いている多くの学生も、誰一人として疑問は感じていない。むしろ、それが当然のこととして受け止められた。この日「六月十一日」に起こった事態は、日大生の意識をまったく変えてしまったのである。

教室から机や椅子を運び出して、バリケード作りが始まった。リーダーの指示によって、また学生の自発的意思によって作業は実にスムースに進んでいった。学生たちは嬉々としてこの作業を行っていた。三橋俊明（法二年）はこう言っている。

「実際に法学部三号館のバリケード封鎖は、六月十一日の経済学部での衝突が起こった後に法学部に行ったら、すごくスムーズに進行していたんです。矢崎さんに聞いても「僕は知りません」という。たぶん法学部闘争委員会の中心にいた酒井君や今君など中核派の人たちが、事前に相当準備をしていたと思うんですが、いまのところ詳しくは分かっていません。私が法学部三号館に着いたときには、机を並べろという指示がきちんと出たし、机を並べていたらペンチと針金が届いて、何人ものノンポリ学生がバリケード作りに加わったんです。非常にスムーズにバリケード作りが進んでいった。これは、絶対準備していなければできないだろうと思いましたね。

バリケード初日に泊まり込んだ段階からヘルメットとゲバ棒は準備してありましたね。私は初日からバリケードを防衛する夜回り部隊にかり出されたけれど、その段階でゲバ棒を持ったしヘルメットも被りました。確かに白いヘルメットでした。」（『忘れざる日々3』）

法学部のバリケードづくりに最初から参加していた芸術学部闘争委員会は、当然のごとくこの夜から泊り込むことになった。芸闘委は、夜は法学部のバリケード防衛に当たり、朝になると江古田に向かい芸術学部のストライキに向かっての活動を繰り広げるという生活に入った。

3　燎原の火の如くに

＊ストライキ宣言「直接民主主義」

六月十一日の翌日、法学部三号館に泊り込んだ学生は、経済学部校舎に突入した。昨日の残骸が広がっていたが、右翼・体育会学生は退去していて、誰もいない。

ここで学生たちが目にしたのは、大量の鮨折の空箱とビールの空き缶である。それが大学からの差し入れであることはすぐわかる。右翼・体育会学生とそれを指揮していた右翼・体育会出身の日大職員が、食い散らかしたものである。バリケードを築き、ストライキに入った。この日、全共闘は「ストライキ宣言」を発した。

『追撃へ！　全学共闘会議』「私学反動の雄を粉砕の対象とした我々の闘いは、その壮挙の端緒に辿りついたばかかりであって、学内外の全ての歴史的な注目に応えるようにしなければならない。我々がつきつけた団交要求は、敵陣営が拒否した。このことによって、我々は昨日の集会で圧倒的にスト権を確立し、直ちにストに突入した。」

「とりわけこのスト権の確立が、直接民主主義の原則の上に行われたことを我々は重視する必要がある。我々の闘いにとって、それまで敵陣営から与えられていた官製の「学生活動」のいかなる権威も認めず、一万人の学生が直接参加した「大会」こそ、我々の闘いの方向を決める唯一の最高の決議機関である。届出や検閲などのいかなる制限もなく、自由に発言し、自らの行動を決定し、生き生きとした創意工夫をもって闘いの発展を明確にすることができるのは、この直接民主主義に依拠する事の中にしかありえない。我々と敵陣営との力量関係は刻々と変化しているのであり、一刻の逡巡をも許されない中で蹶起を確定したのであった。

昨日、敵陣営と傭兵は乱暴の限りをつくした。八階もの高さから砲丸投げの鉄球を投げつけ、又、日本刀を振りかざして多数の学生に切りかかり、我々のストに対決して経済本館にたてこもった。我々は、今、こうした右翼暴力団を包摂した敵陣営の組織された反動革命に対決して、ストライキという組織された叛逆をもって立ち向かってゆかなければならない。わが学園で禁止されていた〝ストライキ〟が公然と強化され、発展しようとしている現在、断乎として不敵の前進を遂げようではないか！」

ここで全共闘は、日大方式のストライキの正当性を主張している。

六月十一日、大学当局と右翼・体育会学生の暴力が吹き荒れるなか、大学本部前で秋田議長のストライキ宣言が発せられ、そこに集まった数千の学生の歓呼の声で迎えられた。これが「大会」であり「ストライキ決議」であった。この方式こそ「直接民主主義」だというのである。代議制度によらず、学生が誰でも自由に参加し、討論し、決議し、それを自ら実行する。そういうあり方を主張しているのである。

それは日大生にはじつにわかりやすいことだった。検閲制度・許可制度でがんじがらめにされ、右翼・体育会学生の暴力に日常的にさらされている日大生にとって、このやり方しかないのである。この方式で、法学部、経済学部のストライキが実行された。ストライキばかりではない。そもそも全共闘自身が代議制度とはまったく無縁なところで結成されているのである。集まってきている学生たちの思いと支持だけが、その拠りどころである。学生個人が何かを代表しているわけではない。個人は、まったくの一学生として全共闘と関係を結ぶのである。

日大生は自分たちのあり方を肯定し、より積極的に主張する論理を見つけ出したといえる。苦し紛れの屁理屈、といわれればそうかもしれない。

当時の学生は「戦争を知らずに育った」第一世代である。民主教育をたっぷり受けて育った。だが、日大の現実は冷水を浴びせかけ、縮こまらせていた。そこはあらかじめの民主主義があるところではなかった。民主主義や自由はたたかいとるもの、という歴史的事実をはじめて突きつけられた。そして日大生はたちあがった。

大学やそれに同調する学生はこういう。「君たちの主張は分かる、だが、やり方が悪い」。親も同じことをいう。それだけではない。もっと大きいのは、たちあがった学生たちも民主主義のルールにがんじがらめにされているのである。まず代表者を選んで。話し合いで解決を。大会を開いて。多数決で。自分の気持を言葉で表現できずに地団太を踏んでいる幼児のような気持ちで日大生はいたのである。そして、はじめて獲得した言葉が「直接民主主義」である。日大生は納得した。これでいいんだ。全共闘が組織的に整理されてゆくのは、もっと後である。この時期、学生たちの思いと熱気の上だけに存在していたのである。生まれ出たばかりの柔らかな組織の全共闘の行動の基準が直接民主主義であった。だから、それも柔らかな民主主義であった。

＊文理学部スト突入

文理学部では六月十二日、学生総会が開かれた。各代議員から前日の経済学部での事態が生々しく報告された。そして、法学部のストライキ、本日の経済学部のスト突入も報告された。「本日の三時限目以降の授業放棄」が提起されて、決議される。

十四日、ストライキのための学生総会が開かれる。久米執行部も「ストやむなし」の立場をとったためスト権は確立された。だが、ストライキの形態で対立。執行部は「大学のカギを学生が管理する」と主張し、闘争委員会派は「バリケードスト」を提起。この日は決定に至らず、翌日に続開総会を開くことを決めた。

十五日、夕方まで続いた総会で「バリケードスト」を決議。闘争委員会は、一・二号館のバリケードを提起して、直ちにストに突入した。

全共闘が「ストライキ」を提起したとき、文理学部のストまでは想定の中にあったであろう。始まったストライキを孤立させるわけにはいかない。だが、全学ストライキを最初からイメージした者などいたわけではない。前に進まなくてはならない。では、次はどこか。法学部のバリケードの中の討論で浮かび上がってきたのは、商学部と芸術学部である。

＊法・経のバリケードを孤立させるな

商学部と芸術学部のストライキは、法学部のバリケードで準備されていった。

というのは、商学部には日大闘争以前から中核派系グループが存在していたからである。小さなものだったようだが、それをテコに早い時期に闘争委員会も結成されていた。芸術学部は、六月十一日以降、法学部のバリケードに泊り込み、活動していた。いつしか「六月十八日商学部・芸術学部同時ストライキ」という案が浮上してきた。

五月二十九日、学生集会が千名の結集で開かれた。学生会執行部（池田淳八委員長）との対立のなか、法闘委から百五十名が駆けつけ、商学部闘争委員会（兼近秀典委員長）を結成する。六月十六日、臨時学生委員会大会でストライキをめぐって学生会執行部と商闘委とが激しく対立。六月十八日、商闘委の抗議集会と学生会執行部の学生委員会が同時に開催、秋田議長が出席した商闘委の抗議集会はストライキを決議、即日ストに突入した。

『商学部でも校舎を占拠』「東京・世田谷区砧の日大商学部では十八日午後五時すぎ、学園民主化などを要求して、共闘会議派の同学部闘争委員会や、文理学部の共闘委員会などの学生約五百人が1号館を占拠、机やイスでバリケードを築いてろう城をはじめた。」（『朝日』五月十九日）

こう見てくると、闘争委結成のときも、ストライキ突入のときも、他学部学生たちの存在が特徴的である。「押しかけ闘争」的な雰囲気を感じさせる。

だが核心はそこにはない。問題なのは、スト突入の日に闘争委の抗議集会と学生会執行部の学生委員会が同時におこなわれていたところにある。商学部では、闘争委員会支持の学生だけを集めてストに入ってしまったのである。

その前にやらなければならないのは、学生委員会で学生会執行部と徹底的にたたかい、執行部の権威を容赦なく粉砕して、商学部全学生を全共闘と闘争委に獲得するという作業である。これを不十分なままストライキへと走ってしまったのである。

そのため、学生会執行部の「反スト活動」が続くことを許してしまうことになる。もう一つ、商学部のバリケードに影を落とすことが起きる。それは、夏を前にして闘争委委員長の兼近がバリケードから姿を消してしまったのである。

芸術学部の学生たちが最初に組織的に登場したのは、五月三十一日である。「映画学科学生会」の旗を掲げた百名が文理学部の集会に参加した。

六月四日、「芸術学部闘争委員会」のビラではじめての学内集会が呼びかけられ、正午から中庭で開かれた。大学側は学内放送で「解散するように」と繰り返し流し、一部では参加者に体育会学生が殴りかかったりしたが、集会は続けられた。やがて、神田の全学集会に参加するためデモで出発。学内を出ると百五十名ほどだったが、江古田駅までの間にどんどん膨れ上がり、駅にも多くの学生が待っていた。そのまま経済学部前の集会に参加した。

六月七日、芸術学部自治会中央事務局主催の公開説明会が開かれた。実際は、大学主催の一方的な公開説明会である。芸闘委は「闘う討論会にせよ」と呼びかけた。

六月十一日、五十名の行動隊を先頭に全学集会に参加。経済学部での右翼・体育会学生との衝突の後、法学部三号館のバリケード構築に加わる。この夜から芸闘委あげて泊り込みが始まる。

六月十八日、学部主催で金丸理事の出席する「説明会」が開かれる。この説明会は、学部主催で自治会暫定執行部が受けるという形で開かれることになった。だが、金丸理事が写真学科教授のため、写真学科の学生がリードする形で実際は進められた。

芸闘委は、「この日にもストライキを」という気持ちで参加していたが、説明会は「翌日も続けて開催する」ということになった。六月十九日、朝九時前から説明会は続けられた。大講堂は学生であふれていた。正午過ぎ、芸闘委は説明会を打ち切り、ストライキ宣言を発した。ただちにバリケード構築が始まった。

*日大本部を封鎖

六月十九日、大学側との予備折衝のため経済と法学部の学生二千名は、日大本部を取り囲んだ。全共闘代表団十七名は、本部会議室に入った。だが、大学側は文書で約束していた古田会頭以下理事は出席しなかった。話合いは成立しなかった。全共闘は「六月二十九日、法学部一号館大講堂での大衆団交」を要求。抗議のため、本部を封鎖した。

『日大生は本部を封鎖　校舎の占拠も5学部』「使途不明金や学園の民主化をめぐって紛争がつづいている日本大学で十九日夕、全学共闘会議派の学生約五百人が大学本部にはいって入口にバリケードをはり、封鎖した。同日朝は芸術学部でも学生がストにはいって、経済など四学部につづいて校舎の占拠をしており、また農獣医学部でも同日、学生会がストを決議した。

これまでにストと校舎占拠が行われたのは、十一学部中、経済、法学、文理、商学、芸術の五学部。大学側は全学共闘会議に対し予備的な話合いを申し入れていたが、折衝の段階で話合いがこじれて実現せず、本部封鎖となったもの。本部内にいた教職員は学生がバリケードを築く前に本部を出たため、トラブルはなかった。」

『宮島日大広報調査部長の話』「経理部門などはすでに他に移してあるが、就職事務なども二十日朝には何とか裏口でも使っていそいでほかに移さねばならない。さしあたり、各学部への事務連絡、通達が二十日から困ってしまう。しかし、本部の中にある書類などについては、学生たちも責任をもって手を触れないといっているので彼らを信頼している。」

（『朝日』六月二十日）

＊農獣医学部ストライキ

五月二十九日、学生会総会で経済学部学友十五名の処分撤回と経闘委の支援を決議。さらに経済学部長宛の抗議文を送付。

六月四日、礫川公園の「六学部自治会共闘」の集会に参加していた農獣医学部の六百人は、経済学部前の全共闘に合流。

六月七日、農獣医学部学生会（山口栄委員長）の要請を受け、大森学部長らが出席し公開説明会。学部長は「使途不明金は目下調査中」と発言。

六月十八日、東季彦理事と大森智堪学部長が出席して公開討論会が開かれた。

六月十九日、農獣医学部学生会、臨時学生総会を開催。二千名が参加。ここでスト権を確立した。六月二十二日、再度学生総会を開催。スト突入を決議。農獣医学部学生会中央闘争委員会を結成。本館にバリケードを築き占拠。

＊文理学部三島ストライキ

文理学部三島校舎は、文理学部・経済学部・法学部に進む一年生のための教養課程と、短期大学部が併設されている。ここの学生は、五月三十一日の文理学部や六月四日の経済学部前の集会にも参加している。

六月二十一日、文理学部三島学生会（小早川隆義委員長）、三島市内ではじめての街頭デモ。学生千五百人が参加。

六月二十二日、文理学部三島学生会は学生委員会を開催、スト権を確立。

六月二十四日、スト突入。バリケードを構築。

『学園の民主化を要求しスト　日大三島校舎』「静岡県三島市文教町日大三島校舎（文理学部一年生と短大計約三千人）は学園の民主化、理事総退陣を要求して二十四日午後からストにはいった。民主化委員会の学生約五百人は講師の部屋などのある四階建四号館本校舎を占拠し、二つの入口に机でバリケードを築き、たてこもった。同委員会では夏休みになるまで毎日約百名がろう城するといっている。」（『朝日』六月二十五日）

＊続くテロ・襲撃

バリケードが各学部へ拡大していく中で、大学と右翼・体育会学生のテロ・襲撃が続いた。

六月十六日夜、経済学部のバリケード近くで、経闘委学生二人が襲われている。

『スト学生なぐられる　日大で二人ケガ　車できた男たちに』「十六日午後八時すぎ、東京都千代田区神田三崎町の日本大学経済学部本館近くで、同本館にたてこもってスト中の全学共闘会議の学生二人が、通りがかった乗用車から降りて来た数人の若い男にいきなり棍棒でなぐられた。一人は軽いケガだったが、一人は前頭部を強打されて重傷。救急車で順天堂病院に運ばれた。神田署の調べだと、二人は近くの店に買い物に行く途中で、乱暴した男たちは車に乗って逃げた。」（『朝日』六月十七日）

重症の学生は、全共闘情宣部長戸部である。同日、同じ経済学部でこんな事件も起きている。『記者に化けストを取材　日大鶴丘高教員』「紛争が続いている日本大学の経済学部本館に、十六日午後六時半ごろ、中年の男が「取材に来た」とあらわれ朝日新聞東京本社朝日ジャーナル編集部の肩書のはいった名刺を出して執行部の学生を呼び出した。男は学生を近くの喫茶店に連れ出し話を聞こうとしたが、全学共闘会議の学生の一人が「あれは高校のとき習った先生だ」と言い出し、同学部本館九階の和室に連れ込み、十七日午前零時近くまで詰問して返した。男は、日大鶴丘高校教員保田昌平さん（三八）で、同高校野球部監督。「教職員の間でも二十億円使途不明金問題をめぐっていろいろな動きが出ているが、教職員と全学共闘会議の間にどの程度の結びつきがあるのか知りたくて個人的に来た。名刺は偽造した。記者の名刺があれば学生から話を聞きやすいだろうと、深く考えずにやったことで、軽率だったと後悔している」といっている。」（『朝日』六月十七日）

なんとも日大らしいことである。「個人的に来た」というところを除けばその通りなのだろう。十八日の深夜には、文理学部のバリケードが襲撃されている。

『スト派学生と衝突　日大　黒ヘルメットの50人』「十九日午前二時十分ごろ、東京都世田谷区桜上水の日大文理学部（鈴木知太郎学部長）で、黒ヘルメットをかぶり、角材を持った学生約五十人が同学部五号館裏の塀を乗越えて学内に入り、同学部一号館にろう城している同学部共闘委員会の学生約二百人と投石などして衝突した。

黒ヘルメットは、いったん学外に引揚げたが、午前三時ごろ正門を乗越えて再び現れ、また衝突した。騒ぎを知ってかけつけた同学部の職員らが双方を説得、約一時間後に黒ヘルメット側は説得に応じてデモ行進しながら引揚げた。

この騒ぎの間、黒ヘルメットの学生たちは図書館、中講堂の窓ガラスを石や角材で壊し、立て看板に火をつけたり、石油のはいったビン三本を投げつけたりした。」（『朝日』夕刊六月十九日）

黒ヘルメットは右翼団体「日大学生会議」の学生たちである。一度目の衝突で、文闘委に二号館裏に追い詰められ、一名が捕まってしまった。そこで学生課長井出に連絡した上で、二度目に現れたわけである。学生課長井出は、捕まった学生会議の学生を返すように要求しにきたのである。捕まった学生は、経営法学二年高安孝治と名乗り、学生会議の当日の行動をすべて話した。

4　理工系学部の決起

＊夏休みをのりこえろ

法学部（六月十一日）、経済学部（十二日）、文理学部（十五日）、そして商学部（十八日）、芸術学部（十九日）、農獣医学部（二十二日）、文理学部三島校舎（二十四日）のストライキ突入で、文科系学部のストはできあがった。ここまでは一気呵成に進んでいった。何となく一息といった感じもあった。だが、テロや襲撃は続いた。そして、大学当局は七月十一日からの夏休みを「七月一日から」と発表した。

全共闘は「夏休み策動粉砕　七・四全学総決起集会」を提起した。七月四日の全学総決起集会では「夏休みをのりこえる」が課題となっていた。だが学生運動のイロハなどなにも知らない多くの日大生にとっては、いったい何が問題なのかまったくわからないことだった。セクトの学生など学生運動の常識を知っているものにとっては、たいへんなことだったようだ。

この日、バリケードの中から経済学部前に結集した学生の数は明らかに減っていた。バリケードは確かに大学への打撃力にはなっている。だが、授業がなくなって、学生たちは登校しなくなったものが大多数である。早めの夏休みだと、アルバイトに精出す者、いち早く遊びに出かける者、帰省する者なども多かったに違いない。

バリケードというもの、全共闘を支持する学生たちにも決意を迫るものでもあった。バリケードの中に入るというのは、全共闘を支持する学生にとってもかなり高いハードルになっていたのだろう。もちろんバリケードは学生には開かれた存在である。しかし、バリケードの大学に通ってくる人数はめっきり減ってきていた。すでにバリケードを構築した文系の学部の学生は、そのことに気づいていた。

そこに登場したのが理工学部を先頭にした理工系学生の大部隊である。津田沼生産工学部、理工系習志野校舎と、途切れることのないデモ隊が続く。やがて経済学部前は、五月のような学生の大部隊で埋め尽くされた。それだけで今日の課題は軽々とのりこえられてしまった。

＊理工系学部もストライキ

理工系学部は、七月四日全学集会への登場前の七月一日に理工学部習志野校舎で「理工系三学部四自治会総決起集会」を、三千名の学生を集めて開催している。ここには、秋田議長をはじめ十名の全共闘代表団が参加している。

理工系学部は、以前から連絡会議をもっていて「同一行動をとる」ことを確認していた。「三学部四自治会」とは、お茶の水の理工学部、津田沼の生産工学部、福島県郡山の工学部、理工系の教養部と短大の習志野校舎である。七月四日を契機にして理工系学部は一気にストライキに突入して行く。まずは習志野校舎。七月五日、理工学部習志野学生会（近藤隆治委員長）はスト権投票を行い、十日までの時限ストライキに入った。

『10日までスト　日大習志野校舎』「船橋市習志野町の日大理工系習志野校舎学生会は、五日午後からストにはいった。同学生会は先月二十二日の総会で理事の退陣など三項目の

要求をしていたが、回答がなかった。ストは十日まで。」（『朝日』七月六日）

習志野学生会は、民青が主導する「六学部自治会共闘」の一員でもある。だが、彼らもストライキをやってみたかったのだろう。「五日間の時限ストライキ」とはよく考え出したものである。だが彼らは、学生たちの高揚感や怒りの大きさを見誤っていた。一度入ってしまったストライキを解除することなど、この時期には無理な相談であった。ストライキは継続され、習志野闘争委員会（新田潔委員長）が形成された。

この習志野のストライキで引導を渡されたのが「六学部自治会共闘」である。

六月四日、全共闘の集会に対抗して礫川公園で決起集会を開いたが、参加していた農獣医学部がその場から離脱して、全共闘の集会に合流してしまったことは、すでに述べた。

六月二十五日、この日も全共闘の集会に対抗して決起集会を開いた。だが農獣医学部が離脱したため「五学部自治会共闘」としてである。集会後には国会と文部省に請願デモを行った。

そして、習志野のストライキである。ここに至って、大学当局と真正面から対決しようとしない民青派は、日大闘争の中に立ち位置を失ってしまったのである。

習志野に続いて七月八日、御茶ノ水理工学部、津田沼生産工学部がストライキに入った。

『理工・生産工両学部もスト』「日大では八日、東京・神田駿河台の理工学部と、千葉県習志野市の生産工学部で学生がストにはいり、校舎の一部を占拠した。これで医、歯、工学部を除く八学部でストにはいったわけで、大学本部も学生の手で封鎖されたままで大学は全体が実質上マヒ状態に陥っている。」（『朝日』七月十日）

5　芸術学部闘争委員会

*自治会委員長高橋博

五月二十四日の法学部三号館前から経済学部へ向かうデモの中で、私が高橋と会ったことはすでに述べた。翌二十五日午前、私は高橋に会うため写真学科の報道部会の部屋を訪ねた。前日、水道橋のデモの際の約束を果たすためである。そこは地下の学生ホールの奥にあった。「始まっていた日大闘争」を、芸術学部でどう始めるか、ということを話し合うためである。

高橋は、「四学科連絡会議」をつくって、それで闘いを進めるということを語った。高橋の意図は、こういうことであったらしい。

この時点で、高橋は芸術学部自治会の委員長である。だが、学部の七学科学生会で民主的学生が握っているのは、高橋のいる写真学科と、日大の全学学生会連合（通称学連）の議長住田望を出している映画学科だけである。この二学科学生会と美術学科、演劇学科の民主派代議員を結集させて「四学科連絡会議」をつくるという計画である。

自治会再建運動を続けてきた高橋はこのとき、自治会委員長の辞任・自治会の解散を決意していたのである。大学当局の締め付け、右翼学生の妨害などで自治会は動きにくくなっている。また、自治会の「民主的」手続きは時間がかかりすぎる。「始まっていた日大闘争」には間に合わないと判断したのであろう。高橋はこの方針を着々と実行していった。五月二十九日、代議員総会を招集した。ここで高橋は、これまでの大学当局の自治会弾圧の数々を暴露、弾劾したうえで、自らの自治会委員長辞任と自治会解散を宣言した。

ここで高橋の自治会委員長辞任に至る過程を少したどってみたい。前年六七年秋、江古田祭実行委員会がつくられた。だが、学部の予算をおろさないなどの妨害で、江古田祭は中止に追い込まれる。ここで、この年の自治会執行部はその権利を投出してしまった。そして十二月には、自治会に高橋執行部が形成される。

年が明けて、二月二十日自治会執行部に対し、大学と右翼・体育会の暴力が加えられる。この日芸術学部正門前の喫茶店「ジロー」の横で、日本大学学生会連合会議長小島秀夫（生産工学部生）、芸術学部自治会委員長高橋博、同財務部長住田望、同規約起草委員会委員長義井豊に対して、ボクシング同好会の連中による暴行が行われた。このボクシング同好会というのは、大学の学生課の子飼いの集団である。とくに学生課の三十台の若い課員（中山、園田）と個人的にも結びついている。この団体は、体育会連盟にも加盟できない集団である。また、この連中がボクシングの練習をしているとは聞いたことがない。のちの話だが、その中心になっていた学生の手帳には公安調査庁の人間の電話番号が記されていた。「政治ゴロ」学生の集団というのが正確で、左翼的・民主的学生とその運動を攻撃することで、大学から金銭的、またはさまざまな利益を受けていたのである。

こうして、高橋は日大闘争を迎えることになる。

だが「始まっていた日大闘争」は、すさまじい勢いで進んでいた。二十七日には全学共闘会議が結成された。二十八日には文理学部での「5・31大衆団交要求全学総決起集会」が提起された。この集会には特別な意味がある。これまで経済学部のたたかいを中心に経済学部・法学部の周辺に自然発生的に集まってきていた学生たちに、「全学共闘会議に結集し、大学に大衆団交を要求しよう」と呼びかけたのである。この集会の成功は、日大全共闘が日大闘争をたたかう唯一の組織であることを示すことになる。

五月三十日である。五月三十一日の集会を前にして、高橋の意図する「四学科連絡会議」はまだ役割を果たすことはなかった。翌日の全共闘の集会に参加するかどうかは、各学科の討論にまかされることとなった。

*ビラのゲリラグループ

私は、この時期経済・法学部の周辺に行ったり、「ＦＩＬＭの会」の仲間と話したりしていた。ときに高橋から呼び出されて、彼らのグループが溜り場にしていた医学部近くの喫茶店で話したりした。芸術学部で動き出せずに苛々を募らせていた。「ＦＩＬＭの会」というのは、一年生のとき同じクラスの間宮真が呼びかけた会で、柴原満と私が加わっていた。機関誌『ＦＩＬＭ』を二号まで出していた。また、この三人は映画の自主上映運動の「杉並シネクラブ」に参加して、事務局員をしていた。

この三人組、学内で「非合法ビラ」を撒くグループでもあった。

契機は前年の十月八日の羽田闘争である。時の首相佐藤がベトナム訪問することに反対するたたかいである。学生たちは工事用のヘルメットをかぶり、角材を持って、警察機動隊と激突した。その中で京都大学学生山崎博昭君が殺された。

新聞は「学生は暴徒」というキャンペーンをはった。その新聞の切り抜きをつくっていて、いたたまれず「学生は本当に暴徒か」というビラをつくってしまった。

このビラをどうやって撒くのか、三人で頭をひねった。芸術学部には夜間部の「江古田高校」が併設されていた。その高校の授業が始まるまでに、学生は学部から出るようになってい た。高校の授業に使う教室だけには明かりがついているが、ほかの教室は真っ暗である。この暗い教室を狙う。そして、机の上にビラを置くとすぐに見つかってしまうので、机の中に入れてゆく。話はそう決まった。そして、決行した。たったこれだけのことで、わくわくしたり、高揚感を味わっていた。日大とはそういう大学であった。同じ方法で何回かのビラ配りを行った。

四月十五日に二十億円の使途不明金が報道されたころのことである。一年生のときから参加していた「文学クラブ」で一緒に活動していた角田豊彦（文芸学科二年）から呼び出された。連れられて池袋のびっくりガードの近くにある四畳半の下宿に行くと、「文学クラブ」と「シナリオ金曜会」の二年生が集まっていた。角田は「君たちがビラまきをやっているのは知っている。われわれもやりたいので、やり方を教えてほしい」というのである。

ビラ撒きグループは広がっていった。経済学部で始まってからは、校舎の屋上から中庭に向かってビラが撒かれることも起こった。ビラ撒きのゲリラグループはどんどん増えていた。

*映画学科固有の決定

さて、三十日の映画学科の討論である。それは映画学科学生会の部屋で行われた。そこは小さなプレハブの建物である。場所は学部の正門のすぐ左にあって、右側の守衛室と向かい合せにある。午後も遅くなって学生たちは集まってきた。討論は単純な構図を示した。

「明日の集会には映画学科として参加しよう」と主張したのは、私と間宮を中心とする二年生である。「まだその時期ではない」といったのは、三年生である。映画学科学生会委員長の鷹羽は三年生、高橋の「四学科連絡会議」のもう一つの有力な柱である。「四学科連絡会議」は「個人参加」ということを決めていたらしい。映画学科以外はそうなっている。鷹羽を中心にする三年生は、そうするつもりでいたのだろう。だが、二年生も粘った。私は思っていた。

「何がその時期ではないんだ。もう日大闘争は始まっているんだ」。

討論は、堂々巡りになっていた。

そこに、向かいの守衛さんが来て「体育会の連中が集まっているから、早く学校から出たほうがいい」という。とりあえず学外に出ようとなった。正門から出たところで、三年生はこれで解散しようとした。私はとっさに「オレの家に行って話を続けよう」といった。討論の結論は出ていないが、このまま解散しては「個人参加」という結論になってしまう。

江古田からバスに乗って私の実家に行き、討論は続けられた。話はすぐに行き詰まって、沈黙が続いた。そこに、一人の三年生が遅れてやってきて、「行こうじゃないか」と言いだした。これで一気に流れは変わってしまった。

それからはなんとも簡単に「映画学科学生会として五月三十一日の全共闘の集会に参加する」ということが決まった。経済学部で他学部の学生と合流するため、芸術学部は御茶ノ水駅前に集合ということも決まった。

翌朝、旗がなくてはかっこがつかない、と思った。そこで私は赤い布を買ってきて、「芸術学部映画学科学生会」とマジックインクで書いた。小学校の家庭科の授業が役に立ち、即席の旗ができ上った。旗竿は、手元にあった杉並シネクラブのものを使うことにした。

*芸術学部の五・三一闘争

正午前、御茶ノ水駅前に映画学科を中心にする芸術学部の学生は集まってきた。その数は三十人を超えていた。時間になったので、駅前交番の横から中央線に沿って水道橋に続く道を経済学部を目指した。道が下り坂にかかる手前に東京写真専門学校がある。その建物の前に一人の男が立っていた。黒っぽいハーフコートを着た、目つきの鋭い男だった。男は当然のようにわれわれに合流した。

これが桑原健一との出会いである。桑原は六四年映画学科入学で、中核派の活動家としてデモで逮捕されて退学処分を受け、映画の仕事をしながら活動を続けていたという。桑原はすぐに仕事を始めた。これから屠場にひかれてゆく牛の列のように見えた学生たちに活を入れなければと考え、駿河台から猿楽町へ降りる女坂に誘導した。女坂の石段に学生たちを座らせ、演説をぶったという。私には石段に座って景色を眺めていた記憶しかない。「のどかだな」などと思っていた。眼下には晴れた神田の街が広がっていた。

不思議な話だが、日大闘争で思い出される景色はいつも晴れている。雨が降っている日がないのである。立ち上がった日大生を天までもが祝福していたとでもいうのだろうか。経済学部から文理学部へ。芸術学部のデモ隊は文理学部の正門を入るころには百名ほどになっていた。

芸術学部のこの日の参加者には、高橋たちのグループ（四学科連絡会議）もいたはずである。彼らがどのようにここに集まったかはわからない。だが、全学集会での芸術学部代表として高橋が挨拶をした。これは当然といってよい。高橋は一昨日まで芸術学部自治会委員長だったのである。他の学部の中心で活動している者たちには、芸術学部で知られているのは高橋だけだったといってよい。これは映画学科学生会の赤い旗をもって参加しているグループも当然のことだと感じていた。だが、集会の終わりのころ、このグループからも発言しろという。私にお鉢が回ってきて、発言することとなった。これがどういう意図からなされたのかはわからない。

この些細なことが、芸術学部における二つのグループ、二つの流れがだんだんと明白になってゆき、芸闘委の分裂の出発点になるとはだれも思わなかった。

*三日間、四人だけの芸闘委

五月三十一日に出された全共闘の方針は、二回目の団交要求全学総決起集会を六月四日経済学部前で開催するというものである。正午から各学部集会、午後二時経済学部結集という予定である。私は当然のようにこの全共闘の方針を実現しようと考えた。このときには身も心も全共闘と一体になっていたといってよい。六月四日の行動の核心は芸術学部内での公然たる集会の開催ということである。

六月四日まで中三日である。昼間は学内で五月三十一日に参加した学生に「六月四日には芸術学部で集会をやろう」と呼びかけた。そして夕方からは阿佐ヶ谷にある区の集会場で会議を持つということを繰り返した。わかってきたことは、映画学科学生会がまとまって動くことはないということである。夜の会合に集まるのは文学クラブやシナリオ金曜会の以前から顔を知っている二年生がほとんどであった。この時期正面から反対という意見をぶつけられたことはなかった。やった方がいいに決まっている。だがそんなことが本当にできるのか。みんなそんなことを思案していたのだろう。もっと悲惨な結末を想像した学生もいたかもしれない。

三日間はあっという間だった。六月三日夕刻から区の集会場で会議のあと、杉並シネクラブ事務局がある個人宅の一部屋を借りて開いた最後の会合に参加したのは四人だった。間宮と私、桑原、そして三上司（演劇学科三年）である。この四人、間宮と私は一年生のときから一緒に行動することが多かった。五月三十一日の決定やその後のなかでも中心にいたので当然ともいえる。桑原はどういうルートで芸術学部の行動を知って、お茶の水の写真専門学校前に立っていたのか知らないが、中核派の活動家としては当然だろう。最後の三上であるが、五月三十一日文理学部の集会に参加した百数十名の芸術学部生のなかで残ったただ一人の学生であった。

この四人で、明日正午芸術学部中庭において集会を開く、そう決まった。日大全共闘に結集する「芸術学部闘争委員会」を名乗ることも決まった。ここには悲壮感などというものはなかった。こんなものかと受け止めていた。

桑原がこんなことを言い出した。闘争委員会を名乗るのだったら、委員長が必要だろう。退学者で学籍のない桑原を除いて、三人の中から選べということらしい。

しばらく沈黙の時間が過ぎた。その沈黙に息苦しくなった私は、間宮と三上を見た。二人とも下を向いていた。思わず、「オレがやるよ」と言ってしまった。あとは、三上が集会の看板をつくってくる、間宮が法学部に行ってハンドマイクを借りてくる。明日の集合場所は、江古田駅前の浅間神社。そう決まった。

芸術学部当局も、手をこまねいていたわけではない。

『学生諸君に告ぐ　昭和四十三年六月一日　芸術学部教授会』「(脱税、使途不明金は存在しない、としたうえで) これらについての結論は、当局の正式発表をまって、責任ある回答が日本大学理事会においてなされるはずであります。

しかるに学生諸君の中には、いち早く共闘会議を結成、国税局の調査の終結を待たずして平和と秩序を破壊するが如き過激な運動を開始している者がいることはまことに遺憾であります。

良識ある芸術学部学生諸君は参加していないと信じているのでありますが、構内に無許可のビラを散布したり、夜間に侵入して黒板や壁に吹きつけのペンキをもって神聖なるべき教室をけがしたりする者があり、目下厳重に探索中であります。この問題についての建設的な話し合いは、大いに歓迎するところであり、それぞれの公認組織を通じて、活発に意見の交換を計ることを希望します。」

この文書を全学部生に送りつけた。五月三十一日の集会・デモでの芸術学部の写真を撮っていて、参加者の特定をしていた。

六月四日を前にして、間宮と私にそれぞれ「学部長室に出頭されたい」という電報が届いた。二人は、学部長室に電話で「出頭はしない」と伝えた。のこのこ出かけたら何をされるかわからないのである。こうした電報などが、どれほどの範囲で行われていたのかはわからない。

*はじめての芸術学部集会

予定通り浅間神社に四人が集まった。

「それでも残った三人は、日大全共闘の統一行動スケジュールどおり、六月四日正午、芸術学部の映画学科スタジオ前、大きく若葉を茂らせる桜の木の木陰に立った。旗だけは赤旗だった。ただし、その旗の下に立つのはたった三人であった。三人の後ろには、目立たない位置に黙りこくった桑原健一が立っている。まさしく後見人のような場所に、である。

このシーンがさきにふれた、色の白い学生の公然とした登場場面になるわけである。

「ありゃあ、誰だい？」と思って眺めるほうが大多数だった。眞武らがそこに青ざめながら立つことになるいきさつを知っているのは、五〇〇〇人のうち五〇人しかいない。これがのち、学園闘争史上最強のバリケードを構築したとされる芸闘委の第一歩、その瞬間の情景だった。彼らを見る学生の側も、ひどく冷たい表情をしていた。いわゆる一般学生たちは、遠巻きに赤旗の下の三人を眺めていた。それでも、見守るのはまだいいほうで、すぐ近くのベンチで、ギターを弾く者もいた。日大に火がついたことは誰もが知っており、それは気にしているけれども、それを胸のうちに押しとどめておこうとする無表情が並んでいた。

「前にすわってやらないと、格好つかないな」

こんな会話を交わしながら、のろのろと腰を下ろす者が出る。ぽつりぽつりと座り込む学生が増えてくる。はっきりと集会の形が見えてくるのに、一〇分以上もかかったろう。」

（橋本克彦『バリケードを吹きぬけた風』朝日新聞社）

校舎の窓という窓には学生の顔があふれていた。しばらくたってから、学内放送で「集会を止めなさい」と流され始めた。一時、座り込んでいる学生の後方に学生服の学生たちが集まりだした。注目していると、彼らは引き上げていった。やっと集会を終えた。

デモで校門を出たときには、ほっとしたことを覚えている。このとき集会に参加した芸術学部生は何人いたのだろうか。日大本部にはこの頃の学生の動向を記録したノートがあった。その六月四日の項に、「芸術学部　120名デモ出発」とある。それがほぼ正確な人数だろうが、学生管理機構の一端が見える。

このデモ隊は校門を出て、江古田駅までの間にどんどん増えていた。また、駅にはたくさんの学生が待っていた。デモ隊は三倍にも四倍にも増えてしまった。中庭集会に参加するには躊躇するが、日大闘争、全共闘に加わりたいと考えている学生はそれほどいたのである。

帽子で金を集めて、回数券をたくさん買ってきて配るという積極的な学生も出てくる。

この日、錦華公園での総括集会に一人の学生があらわれた。岩淵進（映画学科五年）である。学籍はあるが学校にはまったく出てこず、映画製作の仕事についていた。日大で騒ぎが起こったことを知って、何日か水道橋付近をうろついていたという。岩淵は登場と同時に、全体をリードする位置に立っていた。

芸闘委は五日から昼休みの中庭集会を続けた。集会に参加する学生は五十名ほどで、増えてゆく様子は見えなかった。見方を変えていえば、昼休み集会を続けることでやっと旗を立てていたといってもよい。だが、学内は一気に変わっていた。大学側は芸闘委の無届け集会を禁止したりつぶしたりできないでいた。そのなかで、検閲や許可を得ないビラが学内にあふれだした。学内には学生の自由な活動が動き出していたのである。芸闘委の中庭集会はその自由の橋頭堡であったのかもしれない。

六月七日には学部当局による「説明会」が行われた。これは高橋が解散を宣言した芸術学部自治会の一部、放送学科の高柳房義などが「自治会中央事務局」と称して、「説明会」の受け皿となって開かれたものである。芸闘委はビラで訴えている。

「学生が今本当に求めているものは、学部長、理事教授を交え「誠実」に裏打ちされた対話なのである。それは絶対に〝説明会〟などではなく、我々との互いに脈々と血のかよった意思のぶつかりあう大衆的な公開討論会でなければならない。

我々学生は、この度の問題を〝説明会〟などという一方的な形ですりぬけようとする学校当局のやり方に対し、強いいきどおりを感じざるをえない。その場その場の切りぬけにまい進している学校当局者は、本当にキャンパスを愛してやまない我々学生の痛切なこの叫びを深く心にきざむべきである。闘う芸術学部学友諸君

本日、大講堂で予定されている、欺瞞に満ちた〝説明会〟を、我々の真に求める公開討論の場とするため大講堂に結集せよ」

大講堂では演壇の両側に教授たちが居並ぶ中、学部長の一方的説明が行われた。まだ芸闘委には公開討論会として勝ち取る力はなかった。四日から十一日までの一週間、昼休みの中庭集会を柱にした活動で中心的学生たちは芸闘委への集中力を強めていた。十一日の芸術学部集会には左腕に赤い布を縛り付けた行動隊が真ん中に座っていた。

＊学連の解散

芸闘委が学部の中で闘いを始めたばかりの六月五日のことである。六月三日以降の夜に使わせてもらっている部屋に、五十嵐昇（映画学科二年）が学連の委員長・住田望（映画学科四年）をともなってやってきた。五十嵐は一年のとき、私や間宮と同じクラスで、学生会のクラス委員をしていた。また、杉並シネクラブの会員でもある。

住田は前年の芸術学部自治会の委員長で、六七年秋の大学祭の中止の責任をとる形で辞任した。そして、高橋執行部ができた。そこでも住田は財務部長を引き受けていた。二月二十日には、高橋とともに右翼学生の暴行を受けている。

私たちは、住田に対して「日大闘争において学生を代表するのは全共闘であり、それをはっきりさせるためにも学連を解散してほしい」と迫った。長い討論になった。芸闘委は既成の学生組織をすべて否定しているが、その「再建芸術学部自治会」をつくるまでどれだけの努力が必要だったのか。住田は、叫びだしたかったに違いない。最後に、住田は「学連を解散する方策をとる」と約束した。

住田は約束通り、六月十三日、日本大学学生会連合会と学連中央委員会の解散を宣言した。この学連の解散ということは、当時は大きな問題とは捉えられていなかったが、のちのち力を発揮してくる。大学当局は全共闘を学生の代表としたり、それを否定したりと動揺するが、全共闘以外に学生を代表しうる組織が存在しないことになったのである。

六月十一日の経済学部の流血と法学部のストライキについてはすでに述べた。

芸闘委はその日から法学部のバリケードに泊り込んだ。その日からの活動は、夜はバリケード防衛の一部を受け持ち、朝になると芸術学部に向かうというものになった。その姿はだんだんと薄汚れていたともいう。目つきも変わっていただろう。状況の最先端に自らを置き続けていたいという芸闘委の気質はすでに形成され始めていたのかもしれない。

法学部のバリケードには芸術学部のＯＢと称する人たちが次々と訪れてきた。日大のバリケードにいてもたってもいられなかったに違いない。そのなかに、仕事を辞めて芸闘委に合流してしまうものが現れた。

名倉将博と冨所和彦である。二人ともこの年の四月に映画学科を卒業していた。名倉は桑原からの電話連絡を受けて、仕事を辞め草津温泉からバリケードにやってきたという。冨所は芸術学部賞を受けて卒業した優等生、映画会社に就職したが、同じように退社してやってきた。

十一日以降も活動の中心は昼休みの中庭集会である。だが雰囲気はまったく変わっていた。学内にはビラがあふれだしていた。検閲制度は実質上完全に打ち破られていた。また学生たちも芸闘委を受け入れていた。

こういうこともあった。美術学科のプレハブ校舎の教室で油絵のクラスが裸体のデッサンをやっていた。しばらく見ていると休憩時間になった。私は、芸闘委だが話を聞いてくれませんかといって教室に入った。しばらく話をして教室を出ようとすると、一人の女子学生が「いまの話、彫刻のクラスでもしてみる」という。そして本館の裏にある彫刻のプレハブ教室まで連れて行ってくれた。

集会でやっと旗を立てているという状態からは何歩も進んできていることは、みな感じていた。岩淵は、夜の法学部のバリケードで行われる芸闘委の会議で「明日は芸術学部でストライキに入ろう」と言いつづけていた。「法経のバリケードを孤立させるな」は共通の認識である。
こうして商学部と芸術学部の十八日同時ストライキという方針が浮上してくる。

＊ストライキへ

六月十八日、金丸重嶺理事出席の「説明会」が開かれることになった。芸闘委は、ここでストライキへと意気込んだが、なかなかそうはならなかった。この説明会は、自治会暫定執行部（高柳房義委員長）を名乗る団体が受ける形になっていた。六月七日の説明会では自治会中央事務局といっていたものたちである。実態は放送学科学生会である。だが金丸理事が写真学科の教授であることから、写真学科の高橋らがこの日の説明会をリードすることになった。

『不明金など追及　日大　公開討論会を開く』「紛争が続いている日本大学で十八日から理事と学生との学部別公開討論会が始まった。まず東京・練馬区の芸術学部では、午前九時ごろから金丸重嶺理事（同学部次長）が出席、小講堂で千人の学生が集まり、全学共闘会議の学生が会の進行をつとめた。学生たちの中から二十億円使途不明金の説明や学園民主化について鋭い質問が次々に出され、これに対し金丸理事はタジタジ。「脱税はない。源泉徴収の徴収漏れがあるだけだ。しかし、このような混乱した事態を引き起こしたことについては理事も責任を痛感しているので、学園が平和な状態にもどったら進退を明らかにする、学園の民主化については今後学生と話合って改めていく考えだ」と懸命に説得した。しかし、あくまでも理事の退陣を求める共闘会議系の学生や体育会系の学生との衝突事件を追及する一般学生たちがしつように質問を続け、公開討論は途中で一時中断したあ

と会場を大講堂に移して正午過ぎまで続けられた。」（『朝日』夕刊六月十八日）

この日、芸術学部の学生の前に三つの学生集団がそろい踏みした。まず自治会暫定執行部を名乗る団体である。これを支えているのは大学当局だということは誰でもわかることである。放送学科と文芸学科の一部を除けば、学生への影響力はほとんどないといってよい。

次が高橋を代表とする写真学科学生会（と四学科連絡会議）である。五月二十九日に高橋が解散宣言した学部自治会の主流である。このグループも全共闘支持派であることははっきりしている。だが、どこかで全共闘とは一線を画したいとの感じがぬぐえなかった。正確に言えば、全共闘に結集することを宣言して旗揚げした芸闘委への反発、敵愾心であったかもしれない。

三つ目が芸闘委である。この団体は既成の学生団体のどこかを代表したり、継承したりしてはいない。全共闘を支持する学生個人の結集体である。一人一人が全身で全共闘を代表している。そういうグループである。

説明会は翌日も続けて開かれるということで終わった。芸闘委はストライキのきっかけをつかめなかった。

私は高橋に「明日はストライキに入る」とだけ言った。

その夜、芸闘委は法学部の講堂でスト突入のための決起集会を開いた。その途中で、高橋たちが来ていると呼び出された。社研の栗原正行（文芸学科五年）、橋本克彦（演劇学科四年）らに「芸闘委ともっと話し合え」と説得されて高橋たちはやってきた。長い話合いになった。

私は、明日ストライキに入ると主張し続けた。高橋はストライキそのものに反対ではないが、いまはそのときではないと主張した。

写真学科はクラス討論を積み上げていた。そしてストのクラス決議もとっていた。その延長上にストを考えたという。そのやり方は、映画学科にも通用するかもしれない。しかしほかの五学科でやることは考えることすらできない。高橋は写真学科のスト決議だけで芸術学部全体のストライキをやろうというのだろうか。芸闘委の主張が無茶なものだとしたら、写真学科のやり方にも無理がある。

高橋はこうも言った。六月十一日で怒った者ばかりではない。恐れてしまったものもたくさんいるんだ。芸闘委は確かに怒った学生を組織していった。また、怒りを訴え続けた。高橋は恐れた学生の気分に足を取られてしまったのかもしれない。

ストライキそのもののイメージが違っているのである。芸闘委そして全共闘のストライキは、全学生を集めてストライキを提起し、そこで決議すればよいのである。それが直接民主主義のやり方である。高橋の民主主義とは違っていた。

こうしたとき、消極論は弱い。長いやりとりのあと、高橋はあきらめたという。

高橋は栗原たちに、ストライキに入る以上写真学科も協力すると言ったという。

私が高橋らと話合っている間に、明日のストライキの体制は着々と練り上げられていた。泊り込んでいる学生を二つに分け、一つは、映画学科学生会室を拠点にバリケード構築のための資材搬入や付随するあらゆることをやる、襲撃に備える防衛隊である。もう一つは、説明会の会場に入り、説明会の主導権を奪い、正午にはストライキ宣言までもってゆくことである。

6　バリケードのなかで

＊芸術学部の六月十九日

六月十九日の朝、芸闘委はそれぞれ江古田に向かった。大講堂の説明会は八時半過ぎから始まった。すでに会場は学生であふれていた。演壇には、金丸理事が着席、自治会暫定執行部の高柳と写真学科の高橋が立っている。芸闘委は演壇に向かって左側の前のほうにまとまって座った。

高橋はストライキ方針を承認してしまった以上、それまでのつなぎの役だと思ったのか、高柳に主導権を持たせていた。金丸理事・大学当局と高柳のやりとりはゆるゆるとすぎていった。これにしびれを切らせたのは会場の学生たちであった。

「芸闘委はどうした！」会場から叫びが次々と上がった。

「これからは芸闘委による大学追及の集会にしたいと思います」、この提案は、大きな拍手で承認された。この一瞬で、会場の学生たちの唯一の代表として芸闘委は承認されてしまった。役割を終えた自治会暫定執行部の高柳は退場した。そして、放送学科の学生を集めて放送のスタジオで討論会を始めたという。高橋はどういう感懐を抱いたのだろうか。

最初のハードルはなんとも簡単に、軽々とクリアーされてしまった。学生たちの熱気は大講堂に充満し、どんどん圧力が上がっていった。あとは正午のストライキ宣言である。正午を前に最後に立った芸闘委学生の話がなかなか終わらず時間が過ぎてゆく。芸闘委の学生は時計をにらみながら焦っていた。最後の学生の演説が終わり、私は演壇に登った。

「大学の不誠実な態度に、われわれはストライキで」というと、会場は大歓声に包まれた。芸闘委の何人かは会場から飛び出していった。

大歓声はしばらくおさまらなかった。その後、私はストライキ闘争の意義などを十五分ほど発言した。

大講堂を出て、中庭をみると教職員達がいくつかの塊になって校門に向かっていた。芸闘委の学生はそれぞれ自分の任務を果たしているのだろう、中庭にはほとんど見えなかった。私は、ストライキにはいったら本部になる予定の校舎二階の教授会の部屋に向かった。二階はがらーんとして誰もいないようだった。教授会室はもぬけの殻である。つづきの会議室をみると、とんかつライスが十人前ほどセットされていた。教授たちは昼飯を食いながら会議でもやる予定だったのかもしれない。ストライキだというのに。そのまま、気になっていた三階の放送室に行った。放送の機械は固いものでたたかれたようであった。三人の学生があっちこっちいじっていた。一人が「これならすぐ直る」といった。それを聞いて、とんかつを思い出した。急いで会議室に戻ると、それはすっかり消えていた。

教授会室のソファーに腰を据えるしかなかった。

どれぐらいの時間が過ぎただろうか。十人ほどの学生が膨らんだ大きな封筒をもって入ってきた。床の絨毯の上に封筒の中身が空けられていく。ちょっとしたお金の山ができた。大講堂で集めたカンパだという。そういう分担もいたのか、なかなかやるもんだと感心した。学生たちは、お金を仕分け始めた。ひと仕事終わった山賊みたいだな、なんて思ってみていた。

こうして芸術学部のストライキ闘争が始まった。

外が暗くなり始めた頃、「体連から話があるといっている」という連絡が本部に届いた。美術のプレハブ教室で会うことにした。私が教室に入ると、芸術学部体育会連合の代表で空手部主将田中（文芸学科四年）がひとりで座っていた。一対一の話し合いになった。話は田中から切り出された。体連としては芸闘委のバリケードに手を出すつもりはない。芸闘委は体連の各部の学内活動を承認して邪魔をしないように、ということであった。いくつかのやり取りのあと、それを文書にして取り交わした。私は体連との話し合いなどはじめてで緊張していたが、田中は威圧的な態度やもの言いはまったくなかった。

＊芸闘委という組織

その夜、バリケードの中は学生であふれていた。正門のバリケード周辺にはヘルメットを被り、角材を手にした行動隊が夜を徹して防衛についていた。各学科はそれぞれ自分たちの教室を決めて、泊り込み体制をつくっていた。

バリケードのなかで最初に取り組まなければならないのは、芸術学部闘争委員会の組織づくりである。ここまで引っ張ってきたのは、自ら芸闘委と名乗る一塊の戦闘集団だった。委員長だけはいたが、それも勝手に名乗っただけといってよい。ストライキまでやってしまったのだから、それらしい組織が必要なのではないか、何となくそう考えだしていた。そこでつくられたのが、こういう芸闘委である。

委員長　眞武善行（映画学科二年）
副委員長　間宮真（映画学科二年）
書記長　栗原正行（文芸学科五年）
行動隊長　岩淵進（映画学科五年）
各学科闘争委員会代表　七名

このメンバーで執行部会議が構成されることになった。そのもとに、書記局と財務局がつくられた。さらに、必要に応じて行動隊、救援対策部、情報部がつくられた。何度か変更もされたが、こういうものに落ち着いた。

この芸闘委の執行部体制は、何とかオーソドックスなようにも見える。だが、中身を見ると、六月四日を準備した三人、眞武、間宮、三上（演劇学科闘争委員長）と、どこから出て来たかわからない五年生である。それを卒業生や退学生が取り巻いている。また、書記局には旧社研の連中を中心に、胡散臭さを発散させている四年生がたむろし始める。名倉を中心にする情報部は、芸闘委執行部と相対的に独自に活動し、全共闘本部の情報局と連絡をとりあっている。

なんともかたよった、その上なんともいかがわしい雰囲気を漂わせている。だが、そこには活発なエネルギーを発散する、自由を体現する、なんとも魅力的な何かを感じさせた。

七つの学科では、それぞれ学科闘争委員会がバリケードのなかでつくられていった。これまでも中心にいた写真学科・映画学科の学生会は、それぞれ学科闘争委員会に改編された。演劇、美術、文芸、放送学科も、闘争委員会を形成し、代表を選出した。ここまではスト突入から数日で終わった。

だが、活動家と呼べる者がいない音楽学科はなかなか進まなかった。六月末、バリケードの教室に集まった三十名ほどの学生は、芸闘委を支持する音楽学科闘争委員会を結成して、指揮を専攻する三年の男子学生を代表に選出した。ここで「さぼるためにバリケードを支持するのではない」という一項目を確認したという。毎日の音楽的な訓練を絶対にさぼらない、という決意表明なのであろう。こうして、芸闘委は組織らしい形態をもつことにはなった。

＊芸闘委「全体会議」は十人十色

ストライキに入ったその夜から、バリケードのなかの全員が参加する会議が開かれた。それは「全体会議」と呼ばれた。「それは毎晩開かれねばならない」ということは、論議する以前の当たり前のこととして、全員にあらかじめ理解されていたようである。そして、それは実際毎晩必ず開かれた。この会議は、全共闘のいう直接民主主義を実現するもの、それを保障するものと理解されていた。全員が参加し、自由に討論し、議決し、全員の責任で実行するものである。それは自由で、かつ行動的な組織であった。

ストライキ突入の翌日、六月二十日の夜の全体会議である。

美術学科から、「執行部は、教室の壁にペンキで落書きをしている」という批判が出された。

ストライキの夜、桑原は執行部室の壁に赤いペンキで「復讐の時きたる」と大書した。岩淵は、「僕は二十歳だった」で始まるポール・ニザンの小説の一節を黒いペンキで小さく書いた。二人にとっては思いのこもった行為だったのだろう。だが、これはいけないことである、という学生もいた。

結論として、落書きするときは模造紙を壁に貼ってそこに描くように、ということになった。

この問題について、経済学部の状況を見てみよう。そこでは、スト突入直後に模造紙に書かれた次のような掲示が貼りだされていた。

「規律　経短学生会　①全学友は身の回りの整理整頓を自主的に行う　②全学友は理論武装を徹底化し討論を義務とする　③全学友は破壊・掠奪を厳禁する　④全学友は常に衛生に気を配り進んで掃除をする　⑤全学友は闘争勝利のために自己犠牲をしのび固い連帯を守れ」

これは、執行部の水戸厚生部長が書いたものだという。経済学部ではこの問題はあらかじめ解決していたようだ。

美術学科の提起の方が、闘争に参加している日大生の普通の感覚だったのかもしれない。だが、芸術学部の執行部も多くの学生もその提起に違和感を持ったが、その日反論は出なかった。だが、この小さな気分の違い、行き違いが大きな問題に発展して行くことになる。

＊自主カリキュラムと映画『日大闘争』の始まり

ストライキ突入の翌日には自主カリキュラムの取り組みが開始された。六月二十日、自主カリキュラム第一弾『河　あの裏切りが重く』（森弘太監督）が上映された。二十一日には『戦艦ポチョムキン』（セルゲイ・エイゼンシュテイン監督）上映。

この二つは私がどうしてもやってみたかった企画だった。バリケードのなかでは学生たちは何をやってもいい。自分のなかにあるあらゆることを自由に表現すればいいのである。われわれはバリケードによって自由な「場（庭）」を獲得したのである。

だが芸闘委執行部は、慎重な態度をとっていた。バリケードは闘争勝利のためにつくったのであり、右翼から闘争と自分たちを守るために築いたのである。その点を繰り返し確認した。

学生たちはこのバリケードに囲まれた空間そのものに魅了されてしまった。子どもの頃、木のうえや林のなかの地面に穴を掘ってつくった秘密基地の延長にも似ている。しかし、この空間は社会、権力、世間と対峙して屹立していた。そこにいるだけで幸せを感じ、高揚していた。はじめて手にした自由に、少し戸惑ってもいた。自主カリキュラム委員会がつくられ、進歩的文化人に講演依頼の手紙を送った。反応はよかったようである。自主カリキュラムは、九月の機動隊導入の大闘争の頃まで続けられた。初期のプログラムである。

6・22　北沢方邦氏講演「芸術と闘争について」。
6・23　関根弘氏講演「学生運動について」。
『イブ・クライン（ある美術家の生涯）』『二人の長距離ランナーの孤独』上映。
6・24　荒井氏講演「学生運動について」。
6・28『現認報告書』『圧殺の森』（小川プロ）上映。
秋田明大（全共闘議長）今章（全共闘組織部長）との討論会。
6・30　今野勉氏講演。
7・1　斉藤竜鳳氏講演「戦術としてのバリケード」。
7・3　石子順造氏講演。
7・8　中村宏氏講演「芸術と革命」。

7・9　渡辺淳氏講演「演劇におけるアンガージュ」。
7・10　石堂淑郎氏講演「映画と革命」。
7・14　映画反戦支援デモ。
7・19　スト突入一ヶ月。「バリ祭」行う。

ある日、執行部室を芝田（文芸学科二年）という学生が訪ねてきた。その学生は、日大闘争のはじめから自分の16ミリカメラで撮ってきたが、もうフィルムを買う金がなくなってしまった。そこで、芸闘委で金を出してくれないか、というのである。

私は、すぐにオーケーを出した。それ以降、日大闘争の記録は撮り続けられた。

「芸闘委はバリケード内での学生の活動に一切制限を加えなかった。空手部も練習をしていた。音楽学科のほうからはピアノの音が聞こえ、美術学科では創作活動が続けられていた。S君たちの活動もそのひとつであった。

7月、日大闘争は激動に向かう。学部集会へ結集を呼びかける芸闘委は、S君たちのフィルムを客寄せパンダとして上映することにした。撮ったまま、NGだけを抜いたラッシュフィルムをそのまま上映する。スクリーンには自分たちが映っている。鏡であった。映っている自分たちはかっこわるくもなく、むしろかっこ良くみえた。映画に映されている自画を見ることで、自分たちが正しいことをしているんだと確認できた。」

「日大闘争の記録は、ともに闘う仲間が闘いへの意志をわかちエールをおくりあう連帯のメデイアであった。そこに映っている学生たちはかっこよかったし、かっこよく映ろうとしていた。それでいて、かっこわるい自分が撮られたりしている。つまるところ日大闘争の記録とは日大全共闘のファミリームービーであった。」（「だれか『続続日大闘争』をつくらないか」塚本公雄『忘れざる日々3』）

塚本は、九・三〇大衆団交以降には撮影を担当し、翌年には名倉とともに映画『日大闘争』『続日大闘争』をまとめ上げる。

＊七・五学部団交

スト突入の翌六月二十日、松原学生指導委員長以下数名がバリケードを訪れ、就職事務に必要な書類を持ち出したいと要請に来た。芸闘委は、これを了承した。学部はこの書類を、駅前の中華料理店「三宝亭」に持ち込み、翌日からここで「就職事務を行う芸術学部仮事務所」が開設された。

だが、この仮事務所から『解説・日本大学改善の方向』という付属文書のついた父兄宛の文書、また一年生には「水泳教室（夏季体育実技）」の知らせなどを発送し始めた。芸術学部にも体育という授業の単位があり、それは一年時に受けることになっていた。だが、芸術学部にはグランドも体育館などの施設もないため、夏休みに二泊三日の水泳教室（千葉県館山の芸術学部セミナーハウス）と冬休みの二泊三日のスキー教室（長野県菅平スキー場の大学施設）に参加すると、授業の単位がもらえることになっている。

七月一日、バリケードに集まった一年生は「水泳教室（夏季体育実技）」への参加拒否を決議した。この日、仮事務所に抗議したが、責任者不在のため翌日話し合うということになった。

翌二日、永野局長、三浦学監、松原指導委員長との話し合いがもたれ、使途不明金問題、全共闘の要求、教授会と闘争委員会との話し合いの時期などについて教授会を開いたうえ、「五日に発表する」ということが確認された。

五日である。芸闘委は教授会の回答を受けとるために仮事務所に行った。この日の事態を学部側はこういっている。

「彼らの抗議と要望に対し、芸術学部教授会としては「双方より代表一〇名を出し、膝をまじえて、バリケードの外で十分に会談したい」という結論に到達しました。

したがって、永野局長と松原指導委員長はその旨を体し、七月五日午後一時ごろ、仮事務所にて、闘争委の諸君五〇名ほどと会見したのであります。

ところが、代表同士の話し合いは、絶対に駄目であるとなし、あくまでも大衆団交であることを主張するので、松原教授は教授会の総意にもとづき、彼らの主張をことわりましたが、ヘルメット帽と角材を持った学生に取り囲まれた松原教授と中山学生課員は、ともに仮事務所から学園の中に同行せざるをえなくなりました。一時間ほどしてから、松原教授のことを心配していた永野教授のところに、ふたたびヘルメットの学生がまいり、いく度か拒否したにもかかわらず同教授を拉致いたしました。

全教職員は、両教授の様子を知りたいと思い、校舎周辺にたむろしつつ、校門に立つ闘争委の学生に交渉したりしても、校内にははいることを許されず、内部との連絡を絶たれたまま夕刻を迎えました。時間の経過とともに、不安が昂じ、警察とも連絡をとり、ひきとりを断行しようとしたやさき、午後七時過ぎ、両教授は校内から姿をあらわしました。

両教授の談によれば、校内小講堂に入室せしめられ、松原教授は五時間、永野教授は四時間にわたり、種々の質問を浴び、終始、質疑応答、あるいは討論をつづけた形ではあったとしても、角材で机を鳴らし、壇上にあがって卓をたたいたりする恫喝的行為がつづき、暴力的であったことはおおうべくもなかった、ということです。

しかしその講堂にいた学生一〇〇名前後の中で、静聴している学生もいたので、討論することはけっして無意味ではないと思い、怒号と罵詈に耐えてつるしあげに応じた。しかし多数の圧力で署名を強いられたことは遺憾であった。心身ともに消耗困憊し、内容の詳細は順序がたたない、といわれていた。」(昭和四十三年七月　日付、芸術学部教授会より学生・父兄各位あての文書「就職事務一時停止の件についてのご報告」)

確かに、つるし上げといわれても仕方ない場面が何回かあった。教授側は、事務的なものいいをしたり、開き直りとも取れる発言を繰り返した。学生たちは怒った。そして、なさけないものも感じていた。

翌六日、学生は約束通り教授会の回答を受けとるために仮事務所を訪れた。仮事務所は閉ざされていて、機動隊が待ち構えていた。芸術学部当局との交渉はこれが最後になった。

*芸闘委の内部対立、ヘルメットは何色

高橋の写真学科と芸闘委執行部との対立は、だんだんと表面化することになる。

写真学科の執行部批判が始まる。それには映画学科の三年生と美術学科が同調し始める。そ

れは執行部を取り囲む四年生、五年生、卒業者・退学者などが醸し出すいかがわしさを嫌う気分も、影響している。

最初に持ち出された論議が、芸闘委と芸闘委執行部の正当性を問うものだった。それはストライキ前夜の対立がそのまま持ち越されたものだった。「民主主義」そのものに対する考え方の根本的な違いだった。高橋と写真学科の主張する民主主義は、〝いまある社会〟に受け入れられるための民主主義である。全共闘の民主主義は、日大のなかで闘い抜くための民主主義なのである。

高橋のそれは「民主主義」という概念で、新しく生み出された全共闘や日大闘争、バリケードという現実をがんじがらめにし、腐蝕させるものである。極端に言えば、日大闘争以前に引き戻そうという議論である。小学校のころから習ってきた「民主主義」から言えば、全共闘や闘争委員会のあり方そのもの、ヘルメットと角材、バリケードで大学や世間、社会と対立するやり方は、はずれてきてしまったのかもしれない。バリケードという突出した状況のなかにいて、自分たちは何者なのかという不安の表現だったのかもしれない。

芸闘委執行部はどこで選ばれ、承認されたのか、と写真学科は言いだした。栗原書記長は、こう切り返した。芸闘委と眞武委員長は六月十九日のスト突入の集会で、二千名の学生に承認された。あれ以上の学生大会など考えられるか。

バリケードのなかの多くの学生にとっては、どちらでもいいような論議だったかもしれない。全共闘は自分と一体なのである。自分が全共闘である。バリケードは、右翼の襲撃は怖いが、なんとも素晴らしいものである。そこでは生きている自分自身を感じることができるのである。

「直接民主主義」などという言葉もなんとなくいいではないか。

つぎに写真学科が言い出したことは、ヘルメットの色の問題である。芸闘委は白いヘルメットだが、赤ではなんでいけないのか。つまらないことを、と言ってはいけない。全体会議では何を言ってもいいのである。ここも栗原書記長である。白は買ってきたそのまま使える。色を塗るのはコストがかかる。

後日、写真学科と映画学科三年生がヘルメットを赤く塗って全体会議に登場した。対立もここまで来ると、いかんともしがたい。

映画学科の赤ヘルメットは、黒い網をかぶせ始めた。何のことはない、アメリカのテレビ・映画『コンバット』のヘルメットになってしまった。

写真学科と芸闘委執行部の対立が、抜き差しならなくなってきた七月九日、江古田一帯に右翼のビラがまかれた。ビラは、「赤化防止連合」と名乗り、芸術学部バリケードの襲撃を予告していた。それとは別に、右翼が動いているという情報もあった。日大闘争では、右翼の動きなどはなんとなくバリケードのなかに伝わってくるのである。全共闘の学生の中には、闘争が始まるまで右翼や体育会の学生と付き合っていたものもいるのである。だから、逆に言えばバリケードのなかも筒抜けだったかもしれない。

その夜、バリケードのなかは緊張した。岩淵と桑原は、二階の小部屋で火炎瓶をつくった。二階の廊下にはガソリン臭が充満していた。その匂いに気づいて、私は小部屋を覗いた。二人はあわてて出てきて「見なかったことにしろ」といった。笑い話だが、みんなが知っているのである。だが、後日これは笑い話ではすまないことになる。その夜、右翼の襲撃はなかった。

＊芸闘委の亀裂

十一日、機動隊導入の情報が流れる。

それは、こういうことだったようだ。学部当局はこの日、次のような文書をつくっていた。それが、大学は機動隊を導入しようとしている、という情報となって伝わってきたのである。

「芸術学部施設を占拠している学生、ＯＢ及び除籍者に告ぐ

日本大学芸術学部の校舎その他施設一般は日本大学当局が管理権をもつものであることはいうまでもないことで、諸君は大学当局の許可がない限り勝手に校舎その他の施設を使用することはできません。したがって、諸君が現在芸術学部校舎を占拠していることは、法律に違反する行為であります。よって、大学当局は、諸君に対し速やかに右校舎および施設より退去するよう命じます。

もし諸君が、この命令に応じない場合は、刑法第一三〇条建造物侵入罪に該当することになりますからこの点念のため警告いたします。なお、建造物を損壊した場合は、刑法第二六〇条建造物損壊罪に、什器備品等を損壊した場合は、刑法第二六一条器物損壊罪に、文書等を毀棄した場合は、刑法第二五九条私文書毀棄罪に、他人の財物を窃取した場合は、刑法第二三五条窃盗罪にそれぞれ該当する行為になります。

また、諸君は威力を用いて大学当局の業務を妨害しておりますが、これは刑法第二三四条威力業務妨害罪に該当する行為になります。

昭和四十三年七月十二日　日本大学芸術学部事務局長」

緊張の中で全体会議がもたれた。執行部は、右翼の襲撃があり、それを理由に機動隊が導入される。または学校の要請で機動隊が入る。どちらかが予想される。それに対しては、「徹底抗戦でたたかう」と提起した。

それに対して、写真学科、映画学科三年、美術学科から反撃が起こった。

まず、用意されている火炎瓶は使用するのか、ということが問題になった。私は使用するつもりでいた。怒鳴り合いの討論が、延々と続いた。

書記局の橋本からは、角材とヘルメットで闘ってきた三派全学連でも、火炎瓶は使われていない、という意見も出される。

映画学科三年の一人は、「江古田の街を火の海にするつもりか」と叫んだ。つぎに問題になったのが、執行部は「徹底抗戦」というが、どこまでやるつもりなのか。岩淵は、体育のアーチェリーを屋上に運んだということも暴露された。アーチェリーや屋上にある大きな石を投げたら、死人が出るという。

討論は続いた。やがて、写真学科は最後通牒を突きつけた。

「明日の朝、機動隊の導入がないという保障がない以上、われわれはバリケードを出る。」

写真学科の学生は、小講堂から出ていった。三上はその学生たちに食い下がっている。「バリケードのなかで討論しなくちゃやだめだ。」

残った学生たちは、重いものを飲み込んだ。だが、準備をしなくてはならない。

火炎瓶は廃棄する。大きな石は使わない。そう決定した。

「作業が始まった。バリケードのなかは、映画学科や、演劇学科の照明機材で煌々と照らされた。光の輪のなかに砂ぼこりがあがった。四階の窓からロープが下ろされ、バケツの石を吊りあげる。

皆、夢中だった。にぎりこぶし大の石ころ、続いて、ソフトボール大の石ころ、やがて砕ききれずに針金がくっついたコンクリート、バレーボールほどのものが運びあげられてゆく。それだけではなかった。マンホールのフタ、プロパンガスの大型ボンベ、プレハブの鉄骨材、ほかにありとあらゆる大きくて重いものが運びあげられた。作業の途中、私の前を四人がかりで運ぶ鉄骨材が通りすぎ、驚いた。

「あんなものまで落っことす気か？」

隣の栗原書記長に訊いた。

「とめられないな。今夜ほんとに機動隊がきたら、何人か死ぬかもしれない」

「すると執行部員は殺人、同教唆か」

「橋本よ、まあ、諦めろよ」私は絶句した。

岩淵進が近づいてきて、

「なあ、いざとなったら、連中のほうがやる気だろうが」

といって去る。

私はブルい、機動隊が来ないことを祈った。」（橋本克彦『バリケードを吹きぬけた風』）

その夜、右翼も機動隊も現れなかった。

翌十二日の夜の全体会議である。昨夜、バリケードを出ていった写真学科は、写真・映画・

美術学科闘争委員会連名のビラを持って、戻ってきた。ビラは「日大闘争の発展と我々の進むべき道」とある。「芸術学部における闘争委員会体制の脆弱性を象徴する事件がある。」それは「○○行為」「××行為」である。

芸闘委執行部は「一部活動家が心情的に満足する極左玉砕的な戦術、自己目的的なゲバルトを提起し、それを強要する」といっている。

○○とは、女子学生に対する強姦未遂事件である。××とは、学校の備品を持ち出した、窃盗事件である。窃盗事件はすでに全体会議に報告され、討論した問題である。だが強姦未遂事件は執行部も知らないことであった。ほとんどの学生は、それに怒り、いやな気持にさせられた。全体会議の討論では、「二度とあってはならない」と確認された。だが、学生たちには嫌な重い思いを抱え込ませることになる。

たしかに、バリケードのなかの「掟」が必要であったのかもしれない。だが、バリケードのなかの空間で味わっている「自由」と、「掟」をつくる作業は、どうしてもなじまないものと学生たちには感じられた。そして、火炎瓶問題を蒸し返してきた。

全体会議は、白熱したものになっていった。しかし、私は逆に白けていった。高橋とは何度も対立的な討論を繰り返してきた。もう、昨夜の討論で心が切れていた。私は、黙っていた。

「委員長、自分で答えろ」と言われて発言した。

「君たちのビラによれば、執行部は展望を示していないという。しかし、五大スローガン堅持、夏休みをのりこえ、団交要求を貫徹するという方針は、日大闘争の基本方針だ。日大闘争はこの方針でいくんだよ。君たちのほうこそ、独自の方針を提起したことがあるか。方針も提起せず、われわれの弱点だけを攻撃する。批判のための批判じゃないか。」

これだけ言って、あとはまた黙った。

討論は続いた。高橋にとっては、芸術学部の運動の中心は自分たちだと思っていたのだろう。芸闘委などというものを認めたくはないのである。確かに、何者だかわからない連中の芸闘委などというものが出てこなければ、高橋ら旧自治会が全共闘の芸術学部での代表になる日が来ていたはずなのである。だが、芸闘委をつくってきた学生たちは、法・経に遅れるな、と突っ走ってきた。高橋たちの自治会も否定して、全共闘に参加したのである。

両者はとうとう交わることはなかった。

高橋は、あきらめたのだろう。写真学科の学生たちとバリケードを出ていった。

その翌日（十三日）の昼ごろ、桑原が「早稲田の中島というのが来ている」といった。中島というのは社学同マル戦派の学生だという。桑原は以前から知っている間柄らしい。正門のバリケードのところで会った。「いま写真学科の学生たちが江古田の喫茶店に集まっている。彼らをバリケードのなかに入れてほしい。そして話し合ってほしい」と中島という学生は言った。「彼らをバリケードに入れることはできない。外でなら話をする」と私は答えて、中島と一緒に喫茶店に向かった。

喫茶店には、ぎっしりと写真学科の学生がいた。だが、そこには高橋の姿はなかった。「写真学科としてまとまってバリケードに入ることは断る。入りたいなら、自己批判して、個人として入ればいい」これだけ言って、バリケードに戻った。

こうして写真学科闘争委員会は、一度は崩壊した。だが、写真学科の学生にも高橋たちと行動をともにせず、バリケードに残った学生もいる。そして、戻ってきた学生たちと新しい写真学科闘争委員会はつくられてゆく。

七月のすったものだの締めくくりは、空手部OB会の訪問だった。空もすっかり暗くなった夕刻、本部室に「空手部OB会が話をしたい」と言っているので、中講堂に入れてある、という報告が入った。私は中講堂に向かった。講堂には三十名弱の夏だというのに黒い背広姿の大きな男たちが、前の方に固まって座っていた。私は彼らの前に立って、日大闘争の意義について話した。彼らは特に異議を唱えるでもなく、静かに聞いていた。そして、静かに出ていった。だが、しっかり威圧感だけは残していった。

最後まで一人で対応していたが、なんでほかの者は来ないのかと一瞬思った。だが、これが委員長の役目なのかと納得していた。

7　大衆団交予備折衝

＊東京国税局、日大脱税事件終了を発表

使途不明金事件について七月九日、東京国税局は局長談話を発表して、日大の脱税事件摘発と徴税が終わったことを発表した。大学当局は、これで使途不明金問題は終わった、と小躍りしたのである。さっそく芸術学部は、学部長名で「七月九日」の日付のある学部生・父兄宛文書を送っている。

「過去五ヶ月に亘る国税局の綿密な調査の結果、本日はじめて正式に国税局長の談話が別文のように発表されました。ご一読戴ければお解りの如く「使途不明金」とか「脱税」とかの問題はなかったことが明らかにされました。」

二十億円の使途不明金があるとされ、重加算税一億九千三百万円、延滞税七千六百万円を含めて合計十一億一千万円を所得税として徴収されているのに、何とも能天気な話である。黙っていれば脱税になるから、課税されたのではないか。とんでもないことである。古田理事会もここがチャンスとでも考えたようだ。

「七月十一日」付の「父兄各位」宛の文書を発送している。

「今回の問題は、国税庁の源泉徴収調査に端を発し、全学共闘会議が結成され、六月十一日、同会議の学生によって経済学部が占拠されたのを始め、本部・法学部・文理学部・農獣医学部・理工学部・生産工学部と次々に占拠ないし封鎖されて今日に及んでいます。

この対策としては、(一)各学部に理事者が出向き、全学生に対し説明会あるいは公開討論会等の形で話し合いをしてきましたし、また、これと平行して学生と教職員との対話も積極的に進めてまいりました。このような状勢の中で、(二)共闘会議はあくまで大衆団交を要求しておりますが、大学側としては、諸般の事情から現段階では代表者(三十名を限度として)との話し合いを行うことが妥当であるとの見解をとってまいりました。しかし、現在は大衆団交を前提とした予備折衝を行うことを了承し、目下交渉中であります。」


こうして事態が動き始めた。

古田は全共闘に対し、大衆団交を前提にした予備折衝を開きたい、という文書を送ってきた。全共闘会議が招集された。学生たちは古田の転換に驚いていた。そして古田の意図が読めないでいた。拒否すべし、という意見が出された。闘争の解決に向かって第一歩を踏み出すことに躊躇している、というのが正確だろう。最初から受け入れるべきだと主張したのは、芸術学部だけであった。

討論の中で、躊躇は吹っ切れていった。そして受け入れを決めた。

*七・二〇予備折衝

大学側とは文書のやり取りが行われた。大学側は、会場にヘルメットや角材を持ち込まない、会場を多数の学生が取り巻かない、などを要求していた。前夜にも全共闘会議が開かれ、細かに段取りも決められた。そして、七月二十日大衆団交を前提とした予備折衝が開かれた。

『来月４日に「大衆団交」日大　学生側の要求をのむ』「使途不明金問題や学園民主化をめぐって、学生の校舎占拠がつづいている日本大学では二十日、全学共闘会議と大学側の間に八月四日に「大衆団交」を開く話合いがついた。これは二十日午後、学生側が占拠中の同大学本部内で開かれた古田重二良会頭以下十五人の理事、学部長と秋田明大以下約五十名の全学共闘会議代表の学生代表による予備折衝で決まった。八月四日午後一時から同七時まで、東京・千代田区三崎町の法学部一号館大講堂で全学共闘会議主催により行われ、全学生を対象に、学校側の古田会頭以下全理事、学部長が出席する。

大学側は、これまで学生側の大衆団交開催の要求に「三十人以下の代表との話合い以外、応じられない」との態度をとってきた。しかし、全学共闘会議はじめ学生側の姿勢は盛上がる一方で、十一学部中八学部が六月十一日以来、相ついでストにはいって校舎を占拠、ストにはいらなかった医、歯、工学部でも全学共闘会議と歩調を合わせて立上がり、この日の予備折衝にも代表が参加した。このため、大学側は態度を軟化せざるを得なくなり、全学共闘会議に申入れて、予備折衝を開いた。この日の予備折衝で大学側は「外部団体や校友から申入れも来ており、問題が起こるといけないので、大衆団交という言葉を全学集会とかえてほしい」（古田会頭）などの要望が出されたが、学生側に、しりぞけられた。三時間以上の話合いの結果、大学側は学生側の要求を全面的に認め、学生側がつくった案通りの「大衆団交」を開くことに応じた。古田会頭は予備折衝の席上「誠意をもって問題解決に当たる」と述べたが、全学共闘会議の秋田議長は「共闘会議がかかげている五つの要求（全理事の退陣、経理の公開など）が完全に実施されるまで校舎の占拠などとかず、たたかい抜く」との姿勢を見せていた。」（『朝日』七月二十一日）

予備折衝が終了した後、混乱が起こる。午後七時ごろ、帰途に就いた古田会頭の乗ったタクシーを一部の学生が取り囲み、気勢を上げた。そのうち稲辺教夫（法学部二年）など数名がタクシーの上に乗り騒ぐということが起こった。

そんな騒ぎがあったことなどほとんどの学生は知らなかった。学生は学部ごとに帰り始めた。芸術学部の部隊も動き始め、法学部三号館あたりまできたとき、「経済の部隊が機動隊に規制されている」という知らせを受けた。すぐにUターンして、経済学部に向かい、そのまま出ていた機動隊の列に突っ込んでしまった。ここで二十一名の学生が逮捕された。ほとんどが芸術学部の学生である。のち、そのうち桑原と冨所が起訴され、日大闘争の起訴第一号になる。

騒ぎはそれだけで終わらなかった。

江古田のバリケードに帰って全体会議で、栗原が興奮して演説した。大量の逮捕者が出ている、神田署に抗議に行くべきだ。こうして芸闘委のかなりの人数が出かけて行った。栗原は法学部と経済学部も誘って、夜中の神田署抗議デモに出かけた。ここでまた、機動隊に襲われ六十数名が逮捕された。

＊大学の団交拒否と「改革」案

大学側は「昭和四十三年七月二十四日　日本大学会頭古田重二良　全学共闘会議議長秋田明大殿」「申し入れ書」で、二十日の予備折衝後の事態をあげ、団交の無期延期を通告してきた。全共闘は七月二十七日、文書で八月四日の団交を開くよう要求した。その後何度かの文書のやり取りの後、大学側は八月一日に団交の延期を最終的に通告してきた。

団交の延期を通告してきた七月二十四日、大学側は十九項目の改革案を発表した。

『日大　事態収拾に理事会案』「使途不明金問題や学園の民主化をめぐって、ストや学生による校舎占拠などの紛争がつづいている日本大学の古田重二良会頭は二十四日夜、東京・神田の新東京ホテルで記者会見し、事態収拾のために学生や教職員の要求をかなり入れた十九項目の機構改革案を発表した。

この発表は、同日開かれた理事会、対策委員会の協議結果によるもので、学内経営、教育組織の改革や、集会や掲示など学生に対する制限の大幅緩和などを打出している。

発表の声明文で古田会頭は「大学の異常な発展の中で、学校の近代化が妨げられ、この事態が自然発生的に起こったことは否定できない」「一挙に古い体制から新しい体制へと変化しなくてはならぬ段階に来ている」と、これまでの反省を述べ「理事会はこれ（改革案）の実現のうえで、進退を決する」と付け加えている。しかし、学生側と教職員組合が当面の解決の糸口としている「理事の即時総退陣」の要求と、学生側の主張する「大衆団交」についてはまず「問題を解決することによって、まず責任をとり、それから進退を考える。大衆団交はこれらの項目で事態を収拾することを学生側が了承しない限り応じられない」と、考え方にへだたりをみせており、本格的な解決には、ほど遠いようだ。

発表の改革案要旨次の通り、①顧問など特別な身分、職制の廃止　②理事選出の母体となる評議員会の拡大　③教育の中立性を守る　④総長選挙は全専任教授により行う　⑤本部機構の簡素化　⑥体育会の改革　⑦本部直轄の研究所の統合　⑧本部学生指導機構の改革　⑨経理の公開、公認会計士による監査の実施と監査結果の公開　⑩やむをえない場合を除き授業料値上げはしない　⑪マスプロ教育は避ける　⑫水増し入学はやめる　⑬全学的カリキュラムを再検討する　⑭集会、掲示などの許可制を決めた学則の大幅緩和　⑮ゼミナール制の強化　⑯市街地学部に広場をつくる　⑰学生の自治組織づくりをさまたげない　⑱経済学部での衝突、傷害事件を調査し、関係者は処分する　⑲各学部の自主性と独立性を尊重する。しかし、この改革案に対し、学生、教職員組合側とも理事が即時退陣や大衆団交に応じないことを不満としており、組合側は二十九日、大学始まって以来の教職員による学校周辺のデモを計画している。」（『朝日』七月二十五日）

この時期大学当局は、一度は団交に応じようとしている。予備折衝自体が大学側からの申し入れで開かれたものである。ストライキは理工系学部にも拡大している。大学側は一定程度追いつめられていたことは確かだろう。だが、その内容は理事会の大学改革案の線で解決することを考えていたのである。大学側・古田は学生の要求と闘いを利用して、大学自体が行き詰まりを感じている問題の解決を図ろうという「日大の近代化」方針だと考えてよいようだ。

それは入口でつまずいてしまった。大学は次の手を考えることになる。

8 使途不明金問題と日大闘争

＊警視総監賞をもらった全共闘、エピソード１

日大全共闘の性格をよく表すエピソードを紹介しておこう。

「五日午前四時二十分ごろ、学園民主化などを要求してストに入っている東京・世田谷の日大農獣医学部北門付近で、同学部二年最首幸一君（二〇）が机の上に登って反対派学生のスト破りを警戒していたところ約三十メートル前方の三栄石油上馬給油所の高窓のあたりに人影を見つけ、近くにいた同学部三年川上修君（二一）、同三年桜井正治君（二一）といっしょに「ドロボウ」と叫びながら五十メートル追いかけ、四人組のうち三人を捕らえた。逃げた一人は自宅でつかまった。

世田谷署の調べだと四人は無職池田憲二（二二）無職省三（二〇）兄弟と少年二人、給油所内の手さげ金庫から現金、タバコなど二万円相当を盗んでいた。同署は三人の日大生に警視総監賞を贈る手続きをとった。」（『朝日』夕刊七月五日）

当時の全共闘系学生の意識をよく表している。泥棒は良くないことであり、捕まえて警察に突き出すのは、正しい市民としては当然の行為である。このとき、彼らは何の疑問も持ってはいない。警視総監賞は、めでたく学生たちに授与された。

しかし、その二か月後には警察機動隊と血みどろの死闘を繰り広げるのである。そのどちらをも当然のこととして受け止めている。それが日大全共闘のベースに座っているのである。日大全共闘の強さはここにある。同じ分だけ弱さもあるのかもしれない。

＊全共闘とセクト、エピソード2

七月中の、ある全共闘会議で起こったことである。

「中核派の集会に日大全共闘の旗があった」と言い出した者があった。日大全共闘の旗というが、正規の旗があって、普段は本部にしまってあるなどというものはない。全共闘に参加している者が、どのようなデザインで、どのような色の「全共闘の旗」をつくってもよいのであり、それをバリケードに飾ろうが、全学集会で振ろうが自由である。

問題は日大全共闘とセクトとの関係性である。

日大全共闘は大衆団体であり、セクトとはまったく関係ないのである。とくに日大闘争では、全共闘に結集して、団結を固めていることが、自分たちを守る唯一の道なのである。セクト争いなどで全共闘の団結にひびでも入ることがあれば、右翼や大学当局はそこを狙って襲いかかるであろう。その結果は悲惨なものになるだろうことは、誰でも想像できる。セクトの人間であっても、日大闘争の現在と未来を考えるならば同じ思いであったであろう。

セクトの集会に日大全共闘の旗を持っていくなどは、とんでもないことである。そう確認された。その先は明示の形で確認されたわけではないが、こちらの方が重要であった。それは、全共闘を政治闘争には動かさない。逆に、セクトやグループが自分たちの旗を掲げて政治闘争に出かけていくことに全共闘としては文句を言わない。そして、全共闘の団結を傷つけるようなことは絶対にやらない。その暗黙の了解事項は、長い間厳格に守られることになる。

＊裏口入学事件

使途不明金が報道される三か月前、日大の裏口入学が伝えられた。

『謝礼金をポケットへ　裏口入学３０００万円　都内某私大の有名教授』「戦後のベビー・ブームの影響で史上空前の学生が大学の門に押しかけるといわれる入試の季節だが、東京のある私立大学教授が脱税で税務署に摘発された。過去三年間、裏口入学を主に、就職の斡旋などで得た謝礼金五千万円を申告しなかったというもの。世上ささやかれていた裏口入学のすさまじさが、税務署によって立証されたわけだ。同教授に対する裏口入学の謝礼は、「一人五十万円前後、年に一千万円、総額で三千万円程度」といわれる。」（『朝日』一月二十六日）

その続報である。

『三千万円脱税は日大教授』『裏口工作はせぬ　近く辞表出す　小野氏語る』『国税庁の見方は変わらず』「……〝脱税教授〟は日大理工学部小野竹之助教授だった。……なお同教授は十数年来、同大学の教務部長をつとめたほか、日本大学評議員、国土総合開発研究所次長の肩書がありコンクリート工学の権威である。」（『朝日』二月八日）

この新聞報道がなされた頃は、まだ日大で闘争が起こるなど想像していたものなどはいなかっただろう。

また、日大では裏口入学など当たり前のことで、誰も問題にしていなかった。

裏口入学の実情の一端はこうである。私が入学した芸術学部映画学科は、募集人数六十名である。入学試験の合格発表も六十人で、それは模造紙一枚に書き出されていた。だが、四月の新学期ガイダンスに集まったのは二百人を超えていた。百四十人余りが増えていた。その内訳は、付属高校からのエスカレーター組と補欠入学と呼ばれる裏口入学組である。補欠入学には一次補欠、二次補欠、三次補欠というのがあり、それぞれ十万円、二十万円、三十万円の大学への寄付金を支払うというもので、「正規の裏口」とでもいうものである。そのほかに、教授など有力教職員に裏金を渡して入ってくる「裏口の裏口」というものがある。これが私の入学した六七年の実態である。

規模の小さい芸術学部でもこのような状態であった。規模の大きい文理学部ではとんでもないことになっていたという。文理学部は当該の一年生と、経済学部・法学部の一年生が入学してくる。経済学部・法学部はそれぞれ独自の方針で裏口入学の規模を決定する。日大では経営は各学部の独立採算制をとっていて、各学部にとってはその年何人裏口入学をとるのかは最大の経営問題なのである。その数は、日大本部に対しても秘密にされていたという。だから文理学部当局にとっては、入学式になってみないと何人が入学してくるかわからないのである。そこで文理学部当局は、六七年に「一日六時限制」にしようとした。すると毎日授業が終わるのは午後七時を過ぎてしまう。これには体育会も含めて反対したため実現しなかったという。

「戦後のベビーブーム」と呼ばれ、のちに「団塊の世代」といわれるのは昭和二十二年〜二十四年生まれの子供たちをいう。理工学部の小野教授の事件が発覚した六八年は、昭和二十四年生まれが入学する年に当たる。日大は無理に無理を重ねて膨張してきたのである。

付属高校出身の今章はこう言っている。

「いまは日大鶴ヶ丘って、そこそこの評価の学校だけれど、当時は、ひどい高校でね。僕たちの時代は、団塊の世代で急に増えたじゃないですか。それを見込んで、日大のミニチュア版みたいな高校でした。三学年合わせると、教室がなくて同時に授業ができないんです。だから二部授業です。午前中の部が一年生で、二、三年生は午後の部っていうね。半日授業を二年間やったと思うな。

恐ろしくオンボロの、東京一のオンボロだっていう校舎で、一年半か二年間勉強しました。一階が土間で、床がないんです。土間に机が並べてあるわけ。二階は、飛び跳ねると下まで突き抜けるという、とんでもない校舎でした。

ひどいマンモス校でした。Ｒ組まであるんです。ＡＢＣＤから始まって、一学年十九クラスです。」（「日大闘争の記憶」『情況』二〇〇九年一二月号）

こうして付属高校からはそっくり日大に入ってきた。

こうした大学の巨大化とそのひずみが、日大闘争の爆発の原因だと指摘されてきた。そのとおりで、一つの大きな要因である。だが、日大闘争にとって「裏口入学問題」は、闘争の課題としてはまったくといってよいほど問題にはされなかった。「日大の裏口入学」は世の常識だというだけではない。日大生はリアリストである。裏口から入った学生は、それなりのうしろめたさをもっているかもしれない。そんなことをつくことはないのである。全共闘に参加している学生にもいるに違いないのである。

＊二十億使途不明金発覚

四月十五日、報道各社は一斉に日大の使途不明金問題を報道した。国税局は小野教授の裏口入学にかかわる脱税事件を突破口に、日大本部、各学部、付属高校などで二月から税務調査に入ったという。そして、この日の発表である。

『日大、20億円の不明金　国税局の監査でわかる』『教授らへのヤミ給与か』「東京国税局は国税庁の指揮で、さる二月から日本大学の経理について調査してきたが、三十八年から四十二年までの五年間に、約二十億円にのぼる使途不明金があることが、十四日までの調査で明らかとなった。これらの使途不明金のかなりは幹部、教授への〝ヤミ給与〟として支払われていることがわかったので、その実態を調べたうえ、源泉徴収税を追徴する、と同国税庁はいっている。

国税庁、東京国税局は、日本大学の経理に問題があるという情報もあって、さる二月と三月に、大学本部と医学部、商学部など十一の全学と付属高校二校について収入のいっせい源泉監査を行った。その結果、本部と各学部などに、約二十億円の使途不明金があることがわかったもので、〝ヤミ給与〟であることがはっきりすれば、源泉の脱税額としてはこれまでにない額だと、国税庁はいっている。

日大の経理は、各学部の独立採算制で行われており、入学金、授業料、寄付金などの収入から、学生数に応じて各学部が本部予算の分担金をおくる仕組みになっている。同国税局のこんどの調べで、これらの収入の一部が本部、各学部で裏経理として幹部や一部教職員の〝ヤミ給与〟、特別賞与として支払われ、あるいは交際費、施設費などに使われていることがわかったという。しかし、同国税局では、使途不明金の相当部分が〝ヤミ給与〟などで幹部、教職員個人に支払われているようだといっている。現在、一人一人についての受け取り分の調査を急いでおり、その実態が判明次第、全員から五年前にさかのぼって源泉徴収する方針。」（『朝日』四月十五日）

使途不明金問題を発端とする日大闘争、というように使途不明金は日大闘争の枕詞のように語られてきた。だが秋田明大は朝日新聞の高木正幸記者にこう語っている。（「日大王国の破綻」『朝日ジャーナル』1968・6・30号）

「ことは単に使途不明金の問題や、こんどの処分問題だけではない。もっと深い根が私たちの行動にはあるのです。」「この闘争は、学生としての権利がすべてはく奪され、集会や掲示などの正当な権利が、つねに弾圧されてきたことに対するたたかいなのです。学生たちは時々は抵抗してきましたが、やってもムダなのではないかというあきらめで通してきた。しかし、もうぼくたちはやらなければいけない。いまこそ、ほんとうの大学にしてゆこうという気持ちでいっぱいなのです。」

これが全共闘の中心にいる学生の意見であり、先頭で闘っている多くの学生たちの気持である。闘う日大生は、何よりも自由を求めていたのである。だが、使途不明金問題の暴露は日大闘争に大きな意味を持っていた。学生たちは、使途不明金の額の巨大さにびっくりし、大きな怒りを共有することになる。「使途不明金」「二十億円」は、すべて学生の入学金や授業料なのである。時代は高度成長とはいっても、まだ人々の生活には戦後の貧しさが染みついているのである。学生たちは、本当に怒っていた。

さらに、当時も、またいつの時代でもそうだが、セクトの活動家と普通の学生、とりわけ日大生とは共通の言語がないのである。普通の日大生にとってセクトの学生は日本語の通じないガイジンみたいなものであった。「教育の帝国主義的再編」だとか「産学協同路線」はどうでもいい。問題は使途不明金、二十億円なのである。とんでもないのである。それは共通の思い、共通の言葉なのである。使途不明金、こんな不正義は許さない、この共通の言葉を持ったこと、これが巨大な日大闘争のエネルギーの一つになったことは確かだろう。

＊経済・会計課長の失踪、理工・経理の自殺

使途不明金問題の発覚につづいて、経済学部の経理課長の失踪と、理工学部経理課員の自殺が報じられた。

『会計課長（経済）姿消す　脱税容疑の日大、監査直後に』「教職員へのヤミ給与など二十億円にのぼる脱税容疑でもめている日本大学で、経済学部の経理担当者、富沢広（四一）が、国税庁の監査直後から行方不明になっていることがわかり、同学部では十六日からあ

わてて調査を始めた。同課長は、先月二十二日の同学部の教職員の源泉所得税の監査の際には立ち会ったが、四日後の二十六日の事情聴取のときは学校にいなかった。電話で「休暇をとる」と連絡があっただけだという。今月五日になって、同課長の家族から「三月二十五日から行方不明になった」と警視庁に家出人捜索願が出された。なお家出直後の二十七日、同会計課の預金通帳から吉田寛学部長の名義で、七百万円を富沢課長がおろしていることがわかったが、その後の調査で、七百万円は金庫の中から発見された。しかし、この現金が、同課長がおろした金かどうかは、まだはっきりしていない。」（『読売』夕刊四月十六日）

『女経理係が自殺　日大の20億円不明事件』「東京国税局が調査を進めている日大の二十億円不明事件にからんで、経済学部の会計課長の失踪につづいて、こんどは同大学の経理課員が自殺していることが十七日わかった。この職員は渡辺はる子さん（五〇）。渡辺さんは日大理工学部経理課に長い間勤務しており、授業料の収納伝票の処理などをしていた。このため同学部の経理内容にはかなり詳しかったが国税局が同大学の監査を行った二日後の三月二十八日突然〝無断欠勤〟した。いつも欠勤するときは必ず電話連絡があったため、大学では不思議に思い、二十九日朝同大学の用務員小関市太郎さんにいってもらった。小関さんは同日午前九時半ごろ渡辺さん方を訪れたが、中からカギがかかっていて入れないので、近所の人の立ち合いで入ったところ、二階の階段の登り口でビニールコードを使って首つり自殺をしていた。小松川署で調べたところ、渡辺さんは二十八日午後二時ごろ死亡したものらしく、部屋の中はキチンと片づけられていて、玄関わきの茶の間の机の上に、大学ノート一枚を破って書いた遺書があった。遺書には「私は潔白です。渡部さん（同僚の渡部篤次徴収主任）が一番わかっておって下さいます。局長（梅津敬三学部事務局長）経理課長さん申しわけありません。皆さま」というもの。」（『読売』夕刊四月十七日）

なんとも情けない、そして切ない事件である。経済学部の経理担当・富沢の失踪事件は、ののち日大の暗闇の深さを表わすものとなってゆく。

＊使途不明金の実態

『三千人余に〝税抜給与〟　日大の使途不明金』『三年で最高一億五千万』『国税局の調べ脱税は八億円越す』「東京国税局は二月以来、日本大学の使途不明金問題について調べていたが、総額十九億三千万円にのぼる各種の給与を二千二十一人の教職員に支給しながら所得税分を源泉徴収せず、計八億四千万円の所得税を脱税していたことがわかった。このなかには、一人で一億円以上の〝税抜き給与〟をもらっていた幹部が三人もいた。国税局は「大きな法人としては考えられないズサンな経理」といっており、重加算税一億九千三百万円、延滞税七千六百万円を含め計十一億一千万円を九日までに徴収した。

この脱税問題は「日大に二十億円の使途不明金がある」として東京国税局が大学本部のほか十一の全学部、二つの高校について約四カ月間、延べ四千五百人の係官を動員して調査をつづけた結果わかった。日大内部でも、真相を明らかにするようにとの要求が、学生や教職員の間から高まり、これが日大騒動の一つの原因となっていた。

同国税局の調べによると、問題になったのは四十年一月から四十二年十二月までの三年間分で、〝税金抜き給与〟は個人的にみると、十六人に一千万円〜五千万円、二人に五千万円〜一億円、三人に一億円以上が支給され、最高は一億五千万円。

これらの〝給与〟類の名目は①各種手当、慰労金②旅費、車代、視察費③渉外費、研究費、図書費など。とくに、問題の多かったのは研究費で、運転手や電話交換手など研究に関係ない職員にも支給するなどボーナス的な色彩が強かったという。また各種手当は、入試手当、委員手当など、このような手当は給料などと同様に雇用主が税金分を源泉徴収したあと従業員に渡すのが普通だが、日大ではほとんどが徴収漏れになっていた。

このほか、旅費、車代、視察費なども出張のない月にも定期的に支給されたものもあり、〝給与〟的な性格が目立った。

これで東京国税局の日大脱税事件に対する摘発と徴税は終わったが、年間所得が五百万円を超える教職員については今後、各税務署に出頭させて申告所得の修正をさせたうえ、差額の税金を追徴、年間五百万円以下の教職員については年末調整でこの差額を追徴する、と同国税局はいっている。」（『朝日』七月十日）

9　暑い、熱い夏

＊一夜だけの夏休み、横浜ドライブ

七月二十四日大学は団交を拒否し、理事会の改革案を発表した。八月二日の朝刊各紙に、大学は「四日の大衆団交を行うのは困難」という広告を出した。全共闘は八月四日法学部一号館大講堂で団交拒否抗議の全学集会を開催した。ここで「八月二十五日の団交要求」を決定した。全共闘も約三週間の夏休みに入った。

私は、バリケードのなかでは二階の執行部室で、一人で生活していた。学生たちは、三階、四階で生活するようになっていた。それは、二階はバリケードの構造上弱点があったからである。二階には、もう一組の学生が生活を始めていた。岩淵が、演劇学科三年の女子学生と執行部室の斜め向かいの教授の部屋に住み始めたのである。つまり、バリケードのなかで同棲してしまったのである。ほとんどの学生は笑ってみていたが、批判的な者もいたかもしれない。だが、会議などに問題が提起されたこともないし、時間とともに当たり前のことになっていった。これは他の学部のバリケードでも話題になっていたようである。

執行部室には、テレビもラジオも置いてはいなかった。だが不思議なもので、歌謡曲というのはバリケードのなかにも浸透してきてしまう。なんともすごい力である。その頃、「伊勢佐木町ブルース」という曲が流行っていた。

そんな夜、「横浜というところ、一度行ってみたいな」と私は漏らした。それを聞いた桑原が、「行こう」と言った。しばらくすると、車が用意できたからと呼びに来た。正門のバリケードの外に自動車が止まっていて、すでに岩淵らが乗っていた。

横浜までの夜中のドライブである。最初についたのは、山手の港が見える丘公園だった。しばらく、暗い公園から横浜の光を見下ろしていた。そして、伊勢佐木町である。あいている食堂で食事をした。隅のほうに一人の黒人がいて、ビールを飲んでいた。米兵なのであろう、時代である。誰が言い出したのか、海に向かった。しらじら明けの茅ケ崎の海で、フルチンで泳いだ。

これが私の、一夜だけの夏休みであった。

＊芸闘委「中間総括」

芸術学部のバリケードも夏休みに入り、闘争資金・生活資金獲得のために街頭カンパのほかに、アルバイトを始めることにした。一つは水道工事の土方作業、もう一つはアンケートをとってくるというものだった。けっこう楽しんでやっていた。

この暑い夏の間、一人の学生だけがシャカリキで働いていた。書記長の栗原である。芸闘委の分裂でいちばん打撃を受けたのが、栗原だったのかもしれない。写真学科の分裂事件は、芸闘委が七つの学科を基礎にしているから起こった。そう考えた栗原は、学科闘争委員会を解散し、全学生が芸闘委執行部の下に設けられる各委員会に属すという案を提起した。

栗原は熱弁をふるったが、学生の反応は冷たかった。学生一人ひとりは、それぞれの思いから立ち上がり、仲間のいる学科闘争委員会に集まっている。それに対して、即自的意識ではダメ、芸術のジャンル分けの学科をのりこえて、などといって、勝手に「あるべき姿の」大衆組織をつくろうというのも乱暴な話である。相手にされなかったのは当然である。だが、その委員会の一つ「バリケード構築委員会」は生きいきと活動を続けた。巨大な鉄骨の構造物が中庭に現れたのである。それはバリケードなのかどうかも分からない。何かを守るというわけでもないらしい。だがそれは自己主張しているようだった。

同時に栗原と書記局は、日大闘争の「中間総括」の執筆をつづけていた。その努力は、『中間総括　学生自治権奪還と学生権力樹立の為に』(1968・8・19芸術学部闘争委員会)というパンフレットに結実した。それはタイプ印刷され、当時としては立派なものであった。栗原にとって、日大に入ってからの五年間の思いをすべて吐き出すようなものだったのだろう。結論部分の「総括Ⅳ」は詩のような叫びとなっている。

ここで筆をおいておけばよかった。だが、発行直前に「総括Ⅳ　6・19その歴史的意義とわが闘いの展望」という部分を書き足してしまった。だから、その部分だけがガリ版刷りになっている。「総括Ⅳ」が二つ並んでいる、変な構成になってしまった。そこにはこうある。

「弾圧の真只中で必然的に志向した自己防衛の方法と手段はまさしく状況と拮抗する闘いのベクトルとして現実化すると同時に実力闘争で自らを「解放」した我々は「コミューン」を叫び、「解放区」を宣言しなければならなかった。」

「現在、反体制(階級対立の止揚)的である如何なる行為(芸術創造としての表現行為も包摂)も熾烈に弾圧される。

我々があらゆる反体制的表現行為に対する弾圧と対決し、拮抗しうる「何か」があるとするならばそれは体制の発動する権力と対決し、それを「止揚」する「自己権力」に他ならない。支配体制への拮抗は「自己権力」なしに「行為」としては現実化しないのである。このように我々の現在状況における存在の止揚を志向する人間の内部構造を基本的に認識するならば、「自己権力」を持って闘う、全ての個人の自然的思想的結合体としての「学生権力」を我々の闘争の過程で我々の学園に確実に樹立、或いは創造しなければならないし、そのような方向において現在我々の闘いは進展し、またそれこそがこの闘争の本質構造なのである。」

「これがまさしく学園を我々の手に奪還し、そこに闘う思想的拠点（組織）をつくり出す革命的な我々の闘いなのである。しかし、われわれが「学生権力の樹立」を志向する意識を明確に認識する時、それは「学生」独自の「力」によっては成就しえない。何故ならば「学生権力の樹立」の闘いは資本主義体制を媒介とする天皇制イデオロギーの現れとしての「国家」に対決し、止揚する「権力」の樹立であり、まさしく階級対立止揚の闘いであるが故に、労働者、人民との革命的連帯なしには克ち取れないのだ。」

日大生はコミューンを叫び解放区を宣言し、学生権力を志向しなければならない。その闘いは階級対立止揚の闘いで、労働者人民と連帯しなくてはならない、というのである。ここで栗原は「セクトの論理」に舞い戻ってしまった、または落ち込んでしまった。

当時、闘争委員会でこのパンフレットに対して議論が起こることもなかった。これが後に芸闘委の二度目の分裂騒ぎを引き起こすことになるなどとは、誰も想像していなかった。

＊動き出した大学当局

八月二十五日の団交要求の全学集会の前日、大学側の動きが始まった。二十四日、法学部教授会が全共闘に文書で、「九月二日から授業再開をする」ので、占拠解除を要求し「応じなければ法的手段に訴える」と通知してきた。また、古田会頭は「大学は日本大学全学生の代表でない貴共闘会議を相手として今次紛争を解決する意思がない」と通告してきた。

翌二十五日には、経済学部長より内容証明郵便で「九月十一日から後期授業を開始」「即刻校舎よりバリケードを撤収して封鎖を解くとともに占拠者全員を退去」せよといってきた。

八月二十五日、法学部一号館で団交拒否抗議の全学総決起集会。集会後のデモで機動隊と衝突、八名が逮捕された。

八月三十一日、法学部・経済学部・大学本部への占有排除の仮処分が東京地裁に提訴されていた。このことを全共闘はまったく知らないでいた。

『〝暴力学生〟締めだせ　東大問題　文相が強硬発言』（『朝日』夕刊八月三十日）

『占拠に実力排除も　文部省が検討　東大紛争で立法措置』（『朝日』九月一日）

これは東大闘争の記事であるが、時期からいって政府の日大古田理事会へのエールに見えなくもない。

大学の動きに合わせて、右翼学生もうごめきだした。

九月二日朝、突如として法学部のバリケード前に五百人の学生が登校してきた。「学園正常化委員会」を名乗る学生たちが「バリケードを解いて授業を受けよう」というパンフレットを配った。朝日新聞二日夕刊では『夏休み延期を知らず五百人登校　日大』と、この事態が自然に起こったように報道している。夏休み明けは九月十一日なのである。九月二日に、こんなことが自然に起こるはずがない。「バリケード解除」「法的手段」の強硬派の法学部教授会と、それに動かされ同調した学生の動きだったのである。それは次の動きとつながってゆく。

九月三日、右翼系学生の総決起集会が開かれた。

『授業再開派も決起集会』「日本大学の法、商、経済、芸術など八学部の有志で結成する全学再建協議会（池田淳八議長、商学部四年）は三日午後六時から豊島公会堂で学生約千人を集めて授業再開総決起集会を開いた。同協議会は今後、バリケード撤去、授業再開などをスローガンに一般学生に呼びかけ、署名運動を行うといっている。」（『朝日』九月四日）

大学は九月三日の全国紙すべてに広告を出した。

『日本大学学生諸君に告ぐ』「本大学は九月十一日（水）から授業を開始する予定である万一やむを得ない事情で授業開始が不可能の場合には改めて新聞紙上に公示する　昭和四十三年九月三日　　日本大学」

大学が「宣戦布告」を出した九月三日、こんなハプニングが起こっている。三日の午後二時過ぎ、日大病院の駐車場で古田会頭を乗せた乗用車を学生が見つけた。すぐに理工学部などの学生たちが集まり、車を取り囲み団交拒否に対する追及などを始めた。二時間後、機動隊が出動して座り込む学生を排除した。そこで二名の学生が逮捕された。

全共闘にシンパシーを持っていると思われる右翼から、全共闘秋田議長宛の手紙が残っている。九月三日中には届いていたと思われる。事態はこの通りに進んでいった。

＊右翼からの秋田議長への手紙

「秋田君始めて御手紙します。私は日大生ではありませんが、五月下旬からのあなた方全共闘の行動に共鳴しているものです。私は仕事上、学生運動関係のニュースをキャッチしやすい立場にいます。本日、最新の情報が入り全共闘にも重要なニュースなのでとり急ぎお知らせします。諸君も知っての通り、バリケードスト反対の各種団体、文団連等が出て来たが、この他に、例の法学部自治会選挙において不正を働いた山吉とそのグループ及び、文理学部の飯塚、商学部の池田、農獣医の日新会議長熊谷等が、大学当局の差し金でスト反対組織を作りかけている。9・2すなわち今日九段会館に集合し、対策を検討するらしい。すなわち、この組織が三日に豊島公会堂において発会式を行ない、決議文を作る、しかしこれはあらかじめ決まっていて、学校の書いたシナリオ通りに動くあやつり人形である。決議文の要旨は、早く授業再開せよ、バリケードを学校はどうにかせよとゆう事であり、学校は学生からの要求があった為、裁判所に訴える（全共闘）。そして外部者すなわち機動隊（又は強制執行の許可が下りた場合ガードマンかどちらか）の力によってバリケードを撤去する。このようなすじ書きが行動に移されようとしている。早急にこれに対する対策を立て行動したまえ。学校当局における提案者は杉山指導委員長である（それに小笠原、吉川)。

彼等の予定

八月二十六日　始めて学校の要求により会をもつ(日本大学全学再建協議会)

八月三十日　山吉等がイニシャチブを取り、印刷文書を配布、具体的に学則等の改正要求等が書いてある、

八月三十一日　熊谷が渋谷にて学校の当局者と密談(五時すぎ)

九月二日　九段会館に主要メンバーがそろい会議(二時前後)

九月三日　ノンポリ学生を学校側が集合させ、豊島公会堂にて午後六時より、スト反対集会、

九月八〜九日　機動隊又ハ、ガードマンによりバリケード突破、

九月十一日　授業開始

又、新しい情報が入りしだいお手紙します。」

10 九月四日の急襲

＊機動隊導入

九月三日の夜中、日付も変わってずいぶん経った頃、大川正行が芸術学部のバリケードにやってきた。法学部と経済学部に機動隊が導入される。法闘委・経闘委は徹底抗戦する、という。私は大川と一緒に水道橋に向かった。水道橋に着いたときには、空が白々と明けはじめていた。経済学部校舎前の白山通りを挟んだ歩道には、報道らしい人たちが大勢並んでいた。ここにはまだ機動隊の姿は見えなかった。

法学部のバリケードに行こうと白山通りから一本裏の道に入ると、そこは機動隊に完全に封鎖されていた。法学部三号館の前の道路には入ることができなかった。白山通りに戻ると、こちらにも機動隊が現れていた。機動隊の動きも何やらゆっくりしている。経済学部の校舎から白山通りを挟んだ歩道から見ていると、静かに時間ばかりが過ぎていった。

経済のバリケードの入口は白山通りの反対側にあり、そちらでは激しい攻防が始まっていたのかもしれない。こちら側でも機動隊の動きが始まった。

校舎の水道橋駅側の角に機動隊の一隊が集まりだした。そこは経済学部校舎の玄関の反対側、真裏に当たる。校舎と隣の建物の間に幅一メートルほどの路地がある。後で知ったことだが、その路地の奥には校舎の地下に通じる入口があるのだという。

機動隊の一隊は、頭上にジュラルミンの楯を掲げながら、一列になってその路地にぞろぞろと入っていった。バカな！　そんなところに入ったら死人が出るぞ！　私は口の中で叫んでいた。機動隊が入りきって一列に並んだ頃、投石が始まった。バカな！　今度は口をついて出た。理工学部のバリケードに向かった。この日から理工学部に移された全共闘本部に泊り込むことになった。

池袋のアジトで『叛逆のバリケード』の編集に没頭していた大場久昭はこの日の朝のことをこう書いている。

「まだ夜も明けきらない9月4日の早朝、ラジオから流れる臨時ニュースで機動隊導入を知った。寝ていた上君を起こし、ふたりで三崎町に駆けつけた。白山通りに面した経済学部一号館は、まだ攻防戦が続いていて近づけなかったが、法学部三号館前では、護送車に連行される法闘委の学友らを間近で見ることができた。

そのなかに見覚えのある顔があった。新聞学科四年の丹羽さんだった。丹羽さんはわたしが闘争前に所属していた学生新聞『文理時報』編集局の先輩だが、学部が異なるため迂闊にも丹羽さんが法闘委の一員だとは知らなかった。連行される丹羽さんは、わたしに気づくと小さくうなづき、わたしも暗澹たる思いにとらわれながら目礼で応じた。ふと見ると、上君の顔は蒼白でひきつり、目は血走っていた。それでも公衆電話にとりつき誰かと連絡を取ろうとしていた。どうやら議長の安否を問い合わせていたらしい。わたしは上君にうながされるまま駿河台の明大学館にむかった。階段をのぼった記憶があるから、二階か三階だったのだろう。フロアの一画をパネルで仕切った部屋があり、その奥まったところに議長がいた。窓から朝日が差し込んでいたが、照明が落とされた室内はほの暗かった。床には経闘委の学友らが横たわっていたが、議長だけは背をまるめ、やや前かがみになりながら立っていた。一睡もしていないことはあきらかだった。傷つきながら連行されていった学友のことを思えば、とても身を横たえることなどできなかったのであろう。ドアを開けた上君を認めて、ふりかえった議長の表情は、かすかに微笑んでいたものの、やはり悲しげだった。悄然とした議長のすがたには重圧に耐える孤独感が漂っていた。」（「もうひとつのあとがき」）

＊日大生が選んだ徹底抗戦

この日法学部三号館に残った三橋俊明はこう記している。

「私の準備は、整っていた。陣地には、しばらく前から投げる相手と場所に応じた適度の大きさの石が、イメージトレーニングに合わせて置かれていた。遠くへと投げるのにほどよい大きさと重さの石と、近くまで迫られたときには打撃の強い大石を投げるべく石は整然と配置されていた。……「やっぱり今日も、来ないんじゃないか」と、誰かがポツリと言った。今回は間違いなく機動隊が導入され、仮処分執行が強行されるという全共闘執行部からの通達だったが、九月四日の深夜零時をとっくに過ぎたというのに、神田三崎町の街は、いつもと変わらない静けさに包まれたままだった。そろそろ、眠気さえ感じ始めた午前四時ごろ、機動隊は、近隣住民の安らかな睡眠を邪魔してはならないと思っているかのようなそっとした足取りで、路上に姿を現した。明け方前の街並みの静けさに配慮しつつ、ゆっくりと、少しずつ法学部三号館の前へと登場したのだった。実に静かで、遠慮がちな、機動隊の仮処分執行だった。……ゆっくりと姿を現した機動隊とともに、警備車が法学部三号館の正面玄関前に横付けされた。機動隊員たちは、その警備車の後ろ側に隠れて、こちらの出方をうかがっているかのようだった。一群の機動隊が、ジュラルミンの楯に身を隠しながら、やっとバリケード撤去作業に取りかかった。作業は慎重に進められていて、こちらの攻撃内容を見極めてから反撃を仕掛けてくるのかと思えた。全共闘側は、機動隊が姿を現した瞬間、一斉に、果敢に投石や放水を開始した。しばらくの時間、全共闘からの総攻撃が続いた。私も、機動隊の姿が見えた瞬間に、一投目を投げた。そして、しばらく投げ続けた。……機動隊は、ジュラルミンの楯に身を隠し、ゴキブリのようにバリケードの周辺を動き回っているばかりだった。……私は、いつまで経っても機動隊が積極的な攻撃姿勢を示さないことに、不思議な怪しい感じを抱いていた。地鳴りのような怒号が、遠く背後から響いてきた。その音のする後方へと、反射的に振り向いた。そして、辺りをぐるりと見回した。その時点で、私の背後には、すでに誰もいなくなっていた。一瞬、何が起こっているのかが、うまく理解できなかった。そのほんの数秒後、怒号と共に私の前に姿を現したのは、完全武装の機動隊だった。正面玄関の庇の上で、最後まで投石を繰り返していたのは、私だけだった。勇敢にただ一人残って闘っていたわけではない。たんに、逃げ遅れただけだった。三人の機動隊に、取り囲まれた。その時点で、諦めるしかなかった。抵抗を止めた私の膝に向かって一メートルは優に超えるかという鉄製のモンキーレンチが振り下ろされた。片膝の関節にまず一発、打撃によって崩れた私のもう片側の膝の関節に、次の一発。警察機動隊は、無抵抗になった私に対して、平然と必要以上の力を行使した。まったく、容赦のない打撃だった。」（『路上の全共闘 1968』）

この日はじめて、日大生は裁判所や機動隊という「国家権力」と対決し、たたかう道を選んだ。日大生もヘルメットを被り角材を手にしていた。それは三派全学連の姿と同じである。だがその意識は、右翼学生との対決のための「武装」であり、それ以上のものではなかった。ほんの二か月前にはドロボウを捕まえて、喜んで警視総監賞をいただいた日大生なのである。だが、バリケードの生活は日大生の意識を確実に変えていた。自由を求めて立ちあがった日大生は、バリケードのなかの空間そのものに自由を感じ、解放されてゆく自分を感じていた。そういう自分にとまどいながら、そのなかにしあわせなものを感じていた。バリケードそのものが、そしてそのなかの空間がかけがえのないものになっていた。

この日、日大生は躊躇なく裁判所の執行官や機動隊に投石の雨を降らせた。バリケードに手をかける者、それが右翼であれ機動隊であれ、絶対に許すことはできないのである。これに対する抵抗、闘いこそが正義であると信じていた。だからこそ「徹底抗戦」は実行された。

『占拠校舎内メチャメチャ 日大』『学生、激しい抵抗 ガラス割れ天井にも穴』「日大経済学部と法学部で四日朝行われた学生排除の強制執行は、ようやく明けた静かな東京・神田三崎町一帯を、突然にすさまじい騒ぎにたたきこんだ。占拠学生の投げおろすビンや石、机。警官隊の放水と、シャッターにふりおろされる大づち。ヘルメットの学生が占拠していた両校舎は約二時間後、紺色の機動隊員でうずまり、放水でずぶぬれの、あるいは足をひきずった学生たちが、手錠をかけられて、次々とガラスの破片の散らばる歩道にひき出されてきた。

午前四時前、まだ暗い大学本部裏手の西神田公園に「執行官」「日大弁護士」「日大作業員」などの腕章を巻いた人達が、次々と車で乗りつけた。労務者の一団も集まる。約二百メートル先の全学共闘会議本部のある経済学部本館では、すでにこの動きを察知して、学生の動きがあわただしい。八階の窓から、煙がモクモクと出ている。手入れに備え書類を焼いているのか。

同五時、執行官と日大作業員たちが、公園から学生の占拠する経済学部本館、経済学部三号館に向った。学生たちは二階の手すりにコーラや牛乳のビンを並べて〝応戦態勢〟。

「東京地裁の仮処分決定に基づき、ただいまから執行します。中の学生はただちに退去して下さい」――日大弁護士の代表が校舎の学生にマイクで呼びかけたとたん「都民の皆さん、私たちは日本大学をよくしようと必死にたたかっているのです」と学生側のスピーカーがこれに対抗する。この騒ぎでねむりを破られた近所の人たちが寝巻やパジャマ姿のまま三人、四人と集まり始めた。そばの民家の主婦が、表のガラス戸に石よけの雨戸を立てかける。指揮者の指示で、作業員がバラバラとバリケードの張られた裏門にかけよる。そのとたん、二階、三階から一斉に投げおろされたコーラのビン。ビンが歩道ですさまじい音ではじけると、作業員たちはたちまち後退。おびただしい数のビン、石があとからあとから落ちてくる。五時二十分、手のくだしようのないとみた執行側は強制執行に踏切った。「警察官に抵抗するのをやめなさい。すぐに校舎から退去しなさい。警察の命令に従わぬものは不退去罪で逮捕します」。警察の指揮車のマイク。校舎に近づいた警官の防護サクの上に三階から大きな机が投げおろされた。サクがこわれ、機動隊員があわてて逃げ出す。しかし警官隊は放水で応酬しながらジリジリと前進、学生たちは次第に四階、五階へと追いつめられる。

作業員がバリケードの針がねをペンチで切って、机やイスをどかし、執行官や弁護士を中に入れた。

校舎の内部は無残に壊されていた。窓ガラスは割れ、がんじょうなシャッターが曲がり、天井にまで大きな穴がポッカリあいている。どの室内も、イスや机が雑然ところがり、階段はすべてバリケードで閉ざされたまま。

どの部屋の壁にも「古田を殺せ」「古田の墓」の落書きがいっぱい。どう修復出来るのだろうと思われるほどの姿だ。法学部の内部も、床はゴミとほこりで真っ黒。その上に敷きっ放しのせんべいぶとん。投石用の石の山、箱づめのビン、角材などが各階に残されていた。

校舎に「仮処分執行中」のはり紙がはられ、手錠をかけられた学生が、次々と機動隊員に腕をとられて暗い校舎からでた。みんなじっとうつむいて、闘いに疲れ果てたのか声を出すものは一人もいない。「追いつめられて逮捕されるとき、あばれる学生はほとんどいなかった」と機動隊の幹部がいっていた。なお、秋田明大共闘会議議長は校舎内にいなかったという。」（『朝日』夕刊九月四日）

11 激闘、そして熱闘

＊九月四日、反撃が開始された

反撃の開始である。全共闘は午後二時理工学部九号館建設予定地に結集した。

この日集まった学生は、夏休みのバリケードを守ってきた千数百人である。学生たちは緊張していた。法学部、経済学部の学生は、機動隊の導入に対して徹底的にたたかいぬいた。日大生が意識的に警察部隊に対決したのは、これがはじめてである。三か月前の六月十一日には、機動隊の登場に拍手をしていた、その同じ日大生なのである。この日握りしめている角材は、明らかに警察機動隊に向けられているのである。六月十一日以降、日大全共闘はヘルメットを被り、角材を握っていた。だがそれは、大学当局と右翼・体育会学生の暴力に対する自衛のためのものであった。その角材の意味をどれほど自覚していたかはわからないが、学生たちは緊張しながらそれを握りしめていた。徹底抗戦した学生たちに続かなくてはならない。それだけを思っていた。

そこに、法政大学の旗を掲げた白ヘルメットの学生四、五十名が参加してきた。彼らは、いちばんはじに座りこんだ。多くの日大生は違和感を持ったのではないか。私もその一人であった。だが、今日はそんなことを問題にしているときではないと思い直していた。彼らも日大の急を聞いて駆けつけてくれたんだと、納得させた。

デモは何事もなく、経済学部に到着した。校舎玄関のシャッターに貼りだされた「仮処分執行中」という〝封印〟は学生によって破り捨てられ、踏みにじられた。その後、法学部三号館にも学生が突入していった。

*九月五日、バリケードをめぐるいたちごっこ

この日も未明に機動隊が出動し、経済・法学部の校舎を取り巻いた。バリケード内にいた学生は理工学部へ避難した。大学職員と作業員が経済学部一号館、法学部三号館に入り、バリケードの撤去と大量の空瓶、石、角材などを運び出した。法学部三号館からはビン約千六百本、石と敷石はトラック二台分、角材七十五本。経済学部一号館からは石とビンで六トン車一台分あったという。（『朝日』夕刊九月五日）

午後になると、全共闘はまた経済・法学部の校舎を占拠した。一部の新聞はこれを「いたちごっこ」と呼んだ。

「日本大学では五日未明、占拠学生の退去後、バリケードの撤去と修理を進めたが、学生たちは夕方、三たび経済学部一号館と法学部三号館を占拠、同大学本部を封鎖した。再三にわたるこの騒ぎで西神田一帯と大学に接する白山通りは四時間近く交通がストップ。夜の学生街は商店も早くに閉店し、ひっそり静まった。

全学総決起集会は午後二時から近くの理工学部九号館建設予定地で開かれた。参加者は法大、埼玉大、中央大などの旗を掲げる反代々木系全学連も含めて約千人。御茶ノ水駅前通りから西神田へ向かって道路いっぱいのデモ行進が行われ、半数の約五百人はヘルメッ

ト、角材姿だった。午後四時すぎ、経済学部一号館に着き、裏口で守っていたガードマン約四十人に投石して追い払い、三百人が同館になだれこんだ。続いて、他の学生たちも法学部三号館に向い、同館を占拠、同六時ごろには、約三百人が本部の玄関わきの窓などをこわして、百人が中にはいった。三つの建物にはいった学生たちは机やイスなどでバリケードを築き、封鎖した。

また、占拠学生以外の一般学生数百人も午後九時ごろまでデモをしたり、舗道上にすわり込んで集会を開いたりした。交通渋滞は同夜九時すぎまでにおさまり、学生たちもほとんど解散した。本部にはいった学生は外に出たが、法学部三号館と経済学部一号館に残った約百七十人の学生の一部は泊まり込んだ。」（『朝日』九月六日）

＊九月六日、機動隊ガス銃発射・三十五人逮捕

この朝も、学生が理工学部に退避したあと、大学職員・作業員が校舎に入った。この日午後、経済学部一号館前には経済学部の学生が集まりだした。同時に、法学部三号館前には法学部の学生が集まったという。学生たちはそれぞれ校舎に入り、バリケードをつくり始めたという。法学部三号館前では、機動隊が規制に入り学生数名が逮捕された。これに、理工学部九号館に集まった全共闘の学生たちが合流して、白山通りでデモを繰り返した。これまで四日、五日には警察は、デモには介入せず静観していた。だが、この日機動隊はガス銃を撃ち込み、三十五名を逮捕した。

全共闘は夕方までに、また経済・法学部を占拠した。

*九月七日、スクラムデモで百二十九人逮捕

この日の朝も同じことが繰り返された。まさにいたちごっこである。

「日本大学の紛争は、七日も共闘会議の学生を中心に約二千人が、近くの理工学部九号館予定地で集会をしたあと、一部が、付近で無届けのデモをした。これに対し、警視庁は千人の機動隊を出して規制。同夕六時までに百二十九人を逮捕した。また学生三人と警官三人が軽傷を負った。

この日、学生たちは午後二時から会場で、大学側の強制執行に対する抗議集会を開いたが共闘会議のほか、近くの中大などから反代々木系の全学連の学生も加わった。警視庁は、この集会に先立ち共闘会議側に対し「大学紛争に介入する気持ちは少しもないが、違法デモは、交通の確保と、公共の秩序を守るため取締らざるを得ない」と、無届けデモを中止するよう異例の申入れをした。

しかし、学生たちは、午後四時から明大前通り↓駿河台下交差点↓神保町を通って経済学部一号館に向けて、デモをはじめたが、警視庁の強い警告もあってか、この日は、他大学の支援学生など一部を除き、角材を持たなかった。

四時半ごろには神保町交差点いっぱいのジグザグ、うず巻きデモを繰り返した。たちまち、付近の交通はマヒ状態となり、警官隊は、実力で規制をはじめた。これに対して一部の学生は、かなり激しい投石をし、さらに数十人が角材をふるうなどしたので、警視庁は、公務執行妨害、都公安条例違反の現行犯で逮捕にかかった。」(『朝日』九月八日)

この日、全共闘は角材を持たなかった。それは警視庁の申入れに従ったというのではない。前日（六日）夕の全共闘会議で決まったことである。その会議にははじめて歯学部が参加した。それまで歯学部は全共闘会議に一度も出たことはない。その歯学部が角材をもつことに反対した。この日の機動隊の介入と逮捕にびっくりしたのかもしれない。まだストライキに入っていない歯学部としては、何とか穏やかに事態が推移することを願っていたのかもしれない。だが、この日の戦術設定に影響したのは、七日には四日の「徹底抗戦」で逮捕された学生が「二泊三日」の期日を迎える。全共闘としても、その結果が気になっていたのは確かである。

しかし、より重要なことは、法・経の完全奪還をいつにするかということとかかわっていた。いつまでもいたちごっこを続けるわけにはいかない。大学側のいう授業再開予定の次の日、十二日にはそれをやらなければと考えていた。その日は、第二の六月十一日のような大混乱も覚悟しなくてはならない。単純に歯学部の意見に賛成したのではない。

この日、デモ隊は靖国通りで道いっぱいの隊列をつくって進んだ。神保町交差点を右折したところで、機動隊の阻止線と向かい合った。阻止線にぶつかると一気に二メートルほど押し込んだ。そのときである。芸術学部のとなりにいた歯学部の隊列が急に座り込みを始めたのである。デモの隊列は乱れ、そこに機動隊が襲いかかった。ここで思わぬ大量逮捕が出た。

この日の夜の芸術学部の全体会議は、全共闘会議の日和見主義批判が続出した。

全共闘はこの日の総括集会で、九月十二日の奪還闘争を提起した。法学部三号館と経済学部一号館を占拠、バリケードを構築して、再度機動隊が導入されるならば「徹底抗戦」で対抗すると宣言した。

＊九月十二日、法・経再度の無期限スト、百五十四人逮捕

七日のあと、八日の朝からは機動隊や大学の作業員の動きは止まった。経済学部では、八日の朝に動きがないのでそのまま泊り込んでいた、という学生がかなりいた。この日も、午後二時から理工学部九号館予定地に学生は集まった。その数を朝日新聞は「約三千人」といっている。その数は、九号館予定地をぎゅうぎゅうに埋めている学生数である。それ以上はどうやっても入らない。横の理工学部校舎から鈴なりの学生、予定地前の道路を埋め尽くす学生、そして明大前通りの歩道を埋め尽くす学生の数は入っていない。一万人ぐらいは集まっている。全共闘ではそう考えていた。それは事態の進展とともに明らかになってゆく。

九月四日の集会参加者は千数百人だった。バリケードのなかから集まってきた学生を中心に、それほどの人数であった。だが、日を追うごとに数は増えていく。雪だるまのようというが、ころがりだした小さな雪の塊が、雪崩をおこしたのである。集会が終わり、デモに出発である。角材にヘルメットの行動隊は三梯団に編成されて次々に出ていく。中大から出てきた社学同の角材部隊も合流してくる。そのうしろを、ヘルメットも被らない学生たちのデモが続く。私はその先頭にいた。それが今日の任務であった。明大前の通りに出る。デモは道いっぱいに広がって進む。靖国通りに出る手前でふり返ってみると、御茶ノ水駅に続く坂道は学生たちでいっぱいだ。車道のデモ隊もだが、歩道も学生であふれかえっていた。

靖国通りを右折して少し進んだころ、先のほうで衝突が始まったようである。しばらくすると、角材をもった学生たちと機動隊がひとかたまりになって走ってきた。機動隊は、ヘルメットを被っていないデモ隊にもジュラルミンの楯を振りまわして襲いかかった。だが、学生のあ

まりの多さにそこで止まった。すぐに、路地の入口あたりにいた機動隊に対して投石が始まった。

私は路地に飛び込み、それをたどって経済学部に向かった。経済学部の前にも学生たちは集まっていた。そこでもデモが始まった。白山通りをデモしているうちに、機動隊に蹴散らされた角材をもった学生たちも合流してきた。

靖国通りの投石戦は長く続いたようである。そこでは、機動隊は防石ネットを並べ、その間に逮捕した学生を立たせ楯にするようなこともした。それは、学生たちの怒りを余計に煽り立てた。機動隊は分断されて投石の集中攻撃を受け敗走していった。

学生たちは、白山通りの水道橋駅から神保町交差点までを制圧してデモを繰り返した。日も暮れるころ、経済学部前に机を持ち出して演壇をつくり集会を開いた。ここで全共闘は、法・経奪還を宣言した。

日大生は、白山通りに座り込み、市民は歩道を埋めた。その夜から、法学部三号館、経済学部一号館は、バリケードが組み直され、再度のストライキ体制に入った。裁判所の仮処分は打ち破られてしまった。古田理事会の思惑は、もろくも崩れさった。

＊十一学部十三校舎、完璧な全学バリケード

これまでストライキに入っていなかった郡山工学部、医学部、歯学部でもストライキに突入した。これで全学十一学部十三校舎すべてが封鎖された。完璧な全学ストライキである。

まず郡山工学部である。

『郡山の工学部でも本館占拠』「[郡山] 福島県郡山市徳定の日大工学部（広川友雄学部長、学生約四千人）は四日午後、同学部闘争委員会（大塚規雄委員長）の学生約五十人が学部長室や事務室のある本館を占拠、五日も学生側はバリケードをとくことについては一切拒否し、十一日の夏休み明けまで現在の状態を維持する構えである。」（『朝日』夕刊九月五日）

『本館につづき図書館も封鎖　郡山の日大工学部』「[郡山] 福島県郡山市徳定の日大工学部の闘争委員会は八日午後一時半、これまで占拠していた同学部本館に続き、学部当局が事務所代わりにしていた図書館もカギで封鎖した。

闘争委から封鎖の通告があった際、図書館で連絡会議を開いていた約六十人の教職員はトラブルを避けるため事務書類を持って館外へ出た。またこの日、闘争委は占拠中の本館から就職関係書類だけの運び出しを認めたので、学部側は書類を体育館に移した。

これで一応、就職事務だけには支障がなくなる見通しである。」（『朝日』九月九日）

次は医学部である。

『試験ボイコット　日大医学部』「紛争中の日大で、まだストにはいっていない医学部（東京・板橋）が、十三日午前十時から学生総会を開き、二十日から行われる期末試験をボイコットして、大学側の責任を追及することになった。同学部学生委員会（平野信委員長、八百十一人）ではさる六日、大学側に対し理事の総退陣などを要求、納得すべき回答がない場合は、試験のボイコットを含む抗議行動を起こすことをきめていた。」（『読売』九月十四日）

『医学部がスト決定』「日大医学部学生会は十九日の学生総会で、二十日からのスト突入を決めた。これはさきに大学側に提出した理事の総退陣などの五項目に対し、大学側が少しも前進した回答を示さなかったためで、十月五日まで続行、中間試験もボイコットする。」（『読売』九月二十日）

最後が歯学部である。

『日大全学部がスト』「日本大学歯学部は二十一日正午から、総決起大会を開き二十八日までのストを決め、直ちに進学課程校舎を封鎖した。これで同大学の十一学部全部がストにはいった。」（『読売』九月二十二日）

12 大学当局の大動揺

＊強気にふるまう理事会

九月三日、大学は夏休み明けの九月十一日に全学部一斉に授業再開すると宣言した。それを全国紙各紙に「広告」として発表した。そして、九月四日経済学部と法学部に機動隊を導入したのである。

全共闘の反撃については、すでに述べた。ここでは大学側の対応、とくに理事会の動向についてみていこう。九月三日のことである。

『情勢の悪化で執行に踏み切る　東季彦日大理事（広報担当）の話』「夏休み中に共闘会議側の政治色がきわめて強くなり、大学側が出した改革案を全く受けつけない。バリケードの撤去勧告を何度も出したが、聞かないばかりか、建物の内部もひどくこわし、数億円に上る損害が出ている。実力行使までにはあらゆる手をつくす考えだったが、情勢は悪化する一方なので、夏休み明けを前に仮処分の執行に踏切った。」（『朝日』九月四日）

四日の機動隊導入直後の法学部校舎内での記者会見である。

『11日に授業再開　加藤理事語る』「加藤日大理事、東理事、日大弁護士団の高橋義次、辻誠両弁護士、四日早朝の仮処分執行のあと午前九時から同大学法学部教室で記者会見し、次のように語った。

大学としてはあくまで学生たちとの話し合いで紛争を解決したかった。しかし共闘会議派はいよいよ暴力化していく傾向だったので、理事会で検討した結果、先月三十一日仮処分を申請した。ところが、意外に早く二日に決定が出たので、きょう執行した。学内はかなり破壊されているが、なんとか十一日から授業を再開したい。」（『読売』夕刊九月四日）

同じく四日夜の古田会頭である。

『代表となら話合う　授業再開したかった　古田会頭』「日本大学の古田重二良会頭は四日午後、占拠学生排除の強制執行について東京・神田の新東京ホテルで記者会見し、次のように語った。

私は乱闘事件が起こることを心配し、機動隊の導入を極力避けたいと思っていた。しかし、仮処分申請については弁護士に任せていたし、法的措置をとれば学生がそれに従うという全学共闘会議派の情報もあったので、こんな事態になるとは思っていなかった。

大学としては例年どおり十一日から授業を始めたいという希望が第一で、学生に占拠されている他の学部についても、同様な仮処分申請を行って授業を始めたい、とも考えている。全学共闘会議とは、事態収拾のため話合いをしたいという希望を捨てていないが、大衆団交はあくまで応じられず、二、三十人の代表とならば話合ってもいい。」（『朝日』九月五日）

六日の理事会である。

『日大理事会　対話復活きめる　総退陣は結論が出ず』「日本大学では六日午後一時から緊急理事会を招集、紛争対策を協議した。席上、秋葉学長らからこの際、全理事が辞表を提出すべきだという強い意見が出されたが、これは結論が出なかった。しかし早急に学生、教授、理事による三者協議会を設け、夏休み明けから学生たちとの〝対話復活〟に全力を尽くすことが決まり、積極的に話し合いに乗りだすことになった。この日の理事会には古田会頭以下全理事が出席した。三者協議会は各学部ごとに設け、教授は教育の立場から、理事は大学運営の広い視野に立ちさらに学生は学生自治に参加する形でそれぞれの対話を深めていこうというもの。ただちに協議会発足の準備にとりかかり、夏休み明け後から、途絶えていた対学生間の対話を活発化する方針。」（『読売』九月七日）

＊十一日を前に動揺し始める

八日、緊急学部長会議が開かれた。ここで文理学部・経済学部・芸術学部・理工学部の四学部は十一日の授業再開の予定を延期することを決めた。だが、他の学部は十一日授業再開を強行するというのである。経済・法学部ではバリケードをめぐる攻防が繰り返されており、商学部・生産工学部・農獣医学部はバリケード封鎖中である。大学内にはすでに八日の時点で混乱が始まっていたようである。ここに至ってもまだ十一日の授業再開が可能だと考える学部があったというのが不思議といえば不思議である。

『日大　11日に授業再開　非占拠の校舎使って』『経済など四学部は延期』「紛争中の日本

大学では、十一日からの授業開始を検討するため八日、東京・神田の新東京ホテルで緊急学部長会議を開いた。その結果、法、商、農獣医、工、生産工、歯の各学部と理工系津田沼校舎については十一日からの授業開始を決め、経済、文理（世田谷、三島校舎とも）、理工、芸術の四学部は一応、授業開始を延期することを決めた。

経済など四学部については、立入り禁止の仮処分強制執行後、学生による校舎占拠が続いているため、授業が不可能だとして、その開始を延期することにした。医、歯両学部を除くその他の学部も校舎の一部が学生に占拠されているが、それ以外の校舎を使って授業を始める方針を決めたものである。うち法学部だけは全科目の開講はせず、当分は専任教員の科目だけの授業を始めることにした。

大学側は、授業開始について困難は予想しているが、学生との話合いの場をつかむためにも、できるかぎり授業を始めたいといっている。」（『朝日』九月九日）

この会議の決定が、翌九日の全国紙朝刊に日本大学の広告として掲載された。新聞広告で授業再開を発表した九日夜、理事・学部長会が開かれた。

『日大当局が譲歩案　理事退陣除く』「紛争が続いている日本大学では九日夜、理事、学部長会を開き、①学生の集会、出版物の配布の自由を認める②今回の紛争の処分は最小限の範囲内にとどめる方向で検討する③理事会、教授団、学生の代表による三者協議会で事態収拾をはかる④経理は大学新聞を通じて定期的に公開する、との四項目を決めた。この四項目は夏休み明けの十一日から登校してくる一般学生に文書で配布する。大学当局では、この四項目の決定は、全学共闘会議など学生側の五項目の要求を、理事の総退陣要求を除きほぼ全面的に満たしたもので、大学側が譲歩できる、ぎりぎりの線を出したものだとしている。大学当局は、一般学生がこれで事態収拾の方向に多少でも動くことを期待している。

理事の総退陣については、理事が現在大学の機構や運営方針などを定めた寄付行為の改正を進めているなどの学内事情もあるので、事態収拾後、進退を明らかにするとの態度を変えていない。

また、これとは別に同大学法学部教授会は十一日から授業を再開する予定だったが、十日午前の教授会で①校舎が使えない②現状では授業を再開しても混乱を招くだけだ、などの理由から、授業再開を当分延期することを決めた。」（『朝日』九月十日）

＊潮目が変わる

十一日、どこの学部でも、授業再開はできなかった。十二日には、全共闘は経済学部一号館と法学部三号館を再占拠した。そして、「また機動隊を導入するなら、再度徹底抗戦する」と宣言している。

各学部教授会などでも、理事会批判の声が上がり始めた。

十四日、古田会頭は朝日新聞に語っている。

『任期途中に辞任せぬ　団交拒否の方針崩さず　日大古田会頭に聞く』「二十億円使途不明金問題に端を発した学園紛争が続いている日本大学では、夏休みが明け、九月半ばを過ぎても、十一学部中、医、歯学部を除く九学部でバリケードが築かれ、授業再開の見通しはたっていない。

全学共闘会議の要求に対して、大学理事会は、理事会、教授団、学生代表による三者協議会の設置、大学新聞による経理の定期的な公開、集会、出版物配布の自由、などの譲歩案を出すなど、文書で学生側の説得に当たってきた。しかし学生側の理事会に対する不信は強い。これらの問題に対する大学の責任者の本音はどうなのか。十四日、古田日大会頭に聞いてみた。

まず、理事の退陣について、同会頭は「来年六月の任期には全理事退陣を決めているが、いま任期途中でやめることは理由がなく、あとのことを考えずにやめることはかえって無責任だ」と語る。しかし、経済、法両学部の校舎占拠を排除するため仮処分強制執行後、教授会からも理事会側に対する批判が高まり、十一学部中六学部の教授会と、九学部の助教授以下の教官から成る教員連絡協議会も「理事の退陣要求」を出している。このような動きについて、同会頭は「そういう教授会もあるが校友会などのように、逆にやめてもらっては困るという声もある」

同会頭は、さらにつづけて「十月になっても授業が再開出来ないと、四年生の卒業にも影響があるなど重大な事態になるし、それまでに解決に向って全力をつくす」とのべたが「何か名案はありませんか」と逆にたずねた。

学生との話合いについては「全共闘との大衆団交は，護国団（右翼団体）からも、学生、卒業生の間からも反対をいって来ているので、学生同士のなぐり合いが起こるといけないからやらない。二、三十人の代表との話合いなら向うにその気があればやってもいい」ところで、大学側は、これまでに経済、法両学部について占拠学生排除の仮処分申請をしたわけだが、ほかの学部についてはどうか。「仮処分は問題をかえってむずかしくすることがわかったし、いまは学生に刺激を与えないようにすることが大事だ」と、会頭は語った。」(『朝日』九月十六日)

九月十六日、永田日大総長が理事総退陣すべきと発言した。

『理事総退陣を表明　日大総長』「紛争中の日本大学では、十六日午後文化サークルの連合体である文化団体連合会が東京・両国の日大講堂で大学側との話合いの会を開いたが、席上永田菊四朗総長は「学内規定の寄付行為の改正手続きが終わり次第、全理事は総退陣すべきだ。理事者の一人である私もふくめ、古田会頭のいう来年六月の任期切れまで留任するつもりはない」と決意を表明した。寄付行為改正案はいま同大学評議員会にかかっており、十月中には文部省に認可申請の手続きができる見通しという。」(『朝日』九月十七日)

九月十七日夜、古田会頭が読売新聞記者に語った。

『時期をみて退陣　日大紛争　古田会頭が明かす』「日大紛争は、理事総退陣の時期が解決のカギを握るポイントになってきたが、古田重二良会頭は十七日夜、本紙記者に「現在作業を進めている寄付行為改正案が、文部省で認可された時点で退くのがよいと考えている」と自身も含めた退陣の時期をはじめて明らかにした。永田総長も十六日「新しい寄付行為は十月中に作成するよう努力する」と語っているので文部省の認可が早ければ、年度内退陣も考えられる事態となった。会頭は、この考えを近く理事、学部長合同会議に正式にかけ、解決にのりだしたいといっている。大学側では、すでに学生たちの諸要求のうち学則三十一条による準則（言論、出版の自由）の改正、経理の公開などについては一応、認めた案を示していたが、〝理事総退陣〟と責任問題については明らかな態度表明がなく、ただ〝事態収拾後退陣〟という基本線しか示されていなかった。こうしたあいまいさが紛争を長期化させる大きな原因の一つになっていた。〝認可後退陣〟の構想は、この点に関する記者の質問に答えたもので、会頭は「任期が来年六月なので、退く時点では問題はあろうが、紛争解決の見通しは一日も早くつけたい。認可後退陣との考えには、理事、評議員間には抵抗や異論もあると思うので、新しい寄付行為の中に付則で時期をはっきりさせ、文部省の認可が出た時点で退くのが大学のために一番よいと思っている」と語った。

さらに会頭は、この構想をもとに、現在学生たちから出されている要求に答え、思い切った機構改革案を各学部に示し、十月はじめから平常授業を始めたいという。具体的には近く理事、学部長合同会議で決定して発表、機会をつくって学生たちにも説明、協力を求める。また、学生の処分についても、将来、再び禍根を残さないよう、現場の教授と十分話し合い〝英断〟をもってあたるつもりだと強い口調で語った。」（『読売』九月十八日）

13 日大闘争の勝利とは

全共闘は九月十九日、全学総決起集会を開いて、「五大スローガン、九項目要求」を理事会に送り二十一日までに回答するよう要求した。同時に二十四日、法学部一号館大講堂での「大衆団交」を要求した。

全共闘は九月四日以降の激闘の勝利のうえに、日大闘争の勝利を確定しようとしたのである。それはむずかしいことではなく、きわめて単純な話である。大衆団交を勝ち取り、「五大スローガン、九項目要求」を理事会・大学当局に呑ませればいいだけのことである。たしかにそうなのであるが、ほとんどの日大生は「日大闘争の勝利とは」などは考えていない。団交で古田に一言文句をぶつけてやりたい、そんな思いで闘争を続けてきたに違いない。

*日大生にとっての日大闘争論

日大生は自らのたたかいについてどう考えていたのだろうか。さまざまであったといえるであろう。九月十九日の全学総決起集会の会場で配布された「たたかう法闘委」という法闘委発行のビラを見てみよう。

「68年武装ストライキ闘争１００日を迎える本集会で、結集された全ての学友諸君は、日大闘争の意義と目的は何であるのかということを再度、考えねばならない。日大闘争の目的はいうまでもなく、古田体制打倒、闘う自治の確立ということだ。確かに我々は古田＝理事会を追いつめ、今最後の大攻勢をかけんとしている。勝利の日はさほど遠くないであろう。しかし学友諸君！　勝利の日は近いというのと勝利するというのはまったく違うのだ。勝利の日とは、いわば決着のつく日であり、それが敗北の日とならない保障は何もないのだ。我々が真剣に考えなければならない問題は、如何にしたら古田体制を完膚なきまで粉砕し勝利するのかということなのだ。そして我々が圧倒的に勝利するか否かの一切の鍵は、闘いを担ってきた主体である全日大生一人一人が闘う自治を担う部隊として雄々しく登場するのか否かにかかっているのだ。即ち闘う自治が存在するか否かが日大闘争勝利の重要なメルクマールとしてあるのだ。

学友諸君、考えてもみたまえ、闘う自治を保障していく部隊が存在しないところでいくら素晴らしい自治制度が確立したとしても、それは所詮「絵にかいたモチ」以外の何物でもない。それに加えて古田体制を10数年も延命させてきた重大な原因として、学生自治の不在があったのではないのか。そもそも古田体制は学生自治の弾圧をとおしてのみ延命してきたのではないか。以上の二点をはっきり確認するならば、我々はなんとしても闘う自治を、そしてそれを担う全日大生の自己変革を勝ちとらねばならない。したがって全共闘の要求項目もこういった自治の確立という観点に立って提起されねばならない。我々が獲得すべきものはたたかう自治を制度的に保障し、予想される次の弾圧に対し、第二次、第三次日大闘争を起しえる我々の砦なのだ。学友諸君！　幻想を持ってはならない。日大闘争が勝利すれば夢のパラダイスが出来るが如き夢想は、今の我々にとって全く必要でない。

そもそも資本制社会が延命していく以上支配者は営利を追求するのだろうし、産学協同はより一層強まるであろう。学生の前に示されたあらゆる反動攻撃の結果に反対することをとおして、それを生み出す原因まで粉砕する。これが我々の闘いの原則なのだ。その反撃の橋頭堡を断乎として築きあげる闘いがこの68年第一次日大闘争なのだ。

五大スローガンの勝利をもって第二次、第三次日大闘争を準備せよ！

学友諸君！　我々が闘いを進めている社会はいぜんとして資本主義社会なのだ。資本主義社会である以上、大学は支配者の大学であり、決して我々が描いているような学園ではないのだ。この第一次日大闘争が勝利しても、第二次・第三次の闘いを我々が組まなければならない理由はここにあるのだ。このことを忘れ去った日和見主義者は次のように空語をならべる。〝学園コミューン〟〝管理運営への学生参加〟〝理事・教授・学生による三者協議会の設立を〟。

我々の闘いは、支配者が打ち出した反動攻勢に反対することを通してその原因にまで鋭い刃を向ける闘いであることを再度確認しなければならない。従って、できあいの支配者の機構に我々が介入することは断じて許されないのだ。そうではなくて、それにとってかわることが必要なのだ。その力は闘う自治会以外なにものでもない。我々が拠点とすべき場所は、支配者の機構のうちにあるのではなくして闘う自治会にあるのだ。我々は支配者の支配機構に闘う自治会を対置し、不屈の闘いを展開していかなければならない。」

このビラではまず、日大闘争が五大スローガンを実現する民主化闘争であることを、はっきり規定している。民主化闘争である日大闘争は、五大スローガン・九項目要求を実現し、学生の自由な活動を縛っている規則を撤廃させ、自由な活動を保障する場としての学生会館を勝ち取り、第一次日大闘争に勝利して、次に進もうという主張である。日大生のほとんどはこの意見に反対しないであろう。バリケードのなかの学生の多くは、闘争に勝って少しはまともになった日大で勉学を続けようと考えていた。日大生のバランス感覚である。

そして次に、「闘う自治」が強調される。それは「自治会」をどうするなどではない。大学当局の暴力的弾圧、その実態としての右翼・体育会の攻撃とたたかう拠点のことである。日大の歴史を転換させることである。右翼支配を粉砕することなくして、それは成し遂げることはできない。よりはっきり言うならば「六月十一日の現実」と対決し続けるということである。他の大学の学生がいう「自治」などとはまったく異なるものである。日大生のいう「闘う自治」とは、血の臭いのする自治である。命がけの「自治」なのである。このことに裏打ちされた「五大スローガン・九項目要求」である。そういう「闘う自治」「闘う自治会」なのである。それは、日大闘争をたたかう学生の考え方の一つの基準であったといえる。みずからのたたかいの性格、本質をはっきりさせ、進むべき道を明確にしている。

＊セクトの対応は違っていた

「たたかう法闘委」は法闘委の正式な機関紙であるが、もう一つは日大内の中核派の広報紙という性格をもっていた。つまり日大内の中核派は、五大スローガン・九項目要求を勝ち取って、第一次日大闘争に勝利し、つぎに進もうと主張したのである。

これに驚いたのが中核派である。中核派の日大担当オルグ水谷保孝（全学連書記局員、早大）は、「大川と酒井は、団交でシャンシャンしようとしている」と日大内の中核派支持者に言って回った。つまり、日大中核派の指導部大川、酒井は団交で大学当局と手打ちにしようとしているというのである。

当時の中核派には、大学闘争の指導理念らしきものはなかったようだ。六八年には日大、東大はじめ多くの大学で闘争が起こっていた。それぞれの大学では、それぞれの課題を掲げて学生たちは決起していた。その課題が学生たちにとって切実なものだったからこそ、かつてない大量の学生が立ち上がっていたのである。立ち上がった学生は、抱える課題の解決を求めていた。日大では、大学当局と学生との直接対決つまり大衆団交で解決しようとしていた。だが中核派は、それに反対しようというのである。日大生が現在の日大闘争（第一次日大闘争）に勝利して、次の段階へ進むこと、つまりバリケード解除という事態がくることに反対なのである。セクトにとっては七〇年安保沖縄闘争の高揚のために日大のバリケードが続いていることだけが必要なのである。日大生の切実な要求やそこにこめられた思いなどは、どうでもいいことなのだ。日大生の勝利、そのための団交に反対するなどというのは間違っているだけでなく、そもそも無理なことである。

もう一つ別に「たたかう法闘委」と団交反対を表明したセクトと日大内のグループがいた。第四インターと芸闘委書記局の栗原・橋本らである。彼らは芸闘委名のビラでこう主張している。

「現在の急務は、過度的綱領の提起であるのだ。帝国主義支配で貫徹している現在における二重権力の創出が急務となるのだ。それは支配体制の徹底的解体を通して我々の〝権力〟の創造なのだ。」

つまり、革命の実現こそが日大闘争の当面の課題だというのである。とんでもない「おはなし」である。この主張は二重に誤っている。まず、セクトが日大生に革命運動に決起しようと呼びかけることは政治党派としてある意味で当然かもしれない。だが彼らはそれをまともに日大生に呼びかけているわけではない、という点が第一。次は、現実の日大闘争とはまったく異次元の「過度的綱領」「二重権力」という言葉をもちこむことによって、日大闘争そのものが「五大スローガン・九項目要求」の学園民主化闘争を否定し、まるで革命闘争そのもののようなとんでもなく間違った論理を展開したこと。そういう意味で二重の誤りである。

「たたかう法闘委」の考え方は、当時の新左翼諸派のレベルから抜け出ているといってよい。新左翼各セクトの、日大闘争は民主化闘争とは違う何ものかであるという主張や、七〇年闘争のためという政治力学主義と真っ向から対立している。そのレベルを突破している。

当時のセクトは、社会の変革、革命の要求ではない、経済的要求、社会改良的要求、つまり労働組合の闘いや市民団体の要求、反差別の闘いなどを正しく措定することができないでいた。ただただ革命を叫ぶことが革命的である、というドグマにとらわれている。その宿痾は今日も治っていない。

彼らにとって、日大生の「五大スローガン・九項目要求」などは取るに足らない、つまらない経済的要求にみえるらしい。「集会の自由を認めろ」と要求して、命がけでたたかうなどということは理解できないのかもしれない。

また当時、こんな出所不明のビラも出回っていた。

『中核派のボス交粉砕！　全理事総退陣まで闘うぞ！　実力で闘うぞ！　全学共闘会議有志』

「闘いをおしすすめている同志諸君！　全国の日大生諸君！　全学共闘会議は今や闘争が始まっていらい危機に来ている、それは、全共闘幹部大川・今・秋田三君のボス交が大衆の知らない間に行なわれていたという事である。学友諸君！　全共闘は今や大手術を要する時期にきた。我々は秋田・大川・今君を追放し真に闘う全共闘が今ここに必要なのである。我々は今迄のように実力をもって古田支配体制を粉砕しなければ我々の大学としての日大は存在しないのだ。所が全共闘の一部ダラ幹はこれを破棄し、一党一派、マル学同中核派の拠点化とするためのボス交を行ない経済三号館を学生の手に、そして学生を処分しない内容である。我々の闘いはこのような取引きではない。正に日大の解放でありそして学生権力の強化確立である。闘う学友諸君、再度この点を確認しようではないか。その為にも大川・今・秋田等そしてマル学同中核派を日大から追放しようではないか。そしてより強力な日大全共闘を作り上げよう！　日大に日大生の意識を無視するような全共闘は不必要である、日大生の全共闘を再度組織しようではないか。」

日大生は「ボス交」という言葉を嫌っていた。自分たちの知らないところで何かが決まっていくことなど許せないのである。なぜそこにこだわるのだろうか。学生への人権抑圧、右翼の暴力、裏口入学という不正、それらを知らない日大生などいない。ただ知らないふりして過ごしてきただけなのである。日大闘争とは、その日大生が「日大は間違っている」と叫んだだけなのである。だがそれがどれほど危険なことかも日大生は知っている。大学・右翼の攻撃は全共闘という抽象にかかってくるわけではなく、ひとり一人の生身の学生に向けられている。それを覚悟のうえで叫んでしまった日大生は、ひとり一人が起こってくるすべてに関わらなくてはならないのである。だから全共闘の原則は「直接民主主義」「大衆団交」でなくてはならなかった。

全共闘は闘争のはじめから大学に団交を要求して要求書を提出してきた。それは繰り返し行われ、その予備折衝も七月に行われた。大学との交渉は続けられてきた。それはまったくオープンに行われてきた。日大生は交渉を否定などしない。ただただ自分の知らないところで自分の未来を決められることを拒否しているだけなのである。

このビラは出所不明である。だがお里は知れようというものである。いまや日大生は、なにを考えようと発言しようと自由である。だが、その自由は全共闘に結集する学生たちの実力によって守られているのである。その学生たちの意識や考え方と離れては存在できない。

＊「学生諸君の要求はすべて承認する」

九月十九日、全共闘は大学側に、「五大スローガン・九項目要求」に対する回答を、二十一日午後八時までにするよう要求した。同時に、九月二十四日に法学部一号館大講堂で大衆団交を開くことも要求した。

九月二十一日、古田会頭は全共闘に「回答書」を送ってきた。それはこういうものである。

「昭和四十三年九月二十一日
日本大学会頭　古田重二良
日本大学全学共闘会議議長　秋田明大殿

回答書

学生諸君、大学は諸君からの九月十九日付九項目要求書を受けとり、直ちに慎重の審議に入り別紙の答えを送ることにした。いささか長文であり、意をつくさない点もあるが、事柄の本質に対する深い分析の下に真意をつかみ、事態の前進的解決のための指標となるように要望してやまない。

学生諸君　諸君が、経済学部の処分反対のために最初の運動を組織し、やがて全学園をまきこむ闘争へと拡大発展せしめて以来四ヶ月になろうとしている。大学はいち早く諸君の要求のすべてが近代化への進展を求め、近代的大学への変革を要求するものであることを知り、直ちにこれに応えそれまで緩慢に進行していた近代化路線を、急速の道につかしめようとした。理事会は六月二十五日付で大学改革十九項目の大綱を発表し、学生諸君の民主的・近代的生活を保障するための学則改正、経理の全面公開、処分の撤回などの悉くを承認する基本路線を明確にしたのである。大学はこれを近代化への変革の諸条件と規定した。しかし、巨大な吾が大学の広範な分野において、理事会の示した画期的な意図と方針は必ずしも理解されたとは言えず学生諸君の近代化要求の真意を誤ってくみとり、或は状況に幻惑されて本質を看過するなどの誤りが生じ、理事会は悲痛の思いでこの経過を見、苦慮しつづけたのであった。

大学が諸君の要求する大衆団交に応ずるための予備会談に応じたことはこうした混沌の

状況の中から新しい解決への端緒をつかみ、正しく、且つ確実に学生諸君の要求に応じようとした創意のあらわれであった。しかし不測の事態の発生により、それ以上の進展へとすゝめ得なかったのである。これは予測不能の紛乱の惹起を予感した理事会の総意にもとづくものであったが今かえりみて、約束を守ることこそ千金とするローマ法の原則に忠実に断固として諸君の要求に応え、要求する場所に赴き、数千、数万の諸君と声をかわし、意思を通じあうことこそ先決であったことを思い、諸君に深くわびたいと考える。大学はこれを尊い経験として将来の時点において生ずべき如何なる約束をも断乎として守り諸君との間にいささかなりとも不信を生ずることがないよう深く決意している。

周知の九月の状況は、法学部、経済学部に対する強制措置、これを契機とする諸君の激烈な抗議デモの続発であり、まさにコロンビア大学、パリ大学における場合と同一のパターンを示すにいたった。大学は仮処分にあたり、わが国の大学仮処分に関する幾つかの先例が平和的に行われ、新しい対話の突破口となるというすすめもあって、この手段に踏み切ったのであるが、わが大学の事情の異なるのをみて深く驚き、悲痛の念をもって事態に対処しようとしているのである。

しかし諸君。パリ大学の学園紛争が、カルチェ・ラタンの焦土の中から新しい端緒をつかみ、再建への道についたことを想起してほしい。わが大学も、こうした試行錯誤の過程から、多くの教訓を得、反省し、この状況をふまえて新しい諸君の要求に応えたいと考える。すくなくとも一九六八年世界学生問題の総括につらなり、未来の指標となる正しく、正確な解決の道を切りひらく決意の下に、諸君の要求項目への回答を用意したのである。

要求項目に答える。

I 学生の自治活動に関する第一の要求を原則として認める。

(1)学生諸君の大学における集会・その他の自由に関する現行の規則の大系を廃棄する。

大学はすでにこの決定をなし、その実施のため指令を各学部に発した。

(2)学生指導機関などの改革について、

(a)指導機構を解散・改革する。学生諸君が大学において快適な生活と学問的生活が送れるように万全の施策を講じる。

(b)各学部の人事については学部自治の原則を侵さないようにするため学部での協議にゆだねる。

(3)学生会館の建設を認めるが敷地を有しない学部はその獲得に努力し、建設ののちはこの全館を学生諸君が、自律的自主的に利用し、健全な学生生活のホールとすることを期待する。

II (1) 大学の役教職員に対し、十九億円の研究費、その他の支出による源泉所得税の未収未納問題を起し、大学の信用を傷つけたことを学生諸君、父兄、校友及び社会に対して衷心からおわびする。

(2) 経理は細密に全面公開し、定期的にこれを実施する。

(3) 第一号の支出を受けた役教職員の氏名、金額を公表することは個人のプライバシーの侵害となる恐れがあるので、その方法等を十分検討する。

III 全理事の退陣について、

理事会は責任を痛感して大学の近代化と体質改善のためにその実現を期するため、寄付行為の改正を行う。

法人全役員は寄付行為が改正され、新寄付行為が発足した時点においてやめる。

会頭制・名誉職制度の廃止もこの改正作業のなかで現に進められつつある。

Ⅳ今回の学園紛争に関する処分について、

理事会は今回の学園紛争が大学の近代化のための改革要求であることの本質をふまえて処分者を出さないことを要請する。しかし本来、処分の権限は各学部教授会の自治に専属するものであって、理事会がこれに干渉することは大学の自治の根源を危ふくする。そこでこの問題は各学部次元での協議に委ねる。

以上、大学は学生諸君の要求する項目を認め即座に実行に移して行きたいと考えている。あるいは諸君の満足と歓呼に応え得ないものがあるとするならば、それは表現の不足に由来するものである。

すべての諸君が、文言の背後にあることがらの本質を深く洞察し、要求項目に対する大学の容認の姿勢を全面的にすなおに受け入れてほしいと考える。諸君が、この答えを容れ、満足した時点で大学当局は仮処分をとりさげる。諸君はこれらの要求を貫徹するために九月二十四日に大衆団交を求めてきた。しかし大学が諸君の要求を認めた現時点で、敢えて団体の交渉をし、折衝し、譲歩をし、妥協をするという複雑な会談をしなければならない必要は全く失われてしまったと考える。諸君はもし諸君主体における直接民主主義のために大集会をもつ必要があるとするならば、すみやかにその挙に出て闘争の終結と大学の正常化に向って速いテンポで行動を起こしてほしいと考える。

学生諸君、深く状況を分析し、諸君は「瓦の火」の混乱も正しく避けて我が大学の近代化と正常の回復に向って勇気を振って行動を起してほしい。言序の提案をもって諸君に対する大学の回答とする。以上」

新聞はこのように報じた。

『定款改正後に退陣　日大、理事側が大幅譲歩』（『朝日』九月二十二日）、『日大大学側が譲歩年内にも理事退陣　古田会頭発表　学生処分もしない』（『読売』九月二十二日）

この回答書、素直に読めば「学生諸君の要求はすべて了承する」という内容である。普通の大学だったら最終交渉に入ってゆくところである。ところが日大であり、古田理事会なのである。あらかじめ信用などしていない。学生たちは、眉に唾をつけてから読んでいる。そして、六月十一日の日大である。七月二十日の約束を反故にした日大、九月四日機動隊を導入した日大なのである。学生たちに信用しろという方が無理なのである。

新聞各社も日大当局の発表を信用していない。何か底意があると踏んでいる。だから、「大学側が譲歩」としか報道していないのである。その上、全共闘が最期の保障としている「大衆団交での確認」を拒否しているのである。

14 九・三〇大衆団交

＊大衆団交へ、一気に流れが

大学が団交を拒否した二十四日、全共闘は法学部一号館大講堂で団交拒否抗議の全学集会を開いた。ここで「古田会頭は、回答書について大衆団交に出て説明するべきだ」として、九月三十日法学部一号館大講堂での大衆団交を要求することを決定した。この日、全共闘は大学本部を再度封鎖した。

全共闘の要求に対し、大学の回答はこういうものだった。

「日新会（日大内の右翼学生団体）の要求もあるので、九月三十日は午後三時より、両国の日大講堂で全学集会を行う。」

この日の午後一時から両国の日大講堂で右翼学生の集会がもたれるというのである。その上で午後三時から全学集会を開くという。古田は右翼学生と全共闘が鉢合わせしないよう時間をずらしたのだろうか。あらかじめ右翼学生に会場を占拠させ、全共闘側に威圧を加えようとした、そう考えるのが普通である。

ただちに全共闘会議が招集された。すぐに意見は一致した。「全学集会」という言葉にはこだわらず、参加する。参加のうえ、全共闘の大衆団交として勝ち取る。右翼・体育会学生を粉砕して、これを勝ちとる。

事態は一気に動き出した。

全共闘は、『緊急アッピール　日大全学共闘会議　議長秋田明大』を発した。それは大量に印刷され、バリケードから学生に送られた。また、繁華街などでも配られた。

「去る九月二十一日、大学当局は、あたかも日大十万学生の闘いを認め我々に全面屈服したかのような第四次改善案なるものを提示してきた。その内容たるや、これがいままで猛り狂ったように狂暴なる血の弾圧を恥じることなく続けてきた大学当局かと誰もが目をこすり疑わざるをえないようなものであった。五・三一文理学部での暴行、六・一一歴史的な殺人行為、九・四国家権力＝機動隊導入等の暴力的弾圧を企てた大学当局とこの第四次改善案を発表した大学当局とが同一であることを暫くは信じることすらできなかった位、古田＝理事会の転身ぶりは見事であった。」

「全ての学友諸君！　我が全学共闘会議の四ヶ月にわたる非妥協の闘いこそがこの第四次改善案を勝ち取ったのであり、このことをぬきにして第四次改善案のことを語るのはまったくの空論でしかないことを大胆に確認しなければならない。闘いは、勝利的に進められている。我々はいままでの四ヶ月の闘いが拓り開いた新たな地平に踏まえ、死の苦悶にあえぐ古田＝理事会に最後の鉄槌を打ち込まねばならない。学友諸君！　古田＝理事会に最後の一撃を加えよ！　古田体制を打倒し闘う自治を確立せよ！」

＊九・二九理事会

「日大は二十九日、東京・神田の新東京ホテルで理事会を開き、全学共闘会議側から出されていた「三十日に大衆団交を開け」という要求について協議した。この結果「共闘会議主催の大衆団交には応じられないが、三十日午後三時から両国講堂で大学主催の全学集会を開く」という態度を決め、共闘会議側に通告した。大衆団交を要求する共闘会議に対し、大学側は二、三十人の代表とならば話合うという姿勢を打出していたが、共闘会議側が譲らないため、大学主催の全学集会を開き、事態収拾をはかることにしたもの。この全学集会には古田重二良会頭以下全理事と全学部長が出席し、大学側が先に発表した九項目の改革案について説明、学生の質問に答えるという。これに対し共闘会議側はあくまで大衆団交として大学当局を追及し、理事の総退陣など九項目の要求を完全に認めさせるために大学側の全学集会に押しかけるといっている。しかし、三十日には同講堂で午後一時から共闘会議側が「右翼、体育会系学生グループの集会」と批判する日新会などのグループの集会が開かれることになっており、大学側はこの学生の参加を計算に入れているので、両者の衝突も予想されている。しかも、この集会を単に大学側の改革案の説明会の場にしようとする大学側と共闘会議側の開きは大きく、事態の急速な進展には役立たないだろうという見方が強い。」（『朝日』九月三十日）

この日の理事会決定は、すでに全共闘側に伝わっていた内容を承認したということである。

＊機動隊員の死

この二十九日、四日の経済学部への仮処分執行の際にケガをして入院していた警視庁第五機動隊西条巡査部長が死亡した。

「日大紛争で、警視庁機動隊員についに死者が出た。さる四日、校舎から降りそそぐレンガのかたまりや石、空きビンの一つを頭に受けて以来、西条警部は、病院で死線をさ迷い、快方に向かったこともあったのに……。一方、日大紛争解決の見通しは相変わらず、すっきりしない。エスカレートを続ける各大学の紛争にも、この事件が、どう影響するのか——。」(『朝日』九月三十日)

西条巡査部長がケガを負ったところは「一号館裏手の幅〇・七メートルの細い路地」とある。やはり、あそこであった。日大永田総長は記者会見でこういっている。「紛争にからんで、大きな犠牲を出したことについて大学として責任を痛感している」「大学としては仮処分執行の際、学生が抵抗なしに校舎を明渡すという予想のもとに行ったが想像もしなかった学生の激しい抵抗があった。この結果、協力いただいた機動隊にご迷惑をかけたことを心から恐縮しており、状況判断が甘かったことについて責任を痛感している。」

日大全共闘を非難する週刊誌の記事がいくつか出ている。当然のことである。全共闘はこれに対する公式の見解について発表したことはない。ただただ団交勝利に進んでいた。

＊九月三十日はドラスティック

いよいよその日である。私は、今日こそ決着をつける、と考え意気込んでいた。多くの学生もそうだろう。

この日、バリケードのなかは朝から忙しかった。行動隊は角材に小さなベニヤを打ちつけていた。ベニヤに古田打倒などとマジックインクで書いていた。岩淵と桑原が先頭になってやっていた。日大講堂の周辺は機動隊が配備されているかもしれない。もし規制でもされたら、「角材ではなく、プラカードだ」ということらしい。つい笑ってしまった。いつもは平気で角材を担いで電車にも乗っていたのである。彼らの今日にかける意気込みなのだろう。

全共闘はこの日、経済学部前に午後二時に結集、両国の日大講堂に向かうという予定である。その本隊とは別に、行動隊三百名は同じ二時に両国駅ホームに集合である。芸闘委は経済学部には行かず、行動隊と一緒に行動することを決めていた。先頭を走っていたいという芸闘委らしい発想である。午後二時、両国駅ホームには三百名の全共闘行動隊と約百名の芸闘委が集結、横五列のデモ隊形が組まれた。だが、行動隊は一列ずつ五人分の角材を腹に抱え込んでいる。外から見れば普通のデモ隊だが、一瞬に武装できる。全共闘でも考えていたやり方である。行動隊の指揮は組織部長の今がとっていた。

その頃、日大講堂では、右翼学生の集会が行われていた。

「今日三時からここで大衆団交を開くという公告が新聞に載りました。もちろん全学集会です。共闘会議としてはこれを大衆団交という形にもってゆく。学校側としては、大衆団交と受けとってもかまわないという立場で全学学生集会を開くものです。けれども、ぼくらは、この大衆団交を絶対に認めてはならない」

「全学共闘会議は、われわれの代表ではない。彼らは全学連の手先である。その全学連の手先にわれわれのすべての権利を代表させるわけにはいかない」

「一般学生を無視したこの学生集会というものを、われわれは阻止していかなければならない。否定していかなければならない」

などの発言を繰り返し、「全学連粉砕！　全共闘粉砕！　全学連の手先は出て行け！　学生集会粉砕！　大衆団交粉砕！　一般学生は立ち上がろう！」とシュプレヒコールをあげていた。

全共闘行動隊は機動隊の規制もなく日大講堂に着いた。武装した行動隊は講堂の入口に向かった。午後一時から集会をもっていた右翼は玄関のドアを閉めて、内側から必死で押さえていた。全共闘も必死で押し開こうとしてドアに集まった。しばらく押し合いしていたが、一カ所のドアが押し開けられると右翼は少しさがった。そこで一気にすべてのドアを押し開けた行動隊は講堂内に入った。講堂内にいた右翼学生は約千人、全共闘四百人は右翼学生に囲まれるような形になった。そのまま全共闘はゆっくりと演壇をめざして進んでいった。右翼学生は、「なんでヘルメット被ってきた、なんで角材なんか持ってるんだ」などと言いながらついてくる。全共闘は演壇前に着き、演壇と演壇前を確保した。だが、右翼に囲まれている状況は変わりがない。あちこちで右翼との討論というか口論が起こっている。

右翼の言うことは決まっている。お前ら、全学連に指導されているんだろ。バリケードなんかつくって学校を破壊している。暴力沙汰で周りに迷惑かけ、日本国の法律を侵している。

全共闘から声が飛ぶ。お前ら、学校からカネもらってやってんだろ。オレは一度もカネなんかもらってないぞ。それじゃあ上のヤツが一人占めしてるんだろう。そんなやり取りも起こっている。なんとものどかなやり取りのようにみえるが、極度に緊張したなかでのことである。

右翼のなかに動揺が走った。全共闘の本隊が到着したのである。行動隊は手にしている角材で床を打った。その音は両国講堂に響き渡った。右翼は正面入口と反対の方から逃げ出した。全共闘の本隊が入ってきた。イスも置いてない両国講堂の一階はかなり広い。そこに学生たちはどんどん入ってくる。そこが学生たちで埋まると、二階、三階、四階とつぎつぎに埋まっていった。その数は二万五千とも三万ともいわれる。日大講堂の管理者から、建物の上の方が揺れだしているので四階の人を下に降ろしてほしい、との申し入れがあったほどである。全共闘は、四階・三階の席に座っている学生以外はすぐに下の階に降りるよう指示を繰り返さなければならなかった。

午後三時すぎ、古田会頭が最初に到着した。全共闘は、ヘルメットと角材をかたづけた。

＊勝ちとられた大衆団交

大学側出席者もつぎつぎに到着したので「全学集会」は始まった。

それはまず最初に、「日本大学理事会と日本大学全学共闘会議との大衆団交である」ということを大学側出席者に認めさせることから始まった。古田理事会は「大学主催の全学集会」といっていたからである。この点は、古田会頭以下大学側出席者全員があっさりと認めた。

全共闘は、六月十一日の経済学部での暴力、七月二十日の予備折衝で確認された八月四日の大衆団交を一方的に破棄したこと、九月四日の法学部・経済学部への機動隊導入、の三点に対する追及、自己批判要求から始めた。これなしには「五大スローガン・九項目要求」には進めないのである。

まず六月十一日。この弾圧事件の第一の責任者である吉田寛経済学部長が、病気を理由に欠席しているため、古田会頭に追及が向かった。その矢先である。一人の学生が演壇に登ってきて発言を求めた。彼は、大学側出席者の一人、直江藤沢高校長に対し、あなたはあの日経済学部校舎のなかにいたではないか、と言いだした。その学生は、藤沢高校出身の経済学部生であった。直江校長は言い逃れを繰り返したため、その追及が延々と続いた。そのなかで、直江校長は学生時代、柔道部の三羽烏などと呼ばれ、現在でも体育会に影響力をもっていることが暴露された。直江は古田の柔道部の後輩としてボデーガードのつもりで今日は出席したのかもしれない。

ここで会場に潜り込んでいた本所警察の警察官が摘発されるというハプニングがあった。この小さな事件をはさんで、学生の追及はつぎに向かった。六月十一日の右翼学生は本学の精神だといった鈴木理事にである。大衆団交は時間がかかる。

七月二十日の約束を反故にしたこと、九月四日の機動隊導入のことと追及が続く。

全共闘は、三点に自己批判するという文書を作成して、古田会頭自身に読みあげてもらい、サインをもらった。その文書に参加理事全員の署名を要求した。

そのうえで、古田会頭に仮処分申請をすぐに撤回するよう要求した。古田会頭は、ただちに撤回するのは法律的に問題があるのではないか、弁護団と相談して、などと繰り返した。そこで全共闘は、高梨法学部長に意見を求めた。学部長は私の考えと前置きして、仮処分の取り消しは債権者から申し立てれば可能だが、問題は緊急の必要ありとして申請したものを、今度はないというのは具合が悪い、といった。古田会頭は、法律的に可能なら即時撤回するとし、「誓約書」に署名した。

これで、「五大スローガン・九項目要求」に入れるわけだが、全共闘に参加する多くの学生はこの三点の追及と謝罪の獲得こそが団交でやりたかったことであったであろう。

全共闘は、「われわれは火事場泥棒的に、ドサクサに紛れて、あれやこれやをとってしまおうなどということは、決してやってはならない。今何度も何度もしつこく自己批判を要求しているのは、大学当局が日大十年間の圧殺と反動の歴史を自己批判することが、もっとも重要なことであると考えるからだ。ここに集まっている数万の学友諸君が、真の新しい日大の建設を担ってゆく部隊として、雄々しく登場しなければ、五項目の要求などというものはすぐに、大学当局の、一流の弾圧政策によって、いつ裏切られるか、いつ撤回されるか、わからないんだ。勝ち取られたものを、実体的に保障してくれるのは、ここに集まった学友諸君以外にない」と、くぎを刺している。

＊生産工学部と芸術学部バリケード襲撃

三項目の自己批判要求が終わろうとする頃、緊急の連絡が入った。津田沼生産工学部と芸術学部のバリケードが、右翼に襲われたという。二つの学部は、それぞれ行動隊を編成して、バリケードの奪還に向かうことを決めた。芸術学部では、二名の女子学生が捕まっている、という情報も入った。ただちに、岩淵行動隊長のもとに編成された行動隊が江古田に向かった。

私は団交会場に残った。

一時間以上が過ぎた頃、また芸術学部から情報が入った。行動隊が着いたときには、右翼は退散したあとで、バリケードは確保され、捕まっていた二名の女子学生も解放された。だが、その後に江古田で柔道部と衝突し、二名の学生が捕まって柔道部の道場に連れていかれた。

私自身が柔道部の道場に向かうことにした。一人だけでは危ないので教授をつれていったほうがいい、という意見にしたがうことにした。団交に出席していた三浦芸術学部学監に事情を説明し、同行を求めた。三浦教授と私は、タクシーで江古田の柔道部合宿所に向かった。それは、西武線の江古田駅から環状七号線にむかう商店街をゆき、環状七号線を渡ったところにある。タクシーは合宿所に着いた。さきに降りた私は、大きく開けられた道場の入口に向かった。入口で振り向くと、三浦教授はどこにもいなかった。日大の教授をあてにするなんてバカだったと、反省した。最初から一人で来ればよかったのである。

煌々と照らされた畳の道場はきれいだった。靴を脱いで、道場に入ってみると、左側に立派な引き戸があり、そこが合宿所からの出入り口らしい。そこに行って、正座した。ずいぶんと長い時間を待たされた。引き戸を開けて、二人の大男が現れた。一人は私の正面に座った。もう一人は、二人の間に横向きに座った。正面の男は、柔道部の部長古賀と名乗った。横向きの四十ぐらいの男は、舎監のなにがしと名乗った。私も、芸闘委の委員長眞武ですといった。

名乗りがすむと、古賀は「お前たちが先に手を出したから、こんなことになった」といいだした。私は、こちらの学生は「柔道部のほうから襲ってきた」といっていたと反論した。同じやり取りが二度、三度繰り返された。私自身は、電話のやり取りで聞いたことしか知らず、衝突のいきさつやその状況などを掌握しているわけではなかった。

私は本題に入ることにした。どちらが先に手を出したかは、水掛け論になってしまいます。また、そういう話をしに来たわけではありません。そこで少し姿勢を改めて、こちらに捕まっている二人の学生を返していただきたい、お願いします、と頭を下げた。目をあげて、古賀の顔を見ると、むっとした顔であるがどこかに困ったような表情もあった。

二人のにらみ合いを見ていた舎監の男が、私にむかい、お前の態度は気に入ったといった。そして古賀に、返してやったらどうだといった。これでどうやら終わったらしい。

古賀は、二人の学生を連れてきた。柔道部のほうも、勢いで全共闘の学生を合宿所に連れこんでみたが、どう落としどころをつけるのか、困っていたのかもしれない。私は二人の学生と芸術学部のバリケードに向かった。

バリケードに入ると、どっと疲れが出た。しばらく休むことにした。そして、一つのことを考えていた。日大闘争は、今日勝利するだろう。だが、本当の勝利は、右翼との物理的衝突に勝ちぬかなければ手にすることなどできはしない。六月十一日をのりこえなければならない。そのことを、繰り返し思っていた。

日大講堂に戻ったときには、古田会頭ら学校側の人間はいなかった。

講堂の床は、紙吹雪のあとで汚れていた。「即時退陣」にだけは頑強に抵抗していた古田会頭が、ついに「辞めます」といったとき、いっせいに舞ったという。

私は、ここでも一つのことを確認していた。

こうして、日大闘争は勝利した。

第2部
バリケードに抱かれて

＊凱旋行進

九月三十日午後三時すぎから始まった大衆団交は、十二時間近くかけて、終わった。日大生は「五大スローガン・九項目要求」のすべてをかちとった。大衆団交の勝利を確認したのち、午前三時過ぎから神田に向かうことにした。経済、法、理工のバリケードにいったん落ち着いて、一休みしてから各学部に向かうことになった。理工には津田沼、習志野など理工系学部が、法には商と芸術学部が、経済には文理、農獣医学部などが入ることになった。

夜明け前のデモは長い隊列になった。それは凱旋行進だった。日大生は長い一日を終えて、勝利感に浸りながら神田への道を歩いた。

私は秋田、大川とタクシーで経済に向かった。経済学部近くで降り、ベジタリアンという喫茶店に入りデモ隊の到着を待つことにした。秋田はサラダ、大川と私はコーヒーを注文した。各人はそれぞれの思いのなかに沈潜して、言葉を交わすことはなかった。

その頃には新聞の朝刊が配られていたはずである。

『会頭ら即時退陣認む　日大紛争、解決に向う』『検閲制度の撤廃も』「学園紛争が続いている日本大学（本部、東京・西神田、古田重二良会頭）では、三十日午後三時すぎから東京・両国の日大講堂で開かれた全学共闘会議との「大衆団交」で、古田会頭以下大学側出席者が学園民主化についての学生側の要求を全面的に受入れ、学生側要求の最大の眼目である理事の即時総退陣についても、出席した五理事が次々とこれを認めた。一日未明、古田会頭も「個人的に」との前提で即時退陣を表明、事態は学生側の要求にそって大きく終局に向っている。

大学側は、はじめ同日の集会を大学主催の「全学集会」にする予定だったが、午後三時の開会前から会場を埋めた全学共闘会議の学生と一般学生計一万人以上が、大学側に共闘会議の「大衆団交」とすることを認めさせ、議事を進行した。

学生側は古田会頭に自己批判書や仮処分撤回の誓約書に署名させたうえ、検閲制度の撤廃などの要求を次々に認めさせ、最後に理事の即時退陣を迫った。

理事会では大学定款改正後に退陣するという線を申合せていたが、学生側の激しい突上げに、佐々木良吉理事長、斉藤謙次理事ら五人が次々と学生が突き付けるマイクに即時退陣を表明、古田会頭も、ついに退陣を約束した。

日大の理事は古田会頭を含め十六人で、同日の集会に出なかったものが十人いる。このため古田会頭は学生側に「早急に理事会を開き、正式の手続きをとったうえ総退陣したい」との意向を示したが、学生側はこれを不満とし、全員の即時退陣を確約するよう、さらに追及している。」(『朝日』一面十月一日)

この記事は、日大闘争でただ一度だけ新聞一面を飾ったものである。東大は一面、日大は社会面、それが定位置だった。

1　佐藤首相発言「大衆団交ショック」

＊佐藤発言

十月一日夕刊が配られるころ、バリケードのなかでは、きのうの余韻に浸りながら眠り込んでいた学生もいたにちがいない。夕刊にはこうあった。

『大学対策　閣僚懇で協議へ』『首相、日大の事態重視』「佐藤首相は、日大紛争が〝大衆団交〟という形で処理されようとしていることを重視し、一日の閣議でこうした大学紛争の解決策は常識を逸脱していると指摘したうえ「大学紛争はいまや文教政策の範囲内で処理できない。政治全般の立場から解決すべきだ」と述べ、大学紛争に政府が積極的に対処する姿勢を示した。このため、政府は同日午後三時から首相官邸で関心のある閣僚を集めて懇談会を開き、あらためて対策を協議することになった。」

『〝大衆団交〟にショック』「［解説］たび重なる大学紛争について、政府部内ではこれまで「できるだけ大学の自主性にまかせ、静観する」という灘尾文相らの考え方が支配的だった。佐藤首相自身、先月十三日、旅先の岐阜市で行われた記者会見で「大学紛争はいまや社会問題、政治問題ではないか」という記者団の質問をさえぎり「まだ社会問題、政治問題とは思わない」とハト派的な姿勢を示していた。それが一転して、一日の閣議で首相みずから、しかも文相不在のうちに大学紛争を取上げ、対策に乗出すとしたのは、やはり大衆団交方式の日大紛争の成り行きに大きなショックを受けたためだろう。

日大の古田会頭は、首相が関係している日本会の有力メンバーで、首相に非常に親しく、そのことが首相をよけい奮起させたのではないかとみる向きもある。」（『朝日』夕刊十月一日）

学生たちは、その意味を理解できないでいた。なにしろ勝利感に包まれているのである。その続報はこうである。

その日、一日午後の閣僚懇談会。『拙速さけ、検討続ける　大学紛争対策閣僚懇』『閣僚間に硬軟両論　刑事事件には断固処置』『自主解決なお期待　大衆団交容認できぬ　帰京の文相語る』『治安対策色強まるか　自民もきょう態度協議』（『朝日』十月二日）

その後、政権全体による佐藤発言の軌道修正がなされてゆく。

『大学紛争　政府、当面は柔軟姿勢　有識者で懇談会設置　人選は文相に一任』『政策変更考えず　大学関係法に限界　文部当局』『断固たる処置を　自民臨時役員会申入れ』（『朝日』十月三日）

『月末発足の意向　大学問題懇談会』『灘尾文相が人選を指示』（『朝日』十月十一日）

『「大学」には柔軟姿勢で　坂田自民党文教調査部長が提案　警官導入では解決せず』（『朝日』十月十七日）

こうして佐藤発言は、「大学問題懇談会の設置」ということで収められてゆく。だが、一国の首相の発言があったということは巨大な影響力をもって波及してゆく。問題は、大学一般ではない。日大と日大闘争なのである。

十月四日、秋田議長以下八名に逮捕状が出された。警察は佐藤発言を政府の意思として受けとめて、日大闘争を政治問題、治安問題として取り扱うという方向に舵を切ったのである。それまでは大学の機動隊出動要請に対して、学内での解決を要求したりしていた。西条巡査の死亡ということも影響していたであろう。

＊大学理事会の不思議な混乱

十月二日の理事会。九月三十日の団交で確約された、三日の団交の拒否を決めたという。理事会側は、「三十日の大衆団交では、大学側は共闘会議の暴力によって十分意思を表明できず大衆団交を行っても冷静な会話を期待することはできない」といっている。大学の一幹部は「閣議での佐藤首相の大衆団交批判発言が影響している」と語っている。（『朝日』十月三日）
五日の理事会。この日、ほとんどの理事が辞意表明したという。そのため理事総退陣に向かって、その決定を七日の評議員会にはかることにした。
理事会後の記者会見で、古田は「七日の評議委員会で総辞職になると思う」と述べている。（『朝日』十月六日）
そして七日の評議委員会である。
評議委員会の決定はこうである。①速やかに理事会を開いて進退を表明すること②進退の決定は全員一致で行うこと。つまり、理事会は全員一致で退陣問題の決定をせよ、と理事会に差し戻したわけである。それは、評議委員会に出席した理事のなかに退陣に反対したものがあり、意見が一致しなかったので、こういう決定になったのである。

評議委員会後の記者会見で、議長をつとめた加藤行吉弁護士は、結論の中の「進退を表明せよ」というのは「退陣という意味だ」と述べた。そして古田は、「二、三日中に理事会を開き、全理事が辞任するようカタをつけたい」と述べた。

記者団の「次の理事会で依然として即時退陣に反対する理事が出た場合どうするか」という質問に対し、古田は「そういうことがあっても、辞任にもちこんでかっこうをつける。再び理事会で結論をのばすことは許されない」と言い切ったという。(『朝日』十月八日)

そして、九日の理事会とその夜の東理事の記者会見である。

『すっきりせぬ発表　日大理事総辞職の記者会見　古田会頭、現れず』「日大理事会の〝最終的な決議〟を発表するという九日夜、東京・神田、新東京ホテルの記者会見に、古田会頭は姿を現さず、かわりに理事総退陣との決議の内容を読み上げたのが、理事辞職反対をみずから表明し、急先ぽうといわれる東季彦理事であったことから、会見はややこしくなった。「いったいなにを決めたのか」「ほんとうに辞職するのか」——この日、大学側がとった態度は、いかにもすっきりしなかった。同夜九時、同ホテルで予定されていた記者会見には古田会頭が出席して、理事会の最終的な決議を発表するはこびになっていた。しかし、会見に現れたのは広報担当の東理事。八十を越えた老齢で耳が遠く、しかも、理事辞職には終始反対の態度をとりつづけた人である。

小さな紙片にわずか三行だけ書かれた決議の内容を読みあげると、同理事は薄笑いを浮かべながら、席を立とうとする。「ちょっと待って下さい」と、せまい部屋いっぱいにつめかけた記者団から大声が飛ぶ。「なにを決めたんですか」「つまり総辞職することになったんですか」「辞職するべきであるというのは、どういう意味なんですか」

同理事は、肝心な点になると「えっ、なんですか」ととんでもない方に顔を向け、記者たちがさらに大声をはりあげて聞き直すと「……と思う」「……でしょう」というばかり。「まるで他人事のような表現だが、なぜ辞めることになったんだか知っているんですか」との問いに「紛争の解決がつかないから」と答え「で、辞職するんですね」とたたみこむと、人差し指をピアノをたたくように上下させて「す・べ・き・で・あ・る」と答える。ついに開き直るように東理事は「私は辞表を出しません」。

「これじゃあ話がこんがらかるわけだ」と失笑がわく。警視庁機動隊員に死者まで出し、〝大衆団交〟という異常な手段をとった学生の闘争には批判があるにしても「これでは学生を納得させられないぞ」という声を最後に、会見は三十分ほどで打ち切られた。

この日、理事会は千代田区永田町の中華料理屋で開かれたが「全学共闘会議が押しかける」とのうわさが流れ、逃れるようにして近くのホテルへ。ここに空室はなく、ようやく空室を探しあてたのが普茶料理屋。その間数時間古田会頭は身体を前に折曲げ、目をつぶって黙りこんだまま。

つね日ごろ「学生時代から、学校を作ることを考えていた」といい、戦後、焼けただれた校舎からいまのマンモス日大を育てあげた人がいま、マンモス化と、そのなかから噴出した紛争のために、辞職という形で追われることになった皮肉、理事会を終わって普茶料

理屋を車で出たあと、古田会頭は座席に倒れ、ついに会見に現れなかった。」（『朝日』十月十日）

九日の理事会で何が起こったのか。七日から九日の間に起こった変化は何なのだろうか。新聞記事を見る限り、古田は十月はじめには理事会内で「理事総退陣」＝「九・三〇確認事項」の線で動いている。古田は、学生の要求をすべて呑んだ上で日大の近代化をはかるというみずからの路線に自信を持っていたのだろう。だから九月三十日に出てきたのである。当日の古田の態度をみて「古田だけは立派だった」と感想をもらす学生もけっこういたのである。

しかし、「退陣したくない」派が佐藤発言によって強硬化した、と考えられる。だが、それだけなのか。佐藤発言の真意は、大学問題を学生との大衆団交で決するというあり方（「日大方式」）それ自身が許せないということなのだ。そして、古田が学生の要求に屈する形でやめるということなど許さないということなのである。その官邸の意向が大学に伝えられたのではないのか。

これ以降、理事会が統一して事態を進めるということができなくなってしまった。それが、日大闘争にとって決定的なことである。

＊どうする全共闘

佐藤発言の翌二日、商学部でスト反対派との衝突が起こっている。「投石などで学生数人がケガ」（『朝日』十月三日）。池田ら旧自治会系が動きだしたのである三日、全共闘は団交拒否抗議の集会を日大講堂で開いた。

学生たちは、またまた裏切られた。だが、学生たちはその怒りをどこにもっていけばいいのか、戸惑っていた。佐藤なのか、古田なのか。そして最大の問題は、三日前の勝利を　どう現実の勝利に、どう手にするのか。その道はどこにあるのか、という問題を突きつけられていた。三十日の「確約事項」を、大学にどう実行させるのか。そのイライラは、こんなハプニングを起こした。『日大生、警官をなぐる』『六人を次々　無届デモ警戒中』（『朝日』十月四日）

そして六日、全共闘は今後の方針を発表した。それは①大衆団交は有効、当局は完全実行に移せ、②全学大衆団交要求、③学部団交要求、④現執行部は逮捕されても闘い抜く、というものである。

四日には郡山工学部で右翼学生との投石合戦が行われている。八日、生産工学部に右翼学生が押しかけた。『なぐり合いで学生２人ケガ　日大生産工学部』（『朝日』十月九日）

九日、全共闘は全学集会を経済学部前で開いた。ここでは組織強化が強調されたが、それ以上の方針は提起できないでいた。

十四日郡山工学部に右翼が襲撃。この襲撃は、東京からの右翼部隊も参加する本格的なものだった。双方が火炎瓶を投げ合い、校舎一階が燃えるという激しいものだった。

右翼が動きだしている。大学当局の九・四機動隊導入に合わせて動き出した右翼勢力は、その後、状況に翻弄されていたと思われる。だが、彼らにとって九・三〇の敗北と、一〇・一佐藤発言、その後の理事会の混乱の中で動きだしたのである。

だが、この時期の右翼勢力の動きには二つの別の流れがあったようである。一つは、すでに紹介した九月はじめの「右翼学生からの秋田議長への手紙」にある「日本大学再建協議会」につながる流れ。彼らはバリケード解除・授業再開をスローガンに右翼的な学生だけでなく中間的な学生に進級・卒業問題で動揺を煽りながら支持を広げようとしている。もう一つは、六月十一日のように全共闘そのものを暴力的につぶそうという流れである。それらは、あるときは別々に動き、あるときは協同しながら以降の日大闘争に現れてくる。

佐藤発言と理事会の混乱の流れのなかで、右翼は息を吹き返し十月二日の商学部、八日の生産工学部、十四日の郡山工学部の襲撃が起こっている。とくに、郡山の襲撃は東京の右翼部隊をも動員し、火炎瓶なども用意した本格的なものであった。

＊佐藤発言が日大闘争を決めた

佐藤発言がそれ以降の日大闘争のあり方を決めたといってよい。

第一には、「佐藤発言」そのものは、「大学問題懇談会の設置」という決着として、政府・自民党は扱った。だが、政府・自民党が翌年夏に大学治安立法を成立させ、大学問題を政治問題、治安問題として取り扱うようになるについての転換点の一つとして、日大の九・三〇大衆団交と学生の勝利ということがあったのは確かである。次の決定的な転換点が、翌年一月の安田講堂闘争と東大の入試中止である。

第二には、佐藤発言を政府の意思として警察が受け止め、動き始めたということ。警察は日大闘争を治安問題として取り扱うことに踏切ったといえる。西條巡査部長の死亡（九・二九）が影響したこともあるだろうが、もっと政治的な判断として踏み出したのであろう。それを象徴するのが、九・四法経の「徹底抗戦」と一一・一二芸術の「徹底抗戦」の警察の対応の激変である。そのほかに一〇・二一新宿騒乱罪発動の影響もあるだろう。

第三には、大学当局・理事会をはじめ日大関係者は、「佐藤発言」を基準として動き始めることになる。社会全体も、そう受け止めている。だが、十月段階では理事会内でも意思統一できないでいる、混乱状態にあったと考えられる。

第四には、日大右翼勢力の動向である。一つは九・四機動隊導入の時期に動き出した勢力の動きがある。別に、理事会の混乱の中でさまざまな勢力が一気に動きを速めることになる。

第五には、全共闘と日大生の反応は鈍かった。なにしろ九・三〇の勝利感にどっぷりと浸かっていたのだから。

2 立ちどまる全共闘

では全共闘の内部ではどのような論議が行われていたのだろうか。農獣医学部に十月十一日、十月十三日の全共闘会議の内容のメモが残っている。このときの内容を正確に覚えているものもいない。そして、このメモは代表者のボディガードとして参加した一年生の学生が書いたものだという。その上で、全文を紹介しよう。

＊『十月十一日、全共闘会議メモ』

「九・三〇確約事項の破壊から創造への具体的行動がない。大衆団交を原則として求め続ける。最終的に学部団交。理事者たちをあと一歩のところに追いつめた。東大と連帯して統一行動と首相官邸デモが必要。一〇・九抗議集会で言われたところの組織強化も重要。一〇・一～二佐藤発言は日本帝国主義の狼狽。再度全理事の即時退陣をせまる。具体的に何を勝ち取ったのか？

〈田村〉組織的な内容を勝ち取っていない。佐藤が友達だからではなく日本ブルジョアジーの狼狽であり、闘争拡大の必要性がある。二回目の学生大会、組織の具体的な確立。

〈今〉九・二一、九・三〇で折れたのは古田体制が負け方を考えて出した近代化路線であると考える。どのようにして再編強化をはばむか？　これにいかにして我々の組織を強化するか。

一〇・一佐藤発言は日大闘争が最初から日本の階級闘争とかけ離れていないとのブルジョアジー側からの立証であり、佐藤の振り上げたこぶしは振り下ろされていない。振り下ろされた場合、いかに対処するか、いかにはね返すかの組織実態をつくる。首相官邸デモは時期が早い。

〈矢崎〉古田体制はじめ佐藤体制も九・三〇団交は狼狽している。確約事項を具体的に行使していく（反動教授のブラックリスト等）。佐藤発言は全国の大学にかけられたものであり、真の連帯とは各大学で行われているストライキ闘争である。

〈佐久間〉団交の紙ふぶきによって活動家は危機を感じた。学生の意識は一方に右翼的、一方に古田打倒である。そして政治闘争に変えるのではないかという懸念と危機感を持っている。この時点で首相官邸デモは早すぎるが、やる必要はある。顧問制度、いまのサークル活動はマスプロからの逃避になっている。組織化は、まずサークルから、クラスから小さい基盤から、クラス会では決議の問題から取り上げていく方が首相官邸デモより有効ではないか？　日大闘争を再度本質的にふり返る。

　日大闘争（古田体制打破、文教政策粉砕）

〈天野〉辞意表明している段階での団交は確認集会である。敵内部の状況打診か確認集会だ。いまは止めるまでの状況まち。

〈矢崎〉総退陣が行われた後だったら確認である。

〈大川〉大衆団交は一〇・一に出てきたら主体側の思想背景が必要であった。

〈酒井〉日大闘争勝利に専念する。九・三〇確認事項を実行して行くことが重要である。理事は退陣せよ、仮処分撤回、学生会館の準備。

〈天野〉理事総退陣をすすめ、大衆団交は要求しない。九・三〇を踏まえて次の展開を。

〈?〉九項目の具体化をおし進める。

〈大川〉日大闘争は革命だ。

〈天野〉古田打倒一点に浮きぼりにされた。自治弾圧機関を破壊していく。故に、理事総退陣なくして学部団交はないとの考えは成り立たない。

〈酒井〉メインスローガンとして理事総退陣をすすめ確認事項の実行を先に進める。学部教授会の解体。

〈矢崎〉ブル新による発表で退陣を認めるか、確認集会で認めるか、どちらかである。

〈大川〉近代化案は運動の形態であり、福岡大では退陣しないでバリケードを解いた。

〈天野〉退陣をどこで認めるか。新理事ができるまでバリをひく。解ける状況になるまでバリケードをひく。

〈大川〉権力の方針が決まらないで学部の方針は出ない。

〈酒井〉学部闘争はいまだ。全共闘主催でやる。

〈秋田〉学部闘争の分断は防ぐ。

〈大川・酒井〉津田沼に全共闘が行ったらビシッとなった。これはとてもピンチである。

〈商学部〉学部と右翼団体から各家庭にバリケードを解くか否かの手紙が配られた。実質的なものを勝ち取っていないのであるからバリは解けない。古田を追撃する場所を失うことになる。

〈酒井〉起こっている問題は古田即時退陣だけではない。

〈秋田〉留年問題、もう一週間したら敵内部が攻勢をかけてくるだろう。全共闘の内容的進化をすべきだ。何を日大闘争で獲得するのか。

〈大川〉泊り込んでいる学友状況はどうか。

〈経済〉全然終わっていない。

〈文理〉全然実行されていない。今ネトライキ。

〈酒井〉全共闘がどのような局面に達しているかわからない状況である。具体的に勝ち取れることをやっていかなければ闘争消滅の憂き目を見るのではないか？　その準備が必要である。古田理事会に対し確約事項を実行せよと求める。

〈大川〉全理事退陣とは歴史的背景から出てきた。理事退陣すれば確約事項は有効であるということはまったくナンセンスである。九・三〇古田がひょこり出てきて、しかも「辞めます」「呑みます」とは、まったく考えていなかった。

〈酒井〉派閥争いの整理がついたらやめるだろう。九・三〇をただちに実行せよ。

〈？〉退陣を要求しながら具体的要求をして行く。ケレンスキー（臨時政権）。

〈？〉退陣要求と学部闘争は並行して闘っていく。

〈酒井〉現在までは改良か敗北であった。しかし日大闘争は勝利的に闘っていくべきである。九・三〇を分析すると、勝ち取った古田体制打倒の闘いの過程として、学部の闘いをいま準備すべきだ。九・三〇をいま実行するものこそ古田体制打倒のもっとも有効なものと考える。

〈矢崎〉退陣をどこで確認するのか？　日大闘争を勝って進んでいく。即時退陣は道徳的追及以外ない。

〈農〉一〇・一四、学部から学科集会を求めてきた。

〈医〉学部当局は九・三〇のやり方そのものを認めず、学年別に切り崩しが始まっている。

〈法・医・芸術〉学部当局は九・三〇白紙撤回の方向に出てきた。

〈農〉古田の弾圧装置を破壊する。

〈大川〉一〇・三団交が何故けられたのかの総括がなされていない。

〈今〉近代化路線で新古田をつくろうと走り回っているのも事実だ。

〈天野〉確約事項と退陣を実行していく。

〈大川〉総退陣だけでは闘えない。九項目を勝ち取った時点で第一次民主化闘争は終わる。テレビでも団交でもかまわないが、我々からすれば団交の方がよい。学部団交は現実には無理があるから古田体制を打倒するにはどうすればよいのか。総退陣をいかに勝ち取るか、いかに具体的に実行していくか。九・三〇で欠けていたこと。「どうしてやっていくか」を聞かなかったし、考えなかった。これは古田体制打倒につながる、実質化することは古田退陣になる。」


当時の全共闘の様子の一端がみえてくる。雰囲気が一定程度あらわれている。「九・三〇勝利」のうえで、具体的にどう勝利をつかんでゆくのかが問題なのだが、すっきりとはゆかない。大学当局から「理事退陣」の表明があれば、次に進めるという構造になっていた。しかし、九日の理事会の混乱の時点で、出発点がぐずぐずになってしまっていた。交渉自体が成り立たなくなっていた。そのことを全共闘は正確に把握することができないでいた。

この状況を打開する妙案などすぐでてくるものではない。

十月十三日の全共闘会議では「十六日の闘争」についての論議が行われている。日大全共闘の内部にも「すぐにでも国会や文部省にデモしよう」という意見が出ていた。学外のセクトなどが呼びかけていたらしい。全共闘としては「十六日の闘争」には参加しないことを決定している。全共闘としてすぐさま首相官邸・文部省デモに行こう、という意見は否定した。だが、東大全共闘との連帯については、重要だという認識である。

このデモの否定は、日大全共闘へのセクトの介入を嫌ったということである。この時期、セクトとの距離をしっかりとっておこうという意識がまだ強烈にある。日大全共闘というあり方を守っていこう、という意識である。

だが同時に、東大全共闘との共闘は重要という確認も示している。東大内の詳しい状況はわからないが、日大と同様に大衆的な闘争をたたかわれていることを信じていた。東大全共闘となら、セクトなどとは違う共闘がありうると希望的な観測をしていたのである。

では、十月十六日の闘争とはどういうものだったのか。

『東大で集会し日比谷でデモ　反代々木系学生』「十六日午後三時すぎ、学園紛争中の日大、東京教育大、東洋大などから反代々木系学生約七百五十人が東大安田講堂に集まり「学園紛争に対する政府の介入に抗議する集会」を開いた。集会のあと、ヘルメット姿の約六百人が地下鉄で日比谷公園に集まり、午後八時前から文部省に向けて抗議デモを始めた。警視庁は無届けデモのため公園を出ると間もなく規制し、浜松町駅近くまで誘導、学生も同夜九時前解散した。このデモで学生七人が都公安条例違反などの現行犯で逮捕された。また、地下鉄本郷三丁目駅の話だと、日比谷公園に向って乗車した学生のうち約二百五十人が無賃乗車したという。」（『朝日』十月十七日）

日大全共闘が動かなかったことにより、こうした闘争になったのだろう。

日大全共闘の論議とは別に、この頃の学生たちのビラからその心情や考えをみてゆきたい。

*日大内でのビラにみる学生の意識

「日大闘争勝利の為に！　サークル総決起を訴える　文団連闘争委員会　1968・10・19」

「三万近くの学友は確かに全共闘への連帯性を心情的には示したけれども、どれだけの部分が自ら闘う部隊として存在したかははなはだ疑問と言わざるを得ない。単に決定的な瞬間に自らを置くという意味合いと、古田への憎悪をぶつけるに終始したのでなかったか。我々にとって九・三〇の勝利を実体的に保障して行くものは学生組織の団結以外にない。そうした組織実態の欠如の中で展開されている限りにおいて〈古田退陣〉は逆にこの闘争が何ら実体的に勝利し得ない段階において終結させられてしまう当局の武器として転化させられてしまう可能性すら存在する。」

「従って古田の学生への屈服を、ブルジョア総体を背景にしてのテコ入れでもって、再度居直らせる必要が彼らにとって不可欠なものであった。こうした社会的背景の中から古田は十・三大衆団交を破廉恥にも拒否して来たのである。こうしてブルジョア総体の全面的な介入によって、古田ヒエラルキーへむけて我々の攻撃の矛先は実に複雑にして奇妙な形で空間に浮いてしまった。そして理事者退陣の重要項目に関しては、評議会と理事会の間を〝タライ回し〟にし、いまだ何も決着も示されず、この〝猶予〟期間中、学生自らの主体によってこの闘争の局面を切り開く政治接点を求めることが出来ない真空状態が体現されている。

　この間、国家権力は日大闘争を弾圧するに、公安問題を持ち出し、指導部に対し、逮捕状逮捕でもって挑戦して来た。しかも経済学部に於いては、機動隊員一名の殉死の容疑を学生にかける事によって、強制踏み込み捜査を予告し、政治的判断でもって何時でも殺人犯デッチ上げを準備している。しかし、学生のバリケードの死守が当然の事として判っているにもかかわらず機動隊導入を執行した学校当局をはじめ関係各所にこそ、死者を出した責任は求められるべきものである。さらに十・一四郡山に於いて右翼体育系暴力集団がスト破壊を意図して火炎ビンを投入し、火災事件を起こしたのを機会に、警察はこれをスト派の学生によるものとして放火殺人事件捜査と事実究明を口実に常に踏み込みを予定した攻撃をかけている。そしていまだに法経両学部においては仮処分がとりさげられていない。一方、学生戦線分断策動の一環として、理論右翼に指導されたスト破壊工作運動が大規模に展開されている事も又、我々につきつけられる危機的状況としてある。しかもそれは、一般学生として、カモフラージュし、〝学園は民主化しなければならないが手段が異なる〟といった民主的ベールにつつまれている。」

「今後、我々は国家権力（佐藤内閣）とその手先官憲の弾圧、古田反動体制とそのかいらい分子右翼学生暴力集団のバリケード破壊、そしてマスコミの我々の闘争に対する露骨なる偏見的報道等の一定の関連性をもつところの我々の闘争に対する弾圧に対し、強い怒りの反逆的行動を展開していかなければならないと同時に、全共闘の組織的実体を強固につくり上げて行くために、クラス、サークル、ゼミをあらゆる手段を通じて組織化し、其の意識内容においては古田体制を根底的に破壊し、永続的に闘っていくだけの理論的支柱をつくり上げていかねばならない。こうして初めて〝留年と廃校〟の危機的状況をのり越えるところの激烈な闘争を組みえるのである。」

文団連は九月十六日両国講堂で集会を開いたが、そこで永田総長が辞意を表明した。そこにも見られるように、その執行部は大学当局と融和的であった。「右翼学生の秋田議長への手紙」にあるように、右翼学生の動きのひとつとして文団連の動きがあげられている。その集会の直後に、全共闘支持派のサークル学生は執行部を罷免し、文団連闘争委員会を結成していた。

このビラでいう「こうしてブルジョア総体の全面的な介入によって、古田ヒエラルキーへむけて我々の攻撃の矛先は実に複雑にして奇妙な形で空間に浮いてしまった」とは、学生たちの置かれている状況をうまく表現している。そして右翼学生の動きに身構えながら、組織化と理論化によって「留年と廃校」の攻撃に「激烈な闘争」をたたかおうと訴えている。これはバリケードのなかの学生たちの認識と考え方を表現している。

だが学生たちはもう一方で、九月三十日の勝利感をひきずっていた。勝利感というよりは、やるべきことはやりきったという充実感といったほうが正確かもしれない。そのうえ、バリケードのなかにいることそのものに満足し、それを生きがいに感じてさえいたのである。

十月二十日全共闘工学部闘争委員会のビラである。

「すべての学友はクラス闘委に結集せよ！

〝日大闘争〟が学生奪還である以上、学生個々が主体的に考え、闘争に参加しなければならない。逃避は許されない。傍観は許されない！

〝日大闘争勝利〟とは……表面的には五大スローガン及び細目を勝ちとることである。しかしそれらは日大を民主化するための又自治権確立のための最低条件でしかない。我々の目的が自治権奪還である以上、日大の民主化は新しい自治会の下で永遠に続く。我々に課せられている使命は……今すぐ学生自治という問題の中に飛び込み、自治奪還のために主体的に考え行動しなければならない。そして要求項目を勝ち取り闘争終結ののち更に、自治会の下で真の自治を目指して新たな闘争を新たな形態で持続しなければならない。

当面行動すべきことは……クラス闘争委員会、学年闘争委員会及びサークル闘委に主体的に参加し、全共闘・工闘委のもとに結集することである。そして日大学友10万と共に、自治奪還確立のために強固に団結し、限りない討論を行うことである。

基本的人権回復を目指して全学友は立ち上がれ！」

組織強化はどこでも語られている。その先の方針についてはまだである。

経済学部ではバリケードのなかの学部祭「三崎祭」開催のための準備をすすめていた。組織化の具体化なのだろう。そしてバリケードの日常化ということなのだろう。三崎祭は十一月八、九、十日に開催され、大成功だった。

農獣医・獣医学科闘争委員会では、「自治体準備会」をつくっている。

3　芸闘委の試練

＊「学生権力」めぐる混沌

またお騒がせの芸闘委である。九・三〇を前にした時期に出された芸闘委書記局のビラから。

「我々は六月十三日、バリケード占拠以来一貫して自らの手によって学園の管理運営を行ってきた。我々の即自的思考として大学には一切理事者、経営者はいらないという自らの管理組織を構成して行くことによって現実化しつつある。我々は現在点に於いて労働者、学生、人民の手による「大学」などは夢想しない。何故ならそのアプリオリな発想は何ら現実的諸課題に対する現実的な解決とはならないのである。したがって現在の急務は、過渡的綱領の提起であるのだ。帝国主義支配で貫徹している現在における二重権力の創出が急務となるのだ。それは支配体制の徹底的解体を通して我々の〝権力〟の創造なのだ。

九・二九芸術学部総決起集会――スト貫徹一〇〇日（於）芸術学部中講堂　PM3：00

九・三〇大衆団交（於）法学部一号館　PM2：00

一〇・一三全都総動員　スト貫徹一二〇日報告大集会（於）芸術学部大講堂　PM3：00」

八月の夏休み中、芸闘委書記局が学生コミューン論をベースに「学生権力」の主張を始めたことはすでに述べた。この主張そのものが唐突であった。『中間総括』全体は、日大民主化運動の巨大な爆発と発展について謳歌するものだった。このはじめて見る状況に「学生権力」というカッコよさそうな「言葉」を貼り付けてみた。そうしたら、現実の日大闘争がいっそう輝いて見えたのかもしれない。彼らの夢は転がりだしてしまった。「学生権力」をめざす立場、考え方、思想だけが「革命的」なのだと信じこんだのである。「革命的」であることが、なによりもいちばんエライのである。

直後に、第四インターが反応した。書記長の酒井与七、学対部長中沢（学芸大）などが芸術学部のバリケードに出入りし始める。九月のたたかいは彼らの夢をより大きなものにしたのだろう。

橋本によれば、九月十二日の後すぐに栗原はこう言っていたという。

「学生権力はわれわれの主体的力量によってみごとに樹立されているではないか。この構造をできる限り、力の限り継続せよ、五大スローガンを破棄し、日大を完全に学生管理下におくべきである。」（『バリケードを吹きぬけた風』）

だが出てきたビラは、「過渡的綱領の提起」「二重権力の創出」という内容を盛り込んだ学生権力の主張となったのである。それは、そのまま革命の主張だといってよい。

日大全共闘に結集し、支えてきた学生たちは「五大スローガン・九項目要求」実現のため大衆団交で決着つけようとしていた。そのために、右翼の暴力に耐え、九月四日の徹底抗戦をたたかい、十二日までの死闘をやり抜いてきた。九月三十日という日大闘争における最大の決戦を前にしたとき、彼ら書記局の主張「五大スローガンを破棄し、団交を拒否せよ」は、問題にもならない。現実の日大闘争が団交をかちとり勝利することができるのか、その瀬戸際にあるとき、「学生権力」の論議は混乱を呼ぶだけであった。学生の心に届くことはなかった。

第四インターはその時期、「学生権力論」を党の学生闘争の路線として採用したという。その後六九年中には否定されたという。七〇年はじめに聞いたことである。

いずれにしても両者の蜜月ぶりである。そして彼らには目前の九月三十日より、十月十三日の集会が問題であり重要なのである。

栗原と書記局の「革命的主張」の当否は別にしよう。そうしてみると、バリケードが永遠に続いたらどんなにすばらしいことだろう、という心情が浮かび上がってくる。バリケードのなかの学生たちは、バリケードとそこにおける生活に魅せられてしまっていた。経験したことのない解放感に酔っていた。そのなかにいることそのものに、生きがいを感じてさえいた。だが、その共通する心情を表現する言葉を、見つけることはできなかった。

だから、「政治的」言葉で「革命的主張」をするしかなかったのである。それはセクトの論理の外皮をかぶり、不毛な対立へと行き着く。これが一〇・一三集会の呼びかけである。

「日大戦線異常あり！　スト貫徹120日集会

かつての幻影のなかに輝き、ひらめいた旗は、今120日のよごれた真っ黒な手によって支えられているかのようだった。我々は誰によってでもない、自らの手になる旗を創造したのだ。旗をその象徴とした歴史の欠落を我々は、今歩み始めようとしている。幻想を死滅の領域へ――現実を獲得の領域へ――今、我々は本当のことを言わなくてはならない。今、我々は、本当のことを書かなくてはならない。そして何よりも今、我々は本当に行動しなくてはならない。既成秩序に対する全的な挑戦とその解体への闘いを！

全国の闘う労働者・農民・学友諸君！

権力の網のなかでズタズタに切断されつつも、その拠点での深化の闘いのなかから形式的連帯でなく、その類的運動の結合をめざす全ての闘う諸君！

我々には何の組織もなかった。何らの基盤もなかった。あったのは唯、抑圧と弾圧と搾取の制度だけである。しかも知らず知らずの内に「死」を宿す学友の暗い影の中から、我々は蜂起したのだ。陰湿な支配の強迫を微笑と交換した自己自身へ徹底的な拒否を通して、今、我々の戦線を結成しようとしている。ブルジョアの大学支配への決別を、今、我々は長期的実力敢行占拠の中から、進めようとしている。

全国の闘う全ての労働者・農民・学友諸君、心から熱烈な団結と連帯の意を込めて、我々はこの招請状を送る。

日本大学全学共闘会議芸術学部闘争委員会
〝日大戦線異常あり〟　一〇月一三日午後二時　芸術学部」


この招請状がいつ書かれたのかは不明である。九月三十日の前なのか後なのか。いずれにせよ、日大闘争そのものは問題外になっている。

そして、この集会の目玉は各セクトを呼び公平に話させるというものだった。主観的には「連帯」ということなのだろう。だが第四インターにとっては、日大に組織をもてなかったが、日大生を前に話すことができる。そんな素敵なことはないのである。

この「学生権力」をめぐって芸闘委はすったもんだの大混乱に陥った。

さらに彼らは「日大闘争スローガン」というものを出してきた。それは「過渡的綱領の提起」そのものである。一九二九年に始まる世界恐慌に対してトロツキーが提起した「過渡期綱領」の引き写しである。その第一項目が、「銀行資産の凍結」である。「日大闘争スローガン」の第一項目は「日大の銀行資産の凍結」であった。

この議論は最初から全体会議に持ち込まれた。ほとんどの学生は書記局の主張を理解できないでいた。連日の討論でうんざりしてくる。彼らの主張はよくわからないが、「非現実的な空論」だと感じ、そう理解した。

＊「学生権力」騒動の結末

十三日を前に次のビラが全体会議に提起された。岩淵が書いたものである。執行部会議の機能不全、全体会議の消耗な討論による停滞感にいらだったのだろう。橋本は「この動きには全共闘中枢の中核系から桑原を通じて働きかけがあった」と言っている。それはよくわからない。だが、栗原が暑いバリケードの中で夢想した「学生権力」は、党派対立に収斂されていったといってよい。栗原や橋本の、全共闘の学生たちの「五大スローガン」「大衆団交」の要求とたたかいとは違うレベルの、「革命的」スタンスと考えを主張したいという性癖ともいうべき思いのなかに、すでに胚胎していたのである。それはセクトの性癖とそっくりなのである。

「最近の執行部の怠慢が、拡大執行部及び活動家全般のニヒル化、怠惰化をひき起こした重要な原因であった事をはっきりと認識し、執行部及び拡大執行部の再編強化の為に、解散する。

ただちに各学科は、代表を選出せよ！

また、以後芸術学部闘争委員会の活動を、先進的に荷なっていく指導部として、戦う意思のある学生は、ザンテイ執行部へ結集せよ！

以上、執行部解散宣言。

十月十二日
怠慢家共を革命的に止揚し芸闘委の前進を勝ちとれ！

学生諸君、芸闘委執行部はこの間、学生権力と叫び、あるいは、戦う自治会と叫び、そして、全共闘批判をくりかえしてきた。しかし、学生諸君、我々はその実体をはっきりと保証しえただろうか！

芸闘委執行部は、学生活動家の内実化をとなえながら実体としてなんら活動をする事なく、それをサークル、あるいは各種研究会といった形で活動を行っているところの諸君に肩がわりさせていった。

そして、その結果数多くの学生の不信と不安をかきたてニヒル化、あるいは怠惰化を生み出してきたのだ。

学生諸君、ギマン的に事を見すごすのは止せ！

学生諸君、我々の間に、運動論的対立があるのならそれをはっきりと出して行こう！

学生諸君、理論闘争の中で、芸闘委の実体を保証して行く活動家諸君の結集を勝ちとっていこう！」

それでも十三日の集会は千人ほどの学生を集めて開かれた。日大闘争はいまだ大きな注目を集めていたといえる。だが、栗原や橋本の夢想したものとはならなかった。それは当然だったといえる。現実の日大全共闘と日大闘争を否定して、別の何かをつくろうという無理な企てだったからである。そして、セクトを集めて何かができるなどという発想そのものが陳腐である。彼らにしても、七〇年に向かう政治過程において日大闘争の爆発をどう政治的に利用するかしか考えないセクトの有り様はよく知っているはずだ。だが時代は、新左翼という存在に明るい希望を持っていたのである。そのはざまで起こったことともいえる。

＊消耗感だけが残った

芸術学部では、事態が激しく表れた。それは芸闘委の組織の性格によっていると思われる。こんなに分裂的な事態を経験している闘争委員会もめずらしい。全共闘を構成している学部闘争委員会も一様ではない。全共闘でも以前の自治会をベースに成り立っている学部闘争委員会は多い。経済学部、理工系学部、農獣医学部、文理学部三島などが典型である。自治会は右派に取られているが、反対派として一定の組織を保持していて学生からも承認を得ているというのが、法学部、文理学部である。

芸術では、自治会は弱いとはいえ左派がとっていた。そのグループが動き出せずにもたもたしているときに、別のところから少数派が芸闘委を結成し、闘争をリードしてしまったという経過がある。それまで組織など経験していない者が中心なのである。その走り出した無党派の学生に、以前から新左翼運動を経験していた少数の活動家がくっついているという姿である。

だが芸闘委は、全共闘の精神、直接民主主義を全力で体現しようとしていた。なにしろ、自由という言葉が何よりも大切であった。だから、七月には元の自治会グループと芸闘委執行部との対立から、写真学科のバリケードからの逃亡という事態があった。それは学生たちに重いものをかかえこませたが、それは自由な討論の結果だと受けとめてきた。そしてまた、今回である。それは学生たちを傷つけることになった。だが、自由であることとはそういうことでもあると考える部分を共有していたのかもしれない。

彼ら栗原・橋本、そして第四インターの「革命的」主張の最大の問題点は、日大の右翼支配とどうたたかうのかという視点を欠落させていることである。これこそが日大闘争の核心なのである。「コミューン」であれ「二重権力」でもいい、勝手につくればいい。だが、日大で何かを始めるならば「六月十一日」という現実とたたかわなくてはならないのである。栗原は、九月十二日の時点で「学生権力は樹立されている」と考えたようであるが、九月三十日の勝利があっても日大は基本的には変わっていない。右翼勢力との本格的衝突に勝利することなしに日大闘争の前進と勝利はないのである。そう身構えている日大生も少なからずいた。栗原・橋本の主張は、そんなことはどうでもよい、どれだけその主張が「左翼的」「革命的」であるかだけが問題なのである。

その問題と表裏一体なのだが、全共闘と日大生の「五大スローガン・九項目要求」「大衆団交要求」を、彼らは全否定してしまったことである。だから彼らの言葉は日大生にはまったく届かなかったのである。

この「革命的」な主張は同時に、九月三十日の勝利と十月一日の佐藤発言という日大闘争の局面で、これといかに対決するのかという視点をもたないものだった。だからそれは不毛なものになってしまった。全共闘は立ちどまり、空白の時間をつくり出してしまった。ただ「組織強化」といって身構えていただけである。だが、彼らの「革命的」主張もまた佐藤発言という現実を突破しようというものではなかった。問題は現実の日大闘争なのである。そして、つぎの一歩をどこに向かってどう踏み出すのかということだった。

橋本は「この集会以降、書記局は急速に影響力を失った」と言っている。栗原はいつともなくバリケードから消えていた。

だが、これで決着がついたわけではない。十月二十一日の夜中、日付も変わってしばらくして第四インターの酒井と中沢が「騒乱罪が出たので、一時避難させてくれ」と、バリケードを訪ねてきた。もちろんそれは受け入れられた。

バリケードのなかのものは全員、全体会議に参加しなくてはならない。そこでは誰が、何を言おうと自由である。酒井、中沢はまたも「学生権力」を論じだした。セクトの最高幹部の論理は、立派に見えた。そうであればあるほど、学生たちは反発し、それを嫌った。いつしか、彼らも姿を消した。

バリケードのなかには消耗感だけが残った。

4　空白の十月、居座る古田

日大闘争の十月は「空白」であった。九月の激闘から一転しての空白である。古田と理事会は学生の前から姿を消してしまった。全共闘は有効な方針を打ちだせないでいた。全共闘は立ち止まっていた。佐藤発言をとらえて、国会や首相官邸へのデモという方向もありえた。だが、全共闘はそれをとらなかった。時間だけが残酷にすぎてゆく。

＊一〇・二一国際反戦闘争

気の滅入るような論議にうんざりしていた芸闘委の学生は、祭りの日のように「一〇・二一」を迎えた。佐藤発言以後の日大闘争の膠着状態に対するイライラもあったのだろう。武蔵大学の自治会に申入れ、江古田の駅前で統一の反戦集会を開くことにした。日大生はこういうしかけが大好きなのである。「江古田学連だ」などといって、喜んでいた。昼過ぎの江古田駅前は学生で埋まった。

日大生は、それぞれ好みのセクトのヘルメットを被って、好みのところへ向かった。ブントの防衛庁、中核・ＭＬ・第四インターの新宿駅、革マル・社青同解放派・構造改革派の国会などである。ただ、セクトの隊列に加わっていた数はそれほど多くはなかった。しかし、かなり大量の日大生がバリケードから出かけていった。この日、バリケードのなかはガラガラだったたという。そして、激しい政治闘争を経験することになった。

私もはじめてセクトのヘルメットを被り、新宿駅を走りまわった。構内は学生たちで溢れ、機動隊を追いだした。飛礫の力である。九月の神田の状況が再現された。

駅東口での総括集会のあと、地下鉄丸ノ内線で池袋にでて、江古田に帰った。午前零時十五分新宿駅周辺に騒乱罪が適用されたことをそのとき知った。七〇年にむかう政治の季節が確実に始まっていた。

一〇・二一闘争に大量の日大生が参加したこのとき、日大生のなかにセクトの選択という問題がでてきたともいえる。だがそれは好き嫌いのレベルの問題で、本格化するのはもう少し先のことである。バリケードのなかの学生たちは佐藤発言以降の困難な状況のなか、日大闘争の個別日大的解決に疑問を感じはじめてもいた。セクトの「革命的な」はなしに心を動かされる学生も出てきたのである。

＊一〇・二五歯学部団交

この空白の重圧に耐えきれないものが出てきた。

二十五日の午後、理工学部の全共闘本部に「歯学部で団交が行われていて、バリケードが解除されようとしている」という知らせが届いた。歯学部闘争委員会は革マル派がリードしていた。全共闘会議には代表を派遣しないで独自の動きをしていた。歯学部内にもそれに反発する全共闘派の学生もおり、その学生からの知らせである。

とりあえず居合わせた学生たちが、会場だというお堀端の千代田公会堂に走った。公会堂は区役所の最上階にあった。全共闘の学生たちは狭い階段を一気に駆け上った。急に前の方が止まり、私は階段の途中で身動きできなくなってしまった。かなり長い間その状態が続いた。

「参加しようとした全学共闘会議の学生と同学部体育会系学生との間に乱闘が起こり、全共闘側に負傷者がでるなどしたため会場は紛糾、団交は全理事退陣など二、三の決議を教授会側に認めさせただけで流会した。」（『朝日』十月二十六日）

歯学部団交は入口を右翼・体育会に防衛させて行われていた。逆に言えば、団交は右翼・体育会の威圧のもとに開かれていたのである。そして、同盟員やシンパを卒業、進級をさせたい革マル派の意図と、右翼の意図とが一致して学部団交がもたれたのだろう。全共闘の介入でそれは阻止された。歯学部のバリケードも翌年まで保持されることになる。

大学、右翼勢力の巻き返し工作は確実に進んでいるのである。

＊古田、居直る

十月三十一日、次年度の予算を決める評議委員会が開かれた。後の記者会見で古田は「十月中に作業を終える予定だった寄付行為（定款）の改正時期はまだメドが立たず、これができるまでは理事の退陣はない」と述べたという。これは九月三十日の団交以降はじめて自らと理事会の退陣の発言である。古田はここで完全に居直ったのである。（『朝日』十一月一日）

さらに十一月九日、日大出身国会議員団、日大後援会、校友会、教員連合会の四者が理事の総退陣を勧告するために、代表として国会議員五名が古田と会ったという。ここで古田は即時

退陣の言明は避けた。さらに後援会が開こうとしている十日の「全学父兄会」への出席要請も拒否した。（『朝日』十一月十日）

こうして古田の居直りにより、日大闘争は振り出しに戻ったといえる。

そして、十一月の新たな激闘が始まるのである。

＊動き出す右翼学生

古田の居直りと軌を一にして、右翼・体育会学生の動きが一気に活発化する。

十一月四日農獣医学部でスト反対派と衝突が起こっている。この日、昼過ぎ校庭に集まっていた四、五百人の学生に右翼学生が「ストを終わらせ、授業を再開させよう」と呼びかけ始めたという。闘争委員会は右翼粉砕の集会を開いた。その後、マイク合戦が続いたが、いったんは講堂に入って「スト続行か、解除か」討論しようということになった。右翼学生は「講堂に入るのに本館の正面入口を通せ」と主張し始めた。本館正面は闘争委員会によって封鎖されている。右翼がバリケードに手をかけようとしたので衝突になった。「双方合わせて十数人の負傷者がで、闘争委の最首幸一委員長も胸にケガ」（『朝日』十一月五日）

五日には、商学部のバリケード内で火事が発生している。

「五日夜八時半ごろ、東京都世田谷区砧町の日大商学部で、プレハブ二階建の建物八百四十五平方メートルのうち、約四百平方メートルが焼けた。成城署の調べでは焼けた校舎はおもにクラブ活動の部室として使われており、同日午後ゼミナール連合会が一階で会合したという。また出火当時、二階の中小企業研に学生がいたようだと大学当局はいっている。同署は「火元は一階のようだ。学園封鎖で校舎の管理が悪かったようだから失火ではないか」といっている。同署が商学部闘争委員会に「六日現場検証のために構内に立入る」と通告したところ学生たちは了承した。本館に泊り込んでいる占拠中の学生たちは、本館が、出火した校舎と離れているので、出火したときは気づかなかったという。校門もバリケードで封鎖されていたが、成城消防署の話では、学生たちが、消防車の為にバリケードをとりこわしたので消火のさまたげにはならなかった。」（『朝日』十一月六日）

消防署は現場検証もまだ終わっていないうちに「失火」と決めつけているが、全共闘は放火ではないかと最初から疑っている。

八日未明には右翼団体「関東軍」と日大の右翼・体育会約三百名による芸術学部バリケードへの襲撃が行われた。

九日の新聞には「10日に授業再開全学集会・日大講堂」という広告が載った。

「日大生の皆さんへ

授業再開と学園改善の全学集会を行いますのでお集まり下さい。

日時：十一月十日

場所：日大両国講堂

昭和四十三年十一月九日

主催：日本大学経・短学部民主化協議会

日本大学・学生有志会
日本大学文理学部民主化促進委員会
日本大学商学部学生会・他諸団体及び有志」

古田の居直りと軌を一にして矢継ぎ早の攻撃である。だが、この全学集会は中止となる。この日、日大後援会の「全学部父兄大会」が行われることになったからである。右翼勢力が一斉に動き出したため、こんな混乱も起こったのである。

＊父兄会

十月八日、十一学部の学部後援会の会長連合会が、授業再開の具体策を十五日までに示すように、という要望書を大学に出した。

十月末から父兄たちの動きが活発になってゆく。それは、大学側の卒業・留年の不安をあおる宣伝にものって大きくなっていた。大学と日大後援会がこれを糾合しようとしたものが、十一月十日の日大講堂で開かれた父兄大会である。この日、全国から六千人の父兄が集まった。ここに、全共闘も三百人が参加した。後援会幹部たちは、全共闘を排除しようとした。この最中に、司会をしていた後援会幹部が六月十一日に経済学部で全共闘に暴力をふるった学生の兄であることが暴露された。その司会者は、突然「流会」と叫んで逃げ出したのである。この日は、芸術学部での右翼との衝突の二日後である。右翼の側も、この日は緊張して参加していたのだろう。四十分ほどは混乱したが、大会は続けられ、古田会頭の退陣要求、古田会頭を背任・横領で告訴、闘争期間中の授業料は支払わない、などを決議した。結果は、大学や後援会の思惑とは違うものになっていったようである。

翌十一日には、父兄会実行委員会が結成され、各学部にもつくられてゆく。

十五日には、父兄代表が古田会頭と会い、退陣要求をしている。

＊始まる逮捕、経済四年の授業再開

十月四日に出されていた逮捕状による逮捕が始まった。十月二十六日には、全共闘組織部長今章が逮捕された。これに対する神田署抗議デモで十四名がさらに逮捕された。続いて十一月十七日には、長野県で開かれた父兄大会に参加した帰り、法闘委委員長酒井が、十九日には経短委員長樺山が逮捕された。十八日には別に、経済学部の一名が現行犯逮捕されている。

全学的な後援会による父兄会開催の動きとは別に、経済学部の四年生の父兄と授業再開派の右翼学生によって、十一月四日日大講堂で集会がもたれた。ここで、経済学部当局は四年生の授業再開を約束した。ここから経済学部の授業再開策動が先鋭化するのである。

十四日経済学部は、翌年の卒業予定者のうち二千五百人が単位不足のため、授業を再開し、集中授業を行うと発表した。場所は、経済学部一部が世田谷区松原の日本学園、二部は千代田区神田美土代町のＹＭＣＡ、短大は一部二部ともに北区東町の阿部学園。

だが、三カ所の会場はすべて使用を断られ、延期されることになった。

5　芸術学部をめぐるせめぎあい

＊十一月八日未明、芸術学部バリケード

十一月七日の夕方である。二階の執行部室に「空手部のヤツがバリケードを壊している」という知らせが入った。ベランダに出てみると、一人の学生服の男が講堂の壁に立てかけられた鉄骨の構造物に登っていた。それは夏休みのあいだにバリケード構築委員会、通称バリ隊がつくり上げた「象徴としてのバリケード」である。私の横に立っていた冨所が牛乳瓶を投げつけた。それは鉄骨にあたり割れた。学生服はするすると降りると、正門のバリケードから出ていった。その日は、空手部の何人かが部室に出入りしていたという。

その頃、右翼が動いているという情報がバリケードにもとどいていた。執行部では緊急体制を取ることとし、六日の全体会議に提起していた矢先である。

日付が変わって八日の午前三時頃、校門前の道路を千鳥足の酔っ払いが歩いてきて、バリケードに立てかけてある看板を蹴ったという。バリケードのうえからやめるよう注意したが、やめないのでその日の防衛責任者の美術学科委員長梅津が道路に降りた。その途端、暗がりから大勢の男たちが飛び出してきて梅津に襲いかかった。ここで梅津と二、三人の学生が拉致された。難を逃れた学生がホイッスルを吹いた。

私はその笛の音を四階の小部屋で聞いた。すぐに二階に降りた。正門のほうにはまだ人の姿

は見えなかった。執行部室に入り裏を覗くと、工事用の塀で見えないが砂利を踏んで歩く音が聞こえた。「裏からも来てるぞ」と叫んで、二階に降りていた七、八名の学生を集めて映画スタジオ側の階段に向かった。裏から来ているということは、地下の食堂から入り込むつもりだと判断した。地下食堂は日常使っていたため、そこまでのバリケードは人が通れるようになっていた。それを埋めようというのである。机とイスを投げ込めるだけ入れ、最後に黒板の前の教壇を四人がかりで運んでいちばん上に置いた。ここがバリケードでいちばん弱点になっていることは承知していた。

その頃になると、映画学科のスタジオの屋根に右翼が上ってきていた。彼らは御揃いの作業着を着て、白いヘルメットを被っていた。ヘルメットの前面には赤いテープでバッテンがつけられていた。「赤はだめよ」ということらしい。なかには機動隊の楯と同じような金属製の楯を構えている者もいた。彼らはスタジオの屋根瓦をはがして一斉に投げ始めた。スタジオと本館とは数メートルしか離れていない。二階を放棄して、全員三階へ上るように指示した。

ここで芸術学部の校舎とバリケードについて説明しておく。六八年のこの頃、学部敷地の三分の二では新校舎建設の真最中だった。正門側の本館と講堂棟だけで授業が行われていた。そのあいだは工事用の鉄板で仕切られている。工事現場では四棟の新校舎と学生ホールの建物、あわせて五つの建物がつくられていた。この十一月の頃には建物はほとんどできあがっていた。だから、工事現場のほうが授業で使われている敷地より倍以上広いのである。そこで正門側は、建てられるところにはプレハブの教室をつくったため狭い中庭はもっとせばめられていた。

バリケードはまず正門につくられている。それによって、工事現場を除けばすべて芸闘委の管理下にあるといってよい。学生がいつ登校してきてもよいようにである。昼間は学生が出入りできるように通路が開けられている。正門のバリケードは、昼間は学生が出入りできるように通路が開けられている。夜間は、その通路にもバリケードが組まれ、その上に警備隊が交代でつくようにしていた。

本館のちょうど半分を芸闘委は占拠し、バリケードがつくられている。校舎を真ん中で仕切っている防火シャッターを利用して、中庭に面している部分を使っているのである。一階はバリケードで埋められ、中庭から二階のベランダに梯子が掛けられ、そこから出入りするようになっている。階段は二カ所。防火シャッターのすぐ横と映画スタジオ側の校舎の隅にある。スタジオ側の階段は、地下食堂へのバリケードには通路がつくられているが、三階へは頑丈なバリケードで封鎖されている。シャッター側の階段のバリケードは二階から三階に上るには人一人が横にならないと通れない狭い通路が開けられている。ここが校舎内の防衛線になっている。二階は会議その他の活動では使用するが、生活は三階、四階で営まれている。だから、三階への撤退は予定された行動なのである。

三階に上がり、バリケードのうえに十名ほどが布陣した。すぐむこうの放送室では岩淵が演説している姿が見える。イスに座ってアジっているのだが、イスごと飛び跳ねているように見えた。全員に勇気を与え続けようとしているのだろう。

長い時間、変化は起こらなかった。

私はバリケード内を見回ることにした。三階、四階には学生はおらず、みな屋上に集まっているようである。屋上にあがると、石が飛んできた。新校舎の屋上には右翼の姿が十名ほど見えた。新校舎のほうが本館より高いので危ないのだが、あらかじめ石が用意されているわけではないので、それ以上石は飛んでこなかった。芸闘委の学生は講堂の側に集まっていた。そこにいってみると、小講堂から本館のバリケードのない入口に右翼が入ってゆくのがみえる。私も石をふたつほど投げてみた。なかなか当たらないものだなと思った。そして三階に戻ることにした。

放送室では岩淵が飛び跳ねていた。バリケードのところでは、下に右翼が来ているという。右翼が顔をのぞかせた。すかさず牛乳瓶が投げられた。ビンは踊り場の壁にあたって見事に破裂した。右翼は消えた。また、しばらくすると右翼が顔をだす。その繰り返しが延々と続いた。

＊反撃する全共闘

芸術学部への右翼の襲撃は、名倉によって情報部の電話から理工学部の全共闘本部情報局へと知らされた。そこから各学部のバリケードに連絡された。

神田の法、経、理工学部は始発電車を待って出発することにした。始発は御茶ノ水駅を四時半に出る。その夜理工学部にいた桑原は、始発が待てずに情報局の車で先に出発したという。農獣医学部、文理学部は私鉄沿線にあるため始発が遅いので、タクシーで江古田に向かった。

「８日未明、芸術学部に於いて右翼「関東軍」のバリケード破りがあった。我々は、Ｓ・Ｇ・Ｎ等16名でタクシーで駆けつけた。江古田に着き、駅の電話ボックスの近くに集まった。そのときすでに、右翼レポが踏切の近くにうろうろしていた。かなり緊迫した情勢で、様子を知るため芸闘委に電話をかけたりしているうちに芸闘委の学友が殴られた顔をして、駆け寄って来た。ひとまず近くの学校に集結しようと決まり、緊張して走った。広い通りに出た時、文闘委の学友が手ぶらでたむろしていた。武器が無いということで、車で運んだがまだ着かないという、のん気である。ともかく、全員70名近く武装して、右翼を粉砕に突撃する。すでにかなりの警官がいたが完全に無視し、前を堂々と隊列を組んで右翼粉砕に無茶苦茶に走って、芸闘委の校舎が見えるところまで来た。異様な雰囲気だった。我々は2班に分かれ裏と表へ向かった。我々は前から突っ込んだ。俺は始め全共闘が来たんだから、右翼は逃げ出して来ると思った。しかし、逃げるような奴は、我々が着く前に逃げ出していた。我々は門から突入し、立て看板で投石から身を守りながら進んだ。あたりはまだ暗かったので、どこから飛んでくるか分からない。」（農獣医学部・原島）

「殴られた顔をした」「芸闘委の学友」というのは桑原のことである。桑原の乗った車は江古田に着くと、いきなり右翼の真ん中に突っこんでしまったという。そして車は電信柱に衝突した。そこで桑原は顔にケガをした。

桑原は裏に回った。そこには校門で拉致された学生二名が素っ裸にされていたという。それを見た桑原は頭に血が上り突撃した。右翼はそれを見てバラバラに逃げ出した。

バリケードのなかでは、二階と三階との間でにらみ合いが延々と続いていた。

中庭に異変を感じた私は、窓からのぞいた。正門から白ヘルメットの部隊が入ってきた。新しい右翼部隊かと思ったのだろう、石がいくつか飛んだ。その部隊は映画学科シナリオコースのプレハブ棟によって投石を避けている。その先頭の男が両手を振りながら叫んだ。「全共闘だ。全共闘の大川だ」神田地区の全共闘部隊が到着したのである。私も叫んだ。「芸闘委だ」「気をつけろ、二階は右翼だ。三階以上が芸闘委だ」そして放送室の岩淵に「全共闘が来た、投石をやめさせろ」と叫んだ。岩淵は窓辺にやって来きて、確認すると放送室に戻った。

階段付近に学生が集まりだした。放送を終えて岩淵が来た。情報室の電話の前から名倉も来た。私は「さあ、行こう」といって階段を降りようとした。岩淵が私を押しのけるように「オレが先に行く」といって階段を降りた。名倉がすかさず続いた。私も続いた。

階段の下には五人の右翼が角材をかざして並んでいた。階段の上の三人と、一瞬にらみ合いになった。すると端の右翼が、すぐ横のトイレに飛び込んだ。緊張が解け、右翼は全員トイレに逃げ込んでしまった。トイレのドアを開けようとした。必死で押さえているのだろう、ドアはびくともしなかった。芸闘委の学生もどんどん降りてきてそこに集まった。そこはまかせて、中庭に降りることにした。

中庭には誰もいなかった。屋上から見たとき右翼が動いていた、講堂と本館の間に行った。いきなり小講堂から大きな男が二人飛び出してきた。私は右の男に角材を振りおろした。角材は左肩に当たったが、簡単に折れてしまった。二人の大男はそのまま本館に走り込んでいった。すぐに、今度は三人の大男が飛び出してきた。それを追いかけて学生たちが出てきた。先頭の学生が「眞武さん、ここはまかせてくれ」と叫んだ。文理の衛藤（史学科二年）である。全共闘の学生たちと合流したのである。彼らは、右翼を追って本館に走り込んでいった。

私は一息つくことにした。中庭の焚火の場所に行った。その場所は、何かにつけて火を盛大に燃やした。あるときは学生たちは周りで激しく踊り、あるときはじっと火を見つめた。バリケードの一つの中心のようなところであった。だがいまは、火は燃えてはいない。

*長い一日

状況を見にいくことにした。講堂と本館の間の狭い場所には、大きな体の右翼が何人も倒れていた。そのまま本館に入り、進むと放送学科のスタジオの前に全共闘の学生たちが集まっていた。なかに右翼が逃げ込んでいて、いろんなものを入口に向かって投げつけていた。法闘委委員長の酒井がいたので、ここはお願いして戻ることにした。

本館入口まで戻ると、三人の学生が一人の右翼を殴りつけていた。右翼は、空手部部長の田中だった。私は、止めることもできたが、黙って通り過ぎた。焚火は、すでに燃えていた。自然とそこが本部となっていった。空が明るくなってきていた。これからが、長い一日だった。

最初に出した指示は、倒れている右翼を学部のとなりの練馬病院に送ることである。大学にあった担架と病院で借りたもので、運んだ。「約九十人の学生がケガをして病院で手当てを受け、うち三十一人が入院した。」(『朝日』夕刊十一月八日)

しばらくすると、放送学科のスタジオに立てこもった右翼が、全共闘の呼びかけに応じて、抵抗をやめて出てきたという。美術学科のプレハブ教室に収容することにした。一列になって出てきた大男たちは、六十名を超えていた。その後、講堂棟や本館内の各所に追い詰められた右翼が、捕まって連れられてきた。プレハブ教室は百名以上の右翼でいっぱいになった。右翼は、針金で後ろ手に縛られた。バリケード構築用の針金しかなかったのである。

ここで、右翼一人ひとりに、名前、所属、誰に言われてやってきたか、などの尋問が行われた。これは時間のかかることだった。その頃には、破壊された正門バリケードの前には機動隊が押しかけていて、いつでも構内に入るという勢いを示していた。警察は、右翼が優勢のときは好きにやらせ、右翼が負けたとなると救援に学内に入ろうというのである。正門では全共闘とのにらみ合いが続いた。

そんなさなか、文芸学科教授の三浦朱門ら三名の教員が現れて、学内の状況を見せろ、早く右翼を解放せよ、などと言ってくる。

私は、見せてやれといったが、どこまで見せたのかはわからない。

尋問の終わった右翼から解放していったが、それは午後三時にまでなった。夜中の三時からである。夜明けからはほとんど焚火の前にいたのだが、この日はへとへとであった。

＊襲撃者たちの正体

襲撃してきた右翼は、三つのグループに分けることができる。一つは、空手部を中心にした芸術学部の体育会である。二つ目は、柔道部を中心にした日大本部体育会である。三つ目は、飯島という拓大出身の右翼によって集められた集団である。この集団は、拓大、東海大などの右翼学生を中心に、新宿の和田組の組員を名乗る暴力団員や金で雇われたという労務者までいた。飯島は、襲撃が成功すれば報酬が約束されていたという。その飯島は、右翼団体「関東軍」を結成していて、十月二十一日には新宿で旗揚げを行った。だから、芸術学部襲撃の日には全員胸に「関東軍」の刺繍の入った作業着が配られていた。

これらの各グループは、江古田の柔道部合宿所に集結したという。そこには、芸術学部学生課職員の中山がいたという。バリケードを陥落させたら、委員長は半年くらい学校に出てこれないようにやる、そのほか執行部のヤツらは三か月くらいにやる、などということが話されていたという。これは、当日の尋問やのちの裁判で明らかになったことである。

明らかに日大内の右翼勢力にかげりが見えてきている。自分たちだけで部隊を集めることができずに、他大学出身の右翼ブローカーに頼まなくてはならなかったというのが実情である。古田理事会の混乱で、右翼の勢力内に分裂などがあったのかもしれない。

警察も、この右翼の動きを放っておくことはできず、右翼も九名が逮捕され、六名が起訴されている。その六人である。(『朝日』十二月十八日)

田中元和(芸術学部空手部主将)、平野諦寛(芸術学部運動部代表)、古賀隆助(日大本部柔道部主将)、本吉松博(日大本部テニス部)、飯島勇(開発会社社長)、恩地宗武(同社社員)

日大当局には手がつけられてはいない。当日の柔道部合宿所の会合には、日大職員が参加しているのは明らかであった。さらに、おそろいの作業着にヘルメット、そして警察と同じようなジュラルミンの盾まで用意されていた。その資金の流れを、警察が調べなかったというのもおかしな話である。佐藤発言の意図がここまで貫徹されている、と考えるべきなのだろう。

その後のエピソードである。

柔道部の古賀とは九月三十日の夜に柔道部合宿所で会ったことはすでに述べた。私も逮捕されて、警察署から検察庁に送られるバスの中で古賀とばったりまた会ったのである。検察庁の地下の同行室でも席が近かったので、話をすることができた。彼は卒業を控えて、すでに警視庁に就職が決まっていたという。柔道の学生チャンピオンから、日本チャンピオンを目指すつもりだった。だが、逮捕されてそれは全部パーになってしまったと、しみじみと語っていた。

空手部の田中は、池袋駅で見かけるとスーツ姿で就職をしたらしい。だが、足を引きずりながら歩いていた。その後、江古田の食堂で出会ったこともある。まだ大学周辺で生活していたようだ。学生たち個々人には、それぞれの傷を負わせている。

だが、こんな個人的エピソードですまないのが飯島のその後である。芸術学部バリケード襲撃では、報酬が約束されていたという。だが、襲撃は失敗し、警察沙汰になり、その報酬は支払われなかったのかもしれない。だが、飯島は日大にダニのように食いついた。大学闘争や労働争議専門のガードマン会社をつくり、バリケードが破壊されて以後の日大に闘争を押さえつけるための暴力ガードマンを派遣した。少なくとも文理学部では七六年まで、それは続いている。飯島は、十分に報酬を受け取ったのかもしれない。それは、その後の日大生の学生生活に影を落とすものとなっていった。

＊十二月十二日機動隊導入

十二月十一日夜、全共闘より「あす朝芸術学部に機動隊導入の情報あり」と伝えられた。ただちに執行部会議を開いた。「徹底抗戦」の方針に誰一人、反対するものはいなかった。七月の討論以降、闘争委全体があらかじめ確認されたことを再確認した、という感覚である。

そのうえで、執行部としては間宮副委員長、岩淵行動隊長がバリケードに残る。眞武委員長は外に出る。執行部ではないが、桑原も外に出るという決定をした。各学科については、あとの運動のために必要な人数を外に出す。その人数、人選は学科にまかせる。

そう決定して、全体会議を招集した。場所はいつもの小講堂ではなく、バリケードのなかの二階の教室とした。学生たちはすでに情報を聞いていて、緊張しながら集まってきた。

私は、執行部会議の決定をそのまま伝えた。「徹底抗戦」の方針に反対するものはいなかった。徹底抗戦に反対のものは、ここまでバリケードに残ってはこれなかった。

つぎに、全共闘救対部長中村満が、逮捕時の心得を話した。この中村満、彼は前年の十月八日、佐藤首相のベトナム訪問反対の羽田闘争で、警察から奪った装甲車を運転して京大生山崎君を轢き殺した犯人として逮捕された「N君」である。彼は逮捕直後に退学処分を受けていた。だが、彼は日大闘争に参加し、逮捕の経験を生かして救対部長を引き受けていた。

会議はそれで終わった。各学科では、残るもの、出るものの人選に入ったはずである。

夜中の二時、出るものは中庭に集まり、板橋の大谷口にある医学部に向かった。医学部もストライキに入っているが、ほかの学部のようなものものしいバリケードはつくられていない。医学部にもスト反対派はいるが、運動部に入っている学生は活動的な部分でむしろ闘争に積極的、または好意的なのだという。他学部のように右翼・体育会という存在がないらしい。また、隣につながって日大板橋病院があり、患者のために遠慮しているところもあるらしい。

私たちは、事務所のようなところに落ち着いた。

朝六時を過ぎてくると、空は高いところから青くなりはじめる。午前七時、どうも今日はこないらしい、と判断した。自分たちのバリケードに戻ることにした。

バリケードに落ち着き、一眠りすることにした。布団に横になり、うとうとし始めたころである。「機動隊だ」という声で飛び起きた。ぼんやりしたまま、四階の部屋から正門のバリケードに向かった。桑原と一緒に正門のバリケードを乗り越え前の道路に飛び降りた。江古田駅方向の道路にはすでに機動隊が並んでいた。反対の医学部へ向かう道を歩き出したときである。「おっと、いけねー、忘れ物だ。先に行っててくれ」というと、桑原はバリケードに戻っていった。私は、その言葉のままに歩いていた。あ、残るつもりだ。寝入りばなを起こされた頭が動き出したのかもしれない。チキショー、思わず声が出た。私は医学部に向かって走った。

＊徹底抗戦ふたたび

この日、午前九時過ぎに機動隊が現れた。そして九時半には学部周辺を取巻き、配備を終えた。バリケードからは散発的な投石が始まった。九時四十五分、正門と裏門で「これから検証、捜索、差押えを行うので退去するよう」との練馬警察署長名で警告が行われた。機動隊は、いきなりガス弾を撃ち込みはじめた。（『朝日』夕刊十一月十二日）

バリケードに残った学生は、逮捕・起訴され、出所後の六九年二月にこう記している。

「朝九時半ごろ機動隊が正門バリケードを破壊し構内に侵入してきた。新館側からも大勢の機動隊が本館に近づき、ただちにガス弾を我々のいる本館内に向けて打ちこんで来た。本館内はガスの粉で目があけていられない程だった。ぼくが新館の方を見ていると、向かいの新館の四階にいた機動隊員はぼくに向けてガス弾をねらい打ちし、窓ガラスを破って飛びこんで来た。ぼくは危うく身をかわしガス弾の直撃をよけたが、そのガス弾が部屋の中のぼくのすぐ横の床に落ちて破裂し、全身にガス弾の粉をあび、全身が火傷のようにひりひりして来た。そして中講堂の屋上に出た。機動隊がわれわれに向けてガス弾を水平にし、ねらい打ちしてくる。中には、我々に石を投げる私服公安もいた。講堂の下に、機動隊員が大勢来て、我々のいる屋上をとりまいていた。

そして屋上の下の閉まっている鉄のドアを切断機で破壊し中に入ろうとしていた。そしてしばらくすると二、三人の機動隊員が大声をあげ（「わーっ」といっていた）屋上に上がってきて何人かの学友に暴力をふるい、その後からどっと機動隊員が屋上に上がり、ぼくはガス銃を持った機動隊員にガス銃の台尻で腹をつかれ倒れ、背中を強打された。そして何回か蹴られてから、公安刑事にうしろ手につかまえられ、手錠をかけられて連行されるのを待った。そのとき一人の公安刑事は、手錠をかけられ無抵抗のぼくに対して足を力いっぱい踏みつけたり、腹をなぐったりして、別の公安刑事に止められるまで暴力をふるった。そして屋上から下の道路までいく間に、私は何度か機動隊員に蹴られたり、なぐられたり、こづかれたりした。そして護送車にのせられた。その時の時間は、ぼくの時計で十二時を廻っていた。

練馬署に連れていかれ、そこからぼくは、丸山君と新納君の三人で尾久署に護送された。そして取り調べが終わると、始めて留置場の飯を食べることになった。その日の夕飯のこんだてはウインナーと野菜のいためもので、空揚げであったので、大変おいしかった。その夜は体が疲れていたのでぐっすりとねむることができた。ぼくはガス弾で腹のあたり一面に火傷をおい、一週間ほどしてからうんでひどくなったので、医者に連れていかれたが、刑事は医者に何による火傷かもいわず、私がいおうとすると話をよこにそらした。

ガス弾は佐世保で問題になったP型（第二次大戦中の毒ガスと同じ成分）であったので、問題になるのを恐れたためと思う。」（「十一月十二日の闘い」放送・内田、芸闘委刊『法廷闘争』）

「ガタガタと窓をふるわして走る足音、断続的な笛のひびきに、寝不足の目をこすりつつ外を見る。なんと、俺たちの解放区は、鈍く光る楯と、青いヘルメで埋まっているではないか。早速、俺も「完全武装」といっても、ヘルメと軍手をつければ完了なのだけれど。

あの憎っくき機動隊は、射的の人形を打つごとく我々をねらい打ちしてくる。あのガス弾の直撃を受けると、相当な痛みを覚える、煙を出す弾は、投げ返すことができるが、爆発して、粉末を放出するのは手におえない。それにあの粉は身体に付着すると、炎症を起こすので、留置場に入ってから、かゆいし皮はベロベロむけて、相当に消耗してしまった。

不思議なことに、現場検証と称して乱入してきたのに、火をふきだす弾が時々撃ち込まれ、その火がカーテンに燃え移って、あやうく天井まで燃やしてしまうところだった。現状維持が、されなくてはならない筈なのに？　屋上に出ると、彼らの物理的力量に圧倒されてしまった。ガス弾のねらい打ちと、こぶし大の石が、俺達をおそってきた。

後頭部に石をぶち当てられボケーとなったところを、指揮棒の乱打、ガチャリと手錠が両の手にくいこんだ。いきなり額に、例の粉をぬりつけられた。頭の傷と、額のケロイドを見るたびに俺は十一月十二日を思い出すだろう。」（「十一月十二日」放送・浜、同上）

＊芸術学部奪還

午後二時ごろ医学部に全共闘行動隊三百名ほどが集結した。全共闘は、この日全学集会を経済学部で開くことにしていた。それは予定通り開催され、芸術学部奪還のための部隊を送った。芸術学部の学生を先頭に、江古田にむかった。全員角材を手にしていた。先頭を歩いていた私に「学部周辺には機動隊はいない」という情報が届いた。だが、緊張して進んだ。最後は走った。学部に近づくと目が痛くなった。情報どおり機動隊はいなかった。そのまま中庭まで入った。そこは催涙ガスが充満していて、目を明けているのがとてもつらい状態だった。機動隊は、狭い芸術学部本館に新型のP型催涙弾を八百発も撃ち込んだという。

ただちにバリケードのつくり直しにかかった。焚火に火がつけられた。寒いからというのではない。それで少しは催涙ガスが飛んでゆくのではないかと思ったからである。

私は校舎の中を見て回った。窓という窓はガラスが割られていた。撃ち込まれたガス弾で割れたというだけではなく、息苦しくなった学生たちによって割られたのが多いのではないかと気がついた。ここに泊り込むのか、と不安になった。

夕暮れまでにはバリケードの応急処置は終わった。他学部の学生から、一時的に法学部か、理工学部に避難したほうがいいのではないか、と忠告された。私自身迷っていたのである。学生たちは中庭に集結した。方針を出さなくてはならない。われわれはこれから泊り込み、バリケードを守り抜く。日大闘争を最後までたたかう。私は、そういった。もう後戻りできない自分をはっきりと自覚した。他学部の学生は帰っていった。残った芸術学部の学生は、四十六人も逮捕されたのに人数は前と変わらない、むしろ増えたようにすら感じた。急を聞いて駆けつけた学生もけっこういたのである。

渡辺俊平芸術学部長は記者にこういったという。「警察の学内強制捜索はやむを得ないし、むしろ当然である。芸術学部はこんどの紛争でもっとも過激な戦術をとり、映画スタジオの機材が壊されるなど、授業再開の見通しは当分立たないが、卒業希望の四年生には別の場所で今週中にも授業を再開する方針だ。」（『朝日』夕刊十一月十二日）なんの責任も感じない教師である。

＊警察対応の変化

この日、芸闘委は四十六名が逮捕された。そして、その全員に二十三日間の勾留がつけられた。警察の対応は、決定的に変化している。同じ日大の徹底抗戦のたたかいである九月四日の法学部では、全員二泊三日で釈放されている。全共闘副議長の矢崎、法闘委委員長の酒井でさえ、二泊三日であった。

その様子を、日大闘争弁護団長田賀秀一はこう書き残している。

「芸術学部事件での焦点は、一体起訴者は何名になるかということで、検事と話し合うと、一人か全員と考えているという回答を得たので、これは全員ヤラレるかもしれないがその場合は保釈で全員出せるだろうと、今にして思えば甘い考えであった。また、この事件で、接見して一番不愉快な感じを受けたのは、捕えられた学生のうち、取り調べで既に十分供述しているのに、弁護士には完全黙秘していると嘘をつく者があり、また供述してしまったと正直に言う学生は、他の学友には自分はまだ黙秘していると伝えて欲しいと頼む者がいたことだった。

また弁護士の結果を調べると黙秘していると断言する者のうち、実際には五割から七割が供述してしまっていることがわかり、これは諦めねばならぬと思った。従来、日大のなかでも、芸術学部は思想的に最も堅固な学部とされていただけに情けない気持ちを味わった。しかし、少数の者は確かに強い闘士であり、中でも一番印象に残ったのはNさんという女子学生であった。彼女とは警察で一時間ほど話をしたが、「なぜ芸術学部はこれほど弱いのかわからない。私はこんなに頑張っているのに」と憤慨していた。

事前協議の証拠も十分固められ、十七名起訴となった。」（『1608名の逮捕者―日大闘争弁護士の証言』大光社）

私は、十二日に逮捕された学生が二十三日目を迎える十二月四日、八日の右翼との衝突と十二日の件で事後逮捕された。そして、二十三日後に起訴された。

芸術学部徹底抗戦闘争の起訴者は、十八名になった。その裁判は、各被告をバラバラにして進行されようとした。東大安田講堂闘争裁判を先取りしたやり方である。学生運動全体に対する権力の考え方の大転換が起こっていたのであろう。とくに、日大闘争にはそれは激甚に表れた。弁護士の奔走もあり、かろうじて統一裁判に残ったのは、岩淵、桑原、間宮、丸山修一（映画学科二年）、内田（放送学科二年）、そして私の六名だった。桑原は、一〇・二一新宿騒乱闘争でも起訴されたため、そちらに事件を併合したので、ここから離れた。

岩淵、間宮と私は、翌年二月のバリケード解除以降まで、東京拘置所、小菅刑務所に拘留されることになった。桑原は七〇年まで出てはこれなかった。

6　一一・二二東大・日大の合流

＊東大・日大、合流へ

十一月十七日全共闘会議が開かれた。ここで、二十二日東大全共闘と日大全共闘との共同で全国の学生に呼びかけ総決起集会を開催する、ということが報告された。

九・三〇以降、はじめて日大闘争の進むべき道が示された。

私はこの頃までそんなことを考える余裕などまったくなかった。十月いっぱいは、書記局が提起する「学生権力」の主張に対応するだけで精一杯だった。そして十一月に入ると、八日には右翼関東軍の襲撃があった。そして十二日には芸術学部バリケードに対する機動隊導入があった。それに対応し、闘争委員会とバリケードを維持していくだけでやっとであった。

この日全共闘会議のあとに、東大山本義隆代表と日大秋田明大議長の記者会見がセットされていた。日大理工学部の会議が行われたその部屋で、それは行われた。

『東大で全国大会　東大日大　22日に両共闘会議』「日本大学全学共闘会議（秋田明大議長）と東大全学共闘会議（山本義隆代表）は、十七日午後五時すぎ、東京・神田の日大理工学部で共同記者会見し、二十二日午後、東大時計台前で全国学生総決起大会を開くと発表した。

両会議幹部の説明によると、十七日までに両会議が共同で全国の大学に「東大、日大闘争に勝つためには両大学と全国の学生が結集して国家権力、日共・民青、右翼、大学当局の弾圧を打破しなければならない。このため、十七日までに社学同、中核、革マルなど反代々木系八派に対し、協力を呼び掛けたところ、いずれも参加の意思を表明した」という。

二十二日の集会は約三万人が参加すると予定し、集会後、デモは当然行うつもりという。」（『朝日』十一月十八日）

十一月二十二日までは五日間、この方針は各学部での討論に移ってゆく。農獣医学部にはその討論の一部をうかがわせるメモが残っていた。

＊一一・二〇代表者会議メモ

「議題　11・22東大日大連帯の件

なぜ連帯しなければならないかを、明確にしなければならない。

東大・日大の共通点

・文教政策粉砕

・学園、学生の自治を守る

〈三浦〉いかにセクト争いがくだらないものか教える。首のすげ替え阻止の思想を吹き込む。

日大生の全学連アレルギーを解消させる。」

「11・21全体集会メモ」

「全共闘報告（今が来て、アジ演説をする）

助っ人ではない（対民青の）。そのような低次元の問題としてとらえるのではなく、全国学園闘争、階級闘争の観点から偉大な闘争になる。なぜ日大闘争が続いているのか。それは帝国主義社会から凝縮されたところの古田体制では生きていけないことを知ったからだ。人間を根本的なところから否定している。個別日大だけでは解決にならない。古田体制の徹底的破壊こそ、我々の生きる道ではないのか。日本資本主義の矛盾があるからこそ、全国の学友と闘う。そして日大闘争の質まで、引き上げる。全学バリケード封鎖は、非妥協と徹底的破壊の象徴である。〈三浦〉日大は共闘していなかった。そしていわゆる日大カラー（全学連アレルギー・政治イデオロギーアレルギー）から脱皮しなければならないし、勝利しなければ何も残らない。政府は日大、東大を同じ次元で見ている。日大闘争は膨大なスケールで闘われている。個別闘争では闘えない。東大は国大のマスプロ大、日大は世界最大のマスプロ大。東大闘争に勝利するのか、体制内に引き込まれるのか。闘争が社会一般に知れ渡っていない。官憲の死と芸闘委の失明は同次元だ。共闘しなければ文部省通達は粉砕できない。日大闘争を全人民に知ってもらう。」

学生たちにはどう受け止められていたのだろうか。

闘争前夜、組織部長の今は農獣医学部の全体会議に参加した。

救対部長の中村と私は、習志野校舎の全体会議に参加した。習志野闘争委員会は、学生会の五日間の時限ストライキを引き継いで、そのまま無期限ストに移行させてきた。だから、バリケードには学生会支持、民青に影響されている学生も残っていたのである。明け方までの長い会議で、一一・二二闘争参加が決められた。こうしたことがどれだけ行われていたのかはわからない。
その夜、芸術学部の全体会議は「個人参加」という決定をしてしまう。十二日の逮捕でメンバーも入れ替わっていた。また、意識も少しずつ変化していたのかもしれない。私は当日の朝、習志野からバリケードにもどり、そのことを知った。再度の全体会議を招集して、「闘争委員会参加」を決定した。当日までそういう状態だった。

＊一一・二二東大安田講堂前

日大全共闘は、この日いつものように午後二時経済学部前に集合した。学生の数は多かった。九・三〇以降では最大の動員ではなかったろうか。それは三千人をはるかに超えていただろう。全学部がそろって出発した。

理工学部の前を通って、御茶ノ水駅前に出た。そこから本郷通りに出て東大を目指すつもりである。駅を過ぎたところで機動隊が出てきて前をふさいだ。長い間、通せ、通さないの押し問答が繰り返された。機動隊は結局、道をあけ、デモ隊は前に進んだ。しばらく進むと、また新手の機動隊が前をふさいだ。また押し問答である。時間ばかりが過ぎてゆく。

私はデモの先頭にいた。芸術学部と理工学部を先頭にしたデモ隊は三千人近い、その隊列は長くのびている。前のほうにいるものは事態がわかるが、後のほうでは何もわからず、イライラを募らせ始めたらしい。先頭の状態を見にきたりするものも出てくる。そして、「地下鉄で行こう」などと言いだすものも出てきた。私は、このままいく、と突っぱねた。だが、地下鉄で東大に向かうものもいたらしい。

機動隊との押し問答を繰り返しながら、東大の正門に着いたときは空は真っ暗になっていた。
「安田講堂前の広場は、赤、白、青、緑、黒、銀色のヘルメットで埋め尽くされ、その周囲に見物、報道、そして一般学生が隙間もなく立ち並んでいた。その数は五千人を軽く超えた。講堂正面は各派と各大学の旗が建ち並び、それを背景に幹部連中がつぎつぎにマイクを握っては大声で叫んでいた。

しかし、ここに集まったすべての者が「それ」を待っていた。暗闇が迫り、サーチライトが広場を照らし出したが、誰もがたったひとつの大学の部隊の到着を待っていた。

安田講堂の前に集まった数千人の青年たちは、はるかな轟きのようなものを夕闇の向こうに感じた。そのとき、東大全共闘の一人がマイクで叫んだ。

「学友諸君！　列をあけてほしい。今、日大全共闘の闘う学友三千が、機動隊の弾圧をはねのけて、正門前に到着した！」

どよめきが起こった。安田講堂前を埋めていたすべての青年たちが道をあけ、銀杏並木から講堂前まで、日大全共闘のための一列の空間を作った。それまで正面の席をめぐって小競り合いを続けていた各党派も、急いで道をあけた。海が割れて道ができるように、人波が割れて、かの無敵の勇士たちの通り道が開かれた。

神田三崎町の日大経済学部バリケードを出発した日大全共闘３０００人は、２０００人の機動隊の壁を破り、銀、黒、赤、青、白と色とりどりのヘルメットのいでたちで、夕闇の中を東大正門に登場した。

正門から安田講堂の正面へ、先導する日大全共闘の数十の旗が翻るあとを低い姿勢で近づいてくる日大全共闘の隊列は圧巻だった。「闘争！」「勝利！」の掛け声を轟かせながら、三千人のスクラムが銀杏並木を抜けて、安田講堂正面に日大全共闘のためにあけられていた人垣の間に入ってきた。鋭い笛と号令のもとで、ひとしきりシュプレヒコールを繰り返した日大全共闘は安田講堂前に静止し、広場は隙間もない人波で埋められた。この日大全共闘の隊列を見ていた東大全共闘の学生のなかには、泣いている者がいた。

秋田明大日大全共闘議長は、逮捕状をかわしてこの日の演壇に姿を現し、数万の青年たちの前で演説した。そこには、まぎれもない男がいた。「男の子は、敵の返り血を浴びてこそ」と武士が我が子に語った、その男がいた。

秋田明大は「貴族的東大闘争を変革せよ」と語ったが、その記録は残っていない。」（島泰三『安田講堂　1968–1969』中公新書）

＊「一一・二二」とは何だったのか

「一一・二二」は東大全共闘・日大全共闘の二団体が呼びかけた全国学生集会であった。八派とか五流十三派とかいわれる反日共系全セクトはこれに応えて全国動員で参加した。各セクトにはそれぞれの思惑もあっただろう。だが、それは二つの全共闘がつくり出した枠組み、空間であった。分裂を繰り返し、いがみ合うセクトを同じ空間に呼び寄せたのである。六〇年以降の新左翼運動のなかでこういうことはかつてあったのだろうか。

同時に、これは目に見えてすぐに表れたわけではないが、各セクトの系列で動員され参加した、全国の学生たち個人はこの空間にいて何を感じたのだろうか。六八年東大と日大の闘争の経験は、確実に六九年全国学園闘争の爆発に引き継がれていったといえる。

第一は、東大闘争にとってである。

東大闘争が六八〜六九年大学闘争の、ひいては学生運動の焦点になったことである。六九年一・一八〜一九安田講堂闘争の出発点が形成されたといってよい。

第二は、「一一・二二」の新左翼各セクトを巻き込んだ統一行動は、新しい形態の大衆的政治闘争の枠組みを切りひらいていった。だが、それが実を結びはじめるのは翌年を待たなければならなかった。当日には、日大生はかつてない高揚感を味わっていただけである。全国から集まっていた学生たちも、同じ空気のなかにいたのである。

まず、四分五裂の学生戦線に統一行動の動きが出てきた。

六九年三月十三日には、「一四大学共同アピール」が出されている。「3・14―22―23全都統一行動に起て」というアピールには次の大学が署名している。「東京大学　日本大学　中央大学　東京外国語大学　東京教育大学　横浜国立大学　上智大学　東洋大学　東京工業大学　電気通信大学　明治学院大学　芝浦工業大学　青山学院大学　東京医歯大学　以上十四大学全学共闘会議」そして六九年五〜六月の大学治安立法反対闘争でこの枠組みは生かされてゆく。

そして、九・五全国全共闘結成。全国全共闘は、議長に山本義隆東大全共闘代表、副議長に秋田明大日大全共闘議長が就任した。しかし、秋田はこの年の三月に逮捕されて収監中であり、山本は結成大会当日逮捕された。実質は各党派から一名の事務局員によって運営されることになる。それがこの時代における限界だったともいえる。しかし、その在り方は東大・日大全共闘の権威によって成り立っており、その枠組みをよしとする膨大な学生たちによって規制されていたことも確かである。

つぎに、学生運動の統一行動の進展は六九年六・一五闘争で市民、青年労働者、学生の大統一行動を実現させた。

この日の「反戦・反安保・沖縄闘争勝利六・一五統一集会」は、東京、大阪をはじめ全国二十七都道府県七十二カ所で行われた。

東京では、ベ平連、国民文化会議、反代々木系各派、反戦青年委、都内各大学全共闘など三百六十二団体で構成される「六・一五実行委」主催で、日比谷公園で開かれた。ベ平連をはじめ市民団体、文化団体は野外音楽堂に集まった。学生団体は日比谷公会堂の前を演壇にして集会をもった。青年労働者は小音楽堂を中心にして集まった。その数五万人（主催者発表）である。日比谷公園は人で埋められた。

野外音楽堂の集会は「東京農工大の福富節男助教授のあいさつで始まり、樺美智子さんに黙とうをささげたあと、主催者を代表して作家の小田実氏が「きょうはさまざまな立場の人が一堂に集まった。この統一した力で七〇年安保を粉砕しよう」とあいさつ。続いて砂川町基地拡張反対同盟、三里塚・芝山連合空港反対同盟、王子野戦病院をなくす会の各代表が報告に立ち、沖縄原水協、沖縄全軍労、西ドイツ、フランスの両学生団体、北ベトナムからのメッセージが披露された。

午後二時四十五分頃、警視庁から逮捕状が出ている東大全共闘の山本義隆代表が会場の演壇に姿を現わして演説、大学立法粉砕と安保反対を訴えた。」

大げさに言えば、社会党・共産党ではない反戦・反安保の政治勢力の登場である。各セクトはその意義を主張はしても、それを大事にしていこうという姿勢は感じられなかった。残念なことに、全共闘の学生たちにもそれはなかった。

「最初は若い世代の集会と思っていたが、デモに移ってみると、老若男女、非常にバラエティに富んだ人たちが、それぞれ自分にできる方法で自由に集まっていた。それだけ反戦、反安保が広く浸透しているのだろう。異質なものを異質なまま組立てていくという、デモクラシーの新しい型の誕生でもある」と神島二郎立教大教授。」(『朝日』六月十六日)

確かに、参加していた多くの日大生はこの日の闘争に感動していた。だが、これを大切にして、守り育てていこうという意識は欠如していた。直接民主主義を大切にして日大闘争をたたかった日大生も、感覚を鈍らせてしまっていたのかもしれない。運動ズレ、などとは思いたくないのだが。それは、六九年のことである。六八年の現実に戻ろう。

そして第三には、それは日大闘争と日大全共闘に何をもたらしたのだろうか。

「一一・二二という選択」は、日大全共闘にとっては「これしかない」というものであった。「一〇・一六闘争」というセクトとの直接の共闘体制ということは否定した。そして東大全共闘との連帯という道を選択したのである。十月一日の佐藤発言以降の日大闘争の膠着状態、ある種の空白状態を突破する道として選択されたのである。セクトとの直接の関係を避けたともいえる。

日大生のなかで、この選択に対して素朴な疑問が存在したことは確かである。「なんで東大なんかに行かなければいけないのか、日大だけでやっていけばいいではないか」という素朴な意見だったと思う。

一一・二二当日、約三千人の日大生は大きな感動と高揚感を味わった。同時にセクトの発言に違和感をもったのも確かである。革マル派の発言は「東大闘争支援に結集した全国の学友諸君」という言葉では始まった。今日の闘争の意味をなんにも分かってないと憤激した。日大全共闘の学生は、第一、第二の成果そのもので満足した。日大闘争と全共闘に何をもたらしたかは深く考えずに来てしまったのである。

その後、日大全共闘の行動隊は、東大における民青とのゲバにも率先して参加した。そのなかで日大生の素朴な疑問は大きくなったのかもしれない。

7 九・四殺人罪攻撃

＊十一月二十四日、殺人罪で逮捕

一一・二二集会の興奮も冷めやらぬ、二十四日には日大で全共闘攻撃の動きが開始された。九月四日の経済学部への機動隊導入時に負傷し、九月二十九日に死亡した西条巡査部長の事件に殺人罪を適用し、九名に逮捕状をとり、うち六名を二十四日に逮捕した。

「神田署の「西条巡査部長殉職事件」捜査本部は二十四日、日大生九人に対し殺人、傷害容疑の逮捕状をとり、六人を同日夕までに自宅などで逮捕した。」

「学生たちには「これだけの石塊を投下すれば、機動隊のだれかに当り、死ぬこともあり得る」という「未必の故意」が働いていた、と判断した」（『朝日』十一月二十五日）

「逮捕七人に　日大の警官殉職事件」（『朝日』夕刊十一月二十五日）

「八人目を逮捕　巡査部長殉職事件」（『朝日』夕刊十一月二十八日）

「また日大生を逮捕（九人目）　警官死亡事件」（『朝日』夕刊十二月六日）

逮捕が続いた。十一月二十四日、郡山工学部闘争委に対しても「郡山では逮捕状用意　監禁暴行事件の五学生」（『朝日』十一月二十五日）と、攻撃が開始された。警察による日大全共闘への本格的攻撃が始まったと判断できる。

十一月二十八日、農闘委鈴木逮捕。

同二十九日、すでに逮捕されていた法闘委委員長酒井が、別件で再逮捕された。

十二月一日、農闘委組織部長笠置、郡山工闘委神田、逮捕。

同三日、法闘委高橋、逮捕。

同四日、芸闘委委員長眞武、法闘委柴田、逮捕。

同十三日、警察・検察は九月四日の経済学部の事件での殺人罪適用をあきらめ、傷害致死罪で起訴した。

「日大での警官殉職『未必の故意』成立せず」「六学生　傷害致死で起訴」「殺意否認で適用回避」（『朝日』十二月十四日）

だが、その裁判は長く続くことになる。

＊芸術学部民主化推進委員会

同じ十一月二十四日、「芸術学部民主化推進委員会」による抗議集会と正門バリケード前の抗議行動が行われた。この「民推委」とは、九月三日豊島公会堂で開かれた「全学再建協議会」（池田淳八議長）とつながる一連の動きである。すでに紹介した「右翼からの秋田議長への手紙」でも暴露されているように、大学当局による九月四日の機動隊導入によるバリケード破壊後の学生の受け皿としてつくられたものである。

九月の激闘と大衆団交によって、一度は情勢に弾き飛ばされたが、佐藤発言以降に息を吹き返していたのである。そして十一月十日には「授業再開全学集会」を日大講堂で予定したが、全国父兄会開催のために中止に追い込まれていた。「民推委」は、「今こそ反省と再建の時」「我々をとりまく諸状況」と題するビラ二枚を芸術学部の全学生に郵送した。日付はないが、文章から十月十八日以降の十月中と思われる。そこで彼らは、学部では「三者協議会」（教授、職員、学生）、本部機構では「四者協議会」（理事、教授、職員、学生）を設置せよ、と要求しているが、そこで何をしようというのかはまったく述べてはいない。「卒業延期、全員留年のタイムリミット」を叫び、全共闘批判を繰り返すだけである。

つぎに「全学生は総決起せよ」というビラが郵送された。これも日付はないが、十一月十日以前、直前と思われる。そこには「同封の葉書に意思表示し、即刻御返送下さい、あなたの主体性が明日の芸術学部を築きます」とある。同封のハガキには、「①現理事について　イ、退陣すべきである　ロ、退陣しなくても良い」「②全共闘（芸闘委）の現在の闘争の方法は　イ、反対　ロ、賛成」「③民推委の趣旨は　イ、賛成　ロ、反対」「④バリケードは現在必要だと思いますか　イ、不必要　ロ、必要」とあり、どちらかにマルをつけろという。他に意見を書きこむ欄などはない。これが「意思表示」「主体性」であり、「総決起」というわけである。

十一月八日の右翼の襲撃直後に「声明文」が送られた。「十一月八日未明、日大芸術学部襲撃事件に関し、民推委は憤怒の意思を表明するとともに全学生諸君に学園奪還の意思表明を切望する」として、「我々が近々開催する芸術学部全学生抗議集会に結集せよ」と呼びかけている。もともと、十一月八日の襲撃事件と民推委の動きは一つのセットとして準備されてきたのである。襲撃事件で中心的な役割を果たしていた芸術学部学生課の職員中山は、もう一方で民推委を動かしていたのである。（これは想像などではなく、襲撃事件の裁判で明らかになっている。）民推委も「学園奪還」を夢見ていたのである。

それから二十四日の「芸術学部全学生抗議集会」までに、三回ビラが郵送されている。かなりの意気込みである。最初のビラでは、「十一月二十四日　午後二時」「浅間神社（江古田駅北口）⇓バリケード前抗議集会」となっていたが、二枚目からは結集場所が「北新井公園（武蔵大学南隣）」となっている。

当日の二十四日である。芸闘委は、彼らの集合場所の北新井公園で集会を開くことにした。民推委の宣伝により、この日バリケードには心配した多くの学生が集まっていた。半分をバリケード防衛に残しても、北新井公園に向かうデモ隊は六十名を越えていた。父兄が参加するという情報を得ていたため、デモ隊はヘルメットを被らないことにした。

北新井公園には、デモ隊と同じぐらいの人数が集まっていた。だが、公園のあちこちにバラバラに立っていて、そのほとんどが父兄のように見えた。ここで芸闘委は、短い集会を開いた。そして、すぐにバリケードへとひきあげた。

正門のバリケードをとざして待ち受けていると、やがてぞろぞろとやって来た。バリケード前まで来ているのは父兄ばかりで、民推委の学生二十人ほどは向かいの喫茶店の周りに集まっている。バリケードのうえの学生の一人が叫んだ。「手に包帯をしてるヤツ、お前、八日の襲撃に来ていたな、見たぞ」本当かどうかは、わからない。だが、言われた包帯の民推委学生は脱兎のごとく逃げ出した。つられて、民推委の学生たちは全員逃げてしまった。残されたのは、父兄たちと芸闘委である。とにかく中で話しましょうということになり、バリケードには通路が開けられた。小講堂で話し合いがもたれた。どういう会話だったかは覚えていないが、一つだけよく覚えている。父兄の一人が、いま何か困っていることはないかと聞いたとき、学生が即座に「風呂がないんですよね」と答えた。

これはすぐに実現されることになった。映画学科のシナリオコースのプレハブに風呂場がつくられた。父兄のやることは早かった。江古田バリケード温泉である。

同じ二十四日、法学部で不審な火事が発生している。

「二十四日午後一時ごろ、日本大学法学部三号館の西わきにある各クラブ合同部屋から出火、プレハブ二階建の同部屋三百九十平方メートルのうち百二十平方メートルを焼いた。また、日大全学共闘会議が三号館（鉄筋五階建）を封鎖するため二階のバルコニーに並べたバリケードの一部が焦げた。」（『朝日』十一月二十五日）

火事は、商学部に続いて二度目である。同じように、サークル用のプレハブが燃えている。

翌二十五日、商学部では授業再開要求の集会が千人近い学生を集めて校庭で開かれた。二百名の商闘委学生とにらみ合いになった。一連の右翼学生の策動である。

＊経済学部疎開授業ボイコット

十一月二十四日、経済学部は栃木県塩原市の塩原研修会館と千葉県野栄町の野栄寮で四年生の疎開授業が開始された。二日間の予定だという。塩原研修会館では、この日の夜の授業からボイコットする学生が出はじめ、二十五日朝には学生たちは「これは授業ではない」と言って怒りを爆発させ、五十人以上がボイコットした。

経済学部二部は、練馬区の国華高校で開始しようとしたが、全共闘学生二十人が抗議に押しかけたので中止になった。

大学にとっては、授業をやったという仮構ができればよいのである。その後、実際には授業料が支払われていれば卒業させる、というところに落ち着くのである。

＊全共闘生協設立会議

十一月二十四日、生協設立の会議が設けられている。

「全共闘生協設立統一会議に結集せよ」「日本大学全学共闘会議　生活協同組合設立統一会議議長　三沢豊」というビラには、こうある。

「昨年11月初旬から準備が進められ、同24日「日大全共闘生協設立統一会議（議長三沢豊）」が発足した。以降、情宣部、調査部、会計部、組織部を設置し、統一会議強化合宿等を重ね、生協運動に関する基礎的な認識を固めると同時に、模擬店を文理・農獣医学部に於いて開店し具体的な運動を展開して来た。生活協同組合法に定められた設立に必要な事項の準備を着々と推進されつつあり、その一つである「発起人会」も秋田明大議長をはじめとして発足した。然し日大闘争に我々が勝利する事を追求する中でのみ、我々は生協設立問題を云々することが許される。当然の帰結として我々の生協設立運動は、古田体制打倒、九項目貫徹の闘いの一環として推進されなければならない。」

一抹のむなしさを感じながらも、九項目要求貫徹の模索が続けられていたのである。学内の売店や食堂を独占して学生生活そのものを食い物にしてきた「株式会社桜門事業部」を解散させ、全共闘が主導する生協に置き換えようというのである。日大生の闘争勝利への執念である。

全共闘は十一月三十日の大衆団交を、大学側に要求した。一一・二二闘争の成果で状況の変化を求めたのである。だが、それは簡単に拒否された。その日の全学総決起集会（法学部一号館）は、意気上がるものではなかった。

＊定款の改定と授業再開

十二月三日の理事会で、新定款を決定した。

『「新役員は年内に」古田日大会頭語る　定款を理事会決定』「日本大学は三日午後六時すぎから東京・神田のホテルで理事会を開き、この夏以来検討をつづけてきた大学定款（寄付行為）の改正案を決定した。来る六日の評議員会に諮ったうえ、文部省に認可申請の手続きをする予定。古田会頭は「定款改定については文部省の認可がおり次第、理事、監事は総辞職する」と態度を明らかにしているので、同大学の紛争は定款改正への認可が予想される今月中旬をメドに大きなヤマ場を迎えることになりそうだ。改正の骨子は①現在の会頭制を廃止し、新たに理事長と会長を設ける。両者とも大学の代表者とし、権力の分散をはかる②理事を現在の十七人から二十七人に増員し、学部長など学部代表者を加える③評議員を六十一人から百六人に増員し、現在総評議員の四分の一しかすぎない学内教職員の評議員を増員する④理事会が評議員を選任し、その評議員が理事を選任するという現行の複雑な制度を改め、評議員は教職員や校友会などが直接選任し、理事は評議員が選ぶというすっきりした形にする。会頭選任の評議員は廃止する、などである。

また付則で「新定款による新役員の選任はすみやかに行い、現理事、監事は新役員の選任とともに職を失う」と規定されている。理事会には古田会頭、永田日大総長ら十理事が出席、五理事が委任状を出し、改正案は三分の二の多数で議決された。古田会頭は理事会終了後「新定款による役員選任は年内に行われよう。私が再度役員に選ばれた場合、受けるとも、受けないともいえない。現段階では白紙である」と語った。

同大学ではこの夏以来永田総長を中心とする大学側の定款改正委員会と理事会特別委員会、評議委員会小委員会がそれぞれ別個に定款改定を審議してきた。しかし大学側改正委員会案（永田案）とその修正案ともいうべき理事会案がともに大幅改正をねらっているのに比べて、評議員会小委員会案は現行定款の手直し程度の内容であったため、三案のへだたりを調整する作業がさる十月以来続けられていた。

今回の改正案は三案の折衷案ともいうべきものだが、永田案や理事会特別委員会案が①会頭制の廃止②評議員の過半数を学内教職員から選ぶなどを打出していたのに比べて、会頭制にかわる会長制の設置、教職員選任の評議員が全体の半数に満たないなどの点でかなりの後退となっている。」（『朝日』十二月四日）

そして、六日評議委員会で理事会決定の原案通り新定款が決定された。古田は、会頭から会長になるということである。つまり、何も変わらないのである。古田と日大は、とことん開き直ったのである。

これが、佐藤発言の結果であった。それればかりか、大学側は攻撃に出てきた。評議委員会終了後に記者会見した、加藤一雄、秋葉安太郎、東季彦理事は「今後は今月十六日をメドに全面授業再開をはかるため最大の努力をする」と言っている。だが、大学には日大闘争の解決のプランなどがあるわけではない。全学部は全共闘に占拠されたままである。ただ、四年生の卒業のために全学部で疎開授業を十六日から開始するという、宣言なのである。

これは全共闘にはボディブローのように効いてくる攻撃だった。全共闘の四年生連絡協議会に結集してたたかい抜く決意の四年生はいい。だが、全共闘や日大闘争には心を寄せているが、卒業はしたいという四年生は、個人で悩み葛藤しなければならなかった。経済学部で始まった疎開授業でも、参加した四年生のなかから多くのボイコットした学生が出てきた。こうした学生個人のなかの営為と決断は、この時期、五月のように明るく全共闘への結集、とはならなかった。日大との決別という方向へ向かったのではないだろうか。

また、全共闘の運動にも影響を及ぼした。五月以降の全共闘の運動は、古田打倒の団交要求という一つの中心に向かって渦を巻いて集中していった。佐藤発言以降の膠着状況が続く中での、疎開授業阻止のたたかいは、全共闘のたたかいをより分散化させていった。農獣医学部の水産学科の授業阻止のたたかいは、海岸に張ったテントでの生活になり、食料にも事欠きながらの闘争になったという。

＊各学部教授会

文理学部教授会は、「新定款は、現行の定款と変わらない」と批判し、また「便宜的な手段での授業再開は好ましくない」と、経済学部が栃木県塩原町などで行っている疎開授業についても批判したうえ、「授業再開のみを強行しようとする大学当局の方針には賛成できないが、紛争解決と授業再開のため学部独自の立場から最善の努力をする」との態度を決めた。同時に、学園封鎖中の全学共闘会議の学生に対し、戦術の転換を呼び掛けている。

この七日の教授会声明の写しを同学部闘争委員会の学生に手渡すとともに、九日全学生一万六千人に郵送する。

さらに、十三〜十五日の間に学部団交を開くことを闘争委員会に申し入れ、拒否された場合、学部主催の学部集会を開き、一般学生に呼びかけて十六日前後からあくまで話し合いで授業再開をはかりたいという。（『朝日』夕刊十二月七日）

理工学部教授会は、「大学当局が打出した十六日授業再開強行の方針には反対する。あくまで話合いで授業を再開するため十六日の期日にとらわれず、学部独自の立場であらゆる努力をする」との態度を決めた。この方針に反対の態度をとった理由は①全学共闘会議はすでに学部団交に応じない態度を決めているので、学部集会や授業再開を強行した場合は、警察力の介入、学生同士の流血という事態が予想され、将来の学部運営に支障をきたす②理工学部の卒業予定者千五百人の中には卒業研究を除き一般の単位をとり終わった学生が多く、あえて十六日をタイム・リミットとみて授業再開を強行する必要性がない、など。

今後は木村秀政学部長代行を中心に全学共闘会議とバリケード内での授業再開など、授業再

開について具体的な話合いを行う方針。（『朝日』十二月八日）

文理学部と理工学部は、理事会・日大当局の「新定款決定と十六日疎開授業開始」の方針に反対した。しかし、文理学部は学部団交のうえで、バリケード解除・十六日授業再開という虫のいい方針である。口では「話し合いで」と言いながら、全共闘・文闘委に方針転換、つまりバリケード解除を迫るのである。もし全共闘が拒否するならば、文理学部教授会は勝手に学部集会を開いて、自分たちの方針を押し通すといっているのである。

理工学部は、四年生の卒業問題は切羽詰まってはいないという事情もあるが、その後も闘争委員会に話し合いを求めてきている。それは、年をこえて一月十八日に学部団交を開こうとしていたことでも確認できる。それは、東大安田講堂闘争で吹っ飛んでしまった。

商学部は、「十六日ごろ授業を再開の方針」。（『朝日』十二月九日）

法学部も、「疎開授業を再開」の方針である。（『朝日』十二月十一日）

他の学部も、こうした方針だったようだ。

＊各学部疎開授業

文理学部と理工学部を除く各学部は、十六日以降疎開授業を開始した。

「紛争のつづく日本大学で授業再開の動きが活発になってきた。十六日、法、商両学部が四年生の〝疎開授業〟始めるのをはじめ、各学部とも全学共闘会議側と授業再開の折衝に懸命。しかし共闘会議側は「古田体制完全打倒」を掲げて、越年闘争の構えをみせているので、校舎のバリケード撤去、授業の全面再開という事態はほど遠いようだ。

大学側では新大学定款が決まった今月初め「紛争の解決とは切離して授業を十六日から再開する」との方針を決め、永田総長名で各学部に要望書を出していた。この強硬方針に対しては各学部教授会の間にかなりの反発があったが、留年、入試問題をかかえているだけに、結果的には要望書が授業再開へのさそい水になったようだ。

法学部の〝疎開授業〟は栃木県佐野市の佐野日大高校、群馬県館林市のお寺、都下多摩町の国民宿舎の三会場、集中講義方式で二十九日までに前期分の講義を消化し、正月五日からは後期の授業に入る。

商学部では川崎市王禅寺の多摩丘陵に完成したプレハブ校舎を使う。対象は四年生と短大二年生の約千八百五十人。集中講義方式はとらず、平常通りの時間割で授業を行うという。このほか、先月二十四日から栃木県塩原温泉で昼間部四年生の授業を続けてきた経済学部では夜間部四年生の授業を両国の日大講堂で再開する予定。芸術学部でも千葉県館山市の寮で十八日から四年生の〝疎開授業〟を始める予定をしている。」(『朝日』十二月十六日)

『警官隊が待機で再開　日大二学部の疎開授業』(法、商学部)(『朝日』夕刊十二月十六日)

『当分、休講に　日大法学部の疎開授業』『授業中断し討論集会　館山の疎開授業(芸術学部)』(『朝日』十二月十九日)

8 「反大学」と日大闘争報告集会

＊反大学、フリーダムユニオン

東大では、「自己否定」という思想、考え方が生み出された。それは、東大生だけでなく、全国の闘う学生たちをひきつけた。エリート中のエリート、東大生が自己の在り方を否定し、「帝大解体」のたたかいを貫徹するというのである。彼らの決断が、どれだけ大変なものだったかは、いまでは想像できる。

「大学当局が、学生の要求をはぐらかしながら収拾を図ろうとすればするほど、学生はより深く本質に迫ることになります。もはや、七項目要求にとどまることなく、「学問とは何か、研究とは何か。大学の社会的意義、国民にとっての大学とは何か」など大学の本質に、より深い疑問を持つようになっただけでなく、大学に学ぶ学生自身の本質とは何かということにまで迫らざるをえなくなってきました。そこから生まれたのが、「帝大解体」の論理と「自己否定」の思想です。もはや、七項目要求の獲得に目標を止めることはできなくなっていきました。その傾向は、このまま闘争がつづけば、卒業できない」「入試も中止をせざるを得ない」という大学側の脅しと危機感が声高に叫ばれるようになると、ますます、運動は東大の存在そのものを根源的に問う方向へ、理念的な闘いへとさらにつき進むことになったのでした。」（今井澄『遺稿集』）

日大でも同じ状況に立たされていた。「佐藤発言」以降、古田は学生の前には現れず、警察、機動隊が前面に立ちはだかっている。古田が一度は認めた「五大スローガン・九項目要求」は、宙に浮いていた。その頃、日大では「反大学」という言葉が語られ始めていた。

農獣医学部では「反大学アピール」が出されている。「我々は全生命を賭けてこの間激烈な日大闘争を展開してきた中から、はっきりと破壊の思想性を築き上げてきた。我々は現行のブルジョア大学を徹底的に破壊する闘いを組む。そして、大学からブルジョア精神を一切追放する闘いを展開しなければならない。我々は、その永久的文化革命の砦として反大学を提起する。」そして「学問の実践と統一」と「今後の学園闘争の方向性の確立」を進めるという。

文理学部では、フリーダムユニオン実行委員会によって「フリーダムユニオン12月日程表」が発表されている。そこには、一日四時限の授業枠がつくられ、実際に二時限分は埋められている。そして、招聘したい教師の一覧などもつくられていた。それは、これまでも続けられてきた自主講座の延長・強化という面もあるだろう。だが、自分たちの大学をつくり出したいというエネルギーが湧き出たものでもあっただろう。中世ヨーロッパにあったという、学生が組合をつくり、その拠出金で教師を雇ってくるという学校を、イメージしていたのかもしれない。

反大学について、少しまとまったものがある。『朝日ジャーナル』(1969・2・9号)に載った『「反大学」への一考察　〝共に学び合う者〟による学園へ』(渡辺敏雄、)である。

「現在、全国八百数十校の学園のなかで七十数校という、異常なまでに多数の大学が何らかの形で〝紛争〟と呼ばれている問題を抱えこんでいる。ぼくは、このような状況は、全国の学友が自ら自己の内部に向って「学生とは何か」という問題提起を行なったものであると考える。」

そして、「学生とは何か」から、「教授とはいかなる者か」と考えを進める。

「われわれが作り上げるべき真の学園においては、学生だけが学ぶのではなく、現在の教授に代わるべき者も、学ぶべき者として存在しなくてはならない。この学園では、今のような学生と教授、「学ぶ者」と「教える者」というような関係が残っていてはならない。「学ぶ者」、すなわち、学ぶ方法を研究し、その過程において認識を深めてゆく学生、そして常に「共に学ぶ者」、学ぶ方法を研究し、その過程をへてすでに何らかの成果をあげ得た者として存在し、今もなお、学ぶという学生と同等の立場にいる教授、従って、このような相対的な「学生」と「教授」の関係は残るにしても、真の学園においては、今日のような上下服従関係の学生も教授も存在しないのである。

真の学園において見出される、今日の教授に代わるべき者は、学生と共に主体性をもった「学ぶ者」としての同等の立場に立ち得る者であり、学生に対する助言者として、そして常に学問に対する先輩として存在しなければならない。そして、それによってのみ学生に対する存在価値が生ずるのである。」

「これまで考えてきた大学、学園に対する方向性、大学に対する理念を、われわれは、現在はまだ存在しない物、そして必然的に存在しなくてはならぬ物として、この大学理念を、「反大学」との仮称を用いて呼ぶ。ぼくは現在、日大理工学部機械工学科の反大学創造委員の一人として、真剣にこの問題を追究している。」

「反大学」は、一つのまとまったイメージで運営されたのではなく、各個人の営為のなかにだけ存在したようである。

全共闘も、討論集会を開催した。

「参加とか大衆団交とか協議会制などの言葉を軽々しく相手に奪取されて、ソフトに逆手をとられ、形式民主主義の世論に屈したならば、学生による大学闘争の敗北はそこから始まる。学生は、たとえば大衆団交というものを、大衆団交主義などといって全面否定してもならないし、といって大衆団交を目的化して、なんでも大勢と大勢が話合えば決着がつくものとしてもならない、と私は思う。あくまでも制度とかルールとか形態というものは中身が伴わなければならない。だがその中身は、相手が盛ってくれるのを待って、相手の付与する中身が気に入らぬ間は、その形態をも拒否し続けるというのでは困る。

中身は、形を提起した側がつねに先へ先へとつくりながら、しかもその形のなかに相手をひき入れ、相手の中身に対するこちらの中身の論理的優位性を大衆的に表現してみせねばなるまい。中身の進歩性をつくり出せぬ者に、形の新しさは無用の長物となるのは当然である。

私が紹介してきたA君からD君に至るさまざまな意見は、実は六八年暮れ、日大の全学共闘会議が開いた半公開の『反大学アピールについての討論集会』において大部分展開されたものである。都内のさまざまの大学生、院生が幾人かの大学教師とともに寄集り、バリケードのなかの全学共闘主催というかたちで『反大学』の討議が行われるというふうなところに、日大闘争の大衆性というか、不思議な現代性があるのだと思う。そこでは、学問と、その研究・実践の関係、そして研究の実践と政治的実践の関係が執拗に問われた。また、六八年の大学闘争を、どうすれば六九年から七〇年への闘争課題に結びつけられるかについて論議があった。さらに、大学闘争を、労働者・農民との統一戦線のトリデとして構築するにはどうすればよいかが問われた。

どれ一つとってみても、どえらく困難な問題である。しかし、集まった者はみな、その困難性を深く知っていればこそ論議しにきたのだ。

そのような論議が、個人としての学生、研究者、教師の迷いと悩みの吐露とごっちゃに行われ、しかも会合全体がほとんど何事をも解決しないままに続行されるのを、悠々とマネージメントしている日大全学共闘会議の雄大さと真剣さと謙虚さに、私は一驚したのである。だれもがふだんは口にするのが面倒なこと、突きつめて自らに問い直すのがいとわしいこと、そういう問題について学生、教師の別なく話合う場こそ、『反大学』ではないだろうか。」（中島誠「学園闘争の高揚と矛盾の上に」『朝日ジャーナル』1969・1・12）

こうした苦闘は、なかなか全共闘のなかに引き継がれてはいかなかった。

その「反大学」「フリーダムユニオン」は、バリケードの存在を前提にした論議であったからである。だから、東大安田講堂闘争、日大バリケードの解除以降は、力を失っていった。だがその論議は、学生たちの多様な模索を表している。日大バリケードの特徴は、その内部の多様性にあったのだろう。「五大スローガン・九項目要求」を突き抜けた学生たちは、求める学問とは、大学とは、を問題にした。そして、日大闘争とは、その勝利とは、を問い直していた。

それは自分自身に、各個人に突き刺さっていた。ここまでたたかい抜いてきた学生は、これからどうたたかってゆくのかを問われた。それは、どう生きてゆくのかに直結していた。

日大闘争が停滞し、力を弱らせていったのは、東大闘争との連帯の道を日大全共闘が選択したからだという考えがある。確かに、日大生のなかには、日大だけでやっていけばいいという意見もあった。だがそれは、一つの要因でしかない。闘争の長期化、卒業・進級の問題がのしかかっていた。苦労して大学に進ませてくれた両親の顔を思い浮かべた学生も多かっただろう。また、日大闘争の日大内的解決に見切りをつけ、セクトの論理に身を移していった学生も広範に出てきていた。

学生たちは、「古田・倒せ」と叫んで目を輝かせ、解放感を謳歌する学生たちではもうない。全共闘も、大衆団交まで学生たちを集中させ団結させた「五大スローガン」、それに代わる考え、スローガンを出せないでいた。

＊一二・一五日大闘争報告集会

大学当局が「新定款」を決め、十二月十六日を卒業・進級のための授業再開リミットとして各学部で「疎開授業」を開始するといっている。だが、文理学部と理工学部の教授会が「十六日授業再開反対」を決議し声明を発表している。日大闘争は一つの節目をむかえていたことはたしかだろう。このとき全共闘は東大安田講堂での集会を提起した。

「12・15日大闘争報告大集会　プログラム

一、開会宣言　　集会実行委員長　大川正行

一、東大全共闘の連帯のあいさつ　東大全共闘代表　山本義隆
一、各学部闘争報告並びに出獄あいさつ
五十嵐登（芸術学部）
鳥越敏郎（経済学部）
全学四連協
稲辺教夫（法学部）
矢崎　薫（副議長）
一、日大弁護団　団長　田賀秀一
一、故和井田史郎君追悼
一、基調報告　日大全共闘議長　秋田明大
一、各階層・諸団体挨拶
羽仁五郎（歴史学者）
戸村一作（三里塚・芝山連合空港反対同盟）
福富節男（東京農工大助教授）
小中陽太郎（評論家）
古波津英興（神奈川県沖縄県人会事務局長）
北小路敏（元全学連委員長・革共同全国委員）
佐渡二夫（全学連副委員長）
三戸部貴士（学生解放戦線代表）

宮岡政雄（砂川町基地拡張反対同盟副行動隊長）
一、方針提起と緊急アピール　　日大全共闘書記長　田村正敏
一、映画「日大闘争の記録」
一、閉会挨拶　　　　　　　　　日大全共闘組織局長　今　章
一、インターナショナル合唱　全員
一、構内デモ」

日大闘争が節目を迎えているときに大学当局へのたたかいの方向を明確にうち出せたのかということである。

この集会の基調報告から見てみよう。

「九・三〇以降、全共闘が明確な方針を打ちだせないでいた政治的空白期」があったことは率直に認めている。そのなかで十一月二十二日の東大・日大連帯集会を勝ちとった。「日大全共闘は一一・二二をバネに、十一月三十日、九・三〇大衆団交の内実化を計るために再び大衆団交を古田理事会に要求したのであるが、十一月三十日、古田理事会は大衆団交を拒否してきた。」そこで全共闘は十一月三十日の集会で「寄付行為の改正という欺瞞的手段によって、大学当局が政治的優位に立ち、ブルジョア的決着をつけようとするところの犯罪性をあますことなく暴露するとともに、大学当局の授業再開を粉砕し、反革命の嵐を打破しない限り、日大闘争の勝利はありえない」ことを確認した。そして、「十二月闘争の困難な状況」ともいっている。

「明確な方針」はまだ打ちだすにはいたっていないようである。東大闘争との連帯という方向は打ちだせた。しかし日大当局とのたたかいは膠着状態、というよりは敵の反撃が迫っているといってよい。そんなにうまい方針などはなかなかないのである。

現実の方針としては「授業再開を粉砕」だけである。それは各学部にまかされてゆく。学部闘争委員会はそれぞれ疎開授業とのたたかいに取り組むことになる。それは年を越えて続いてゆく。だがこの方針は、全共闘の力の分散化をもたらしてしまう結果を招くのである。

より重要なのはつぎのことである。基調報告でもこのような課題が提起されていた。

「日大闘争は、大衆的な次元での確認の上に立って運動が展開されてきた。闘争形態そのものは、大衆と密着した全共闘の革命的指導の下に、巨万の学生のエネルギーが結実され、古田体制に対する不退転の戦いを展開してきたのだ。まさに日大闘争ほど直接民主主義をつらぬき通した戦いはないであろう。ストライキ突入も形式的なスト決議を取ることに集中したのではなく、六・一一以降、圧倒的学生の支持により直接ストライキに突入した。しかしながら、まさに階級的任務をになった一一・二二への日大全共闘の前進は、他方で、学生党派の荒波にもまれる中で、大衆と一体となって戦いを展開しつつ、全思想をかけた全理論展開が充分なされず、したがって、活動家が組織者として武装されていなかったという矛盾が露呈し、かえって大衆から遊離するという、組織的矛盾を日大全共闘が内存していることが、ここに明らかにされたのである。古田体制の下で、学生運動が圧殺されてきた日大において、この弱点の克服は極めて困難であるといえる。しかし日大闘争の革命と反革命の嵐は、いや応なしに日大全学共闘会議に解決をせまるであろう。」

この時期、この点を自覚していただけで十分だともいえるかもしれない。この時点で、日大生にとりうる方策があったなどと簡単にいえる人はいないだろう。

*日大全共闘が変質していく

ここで、このつらい問題を考え続けることを放棄してしまった人間たちが現われたのである。彼らによってこの集会は準備されたようである。

はっきりいって、この集会は日大全共闘の集会ではない。これはどこかの政治党派の集会とまったく瓜二つである。

より決定的なことは、全共闘の集会を中核派とML派が乗っとってしまったということである。日大生の発言者の顔ぶれは、秋田議長は別にして、芸術学部の五十嵐昇以外は全員中核・MLの同盟員である。ノンセクトを代表しうる学部委員長などははずされている。さらに露骨なのは各団体では北小路敏・佐渡二夫（中核）、三戸部貴士（ML）だけが発言を許されている。まったく異常としかいいようがない。

「大衆的な次元での確認の上に立って運動が展開され」てきた日大闘争とは違うものになったともいえる。五月以来、日大内のセクト中核派とML派は「日大闘争勝利のため、全共闘の団結を守るためにはセクト的利害を押し出さない」という態度を守ってきた。だが、「学生党派の荒波にもまれ」セクト根性が出てしまったようである。これは日大全共闘の変質といってよい。

*文理学部団交

報告集会の翌日、文理学部で団交が行われた。

文理学部教授会は、十六日疎開授業開始という日大当局の方針には、「話し合いで」と反対したことはすでに述べた。この方針にのっとって、この日午後一時から「授業再開のための学部集会」を開こうとしたのである。場所は、文理学部正門の向かいにある陸上競技場である。文闘委は、入口を封鎖して阻止しようとした。そして、文闘委はバリケード内の講堂で「学生集会」を呼びかけていた。学生たちが集まってきた。

教授会はここで、文闘委の「学生集会」に自分たちを参加させるよう申し入れたのである。これは受け入れられ、金子学部長代理ら教授会刷新委員会の教授ら三十数名が参加して「討論会」が行われた。講堂は約三千人の学生が埋めた。これを学生たちは「学部団交」と呼んだ。

学生はまず、学部集会そのものが、学生に分断を持ち込むものだと追及した。つぎに、教授会は全共闘に戦術転換、バリケード解除を要求しているが、バリケード闘争以外に古田体制打倒の道はないと主張した。教授側は、学生分断の意図はないとし、バリケードがなくても日常闘争で古田打倒は可能であると主張した。そして、四年生の卒業のためには「正しいカリキュラムにもとづき算定した結果では十六日がぎりぎりです」といった。

午後十時すぎまで話し合いはつづいたが、決裂した。

この時期、バリケードを解くなどは問題にならない。九・三〇団交まで追い詰めた古田は、新定款で会頭から会長になる路線を敷いている。右翼とのたたかいは続き決着はまだである。そして、四年生の卒業だけを認めるというのも困難である。

この後、教授会刷新委員会は力を失い、最も日大らしい文理学部執行部と教授会ができた。

バリケード解除以降には、「日大アウシュビッツ体制」と学生たちに呼ばれた管理体制を敷いた。そのなかで、七〇年二月右翼学生の襲撃で中村克己が虐殺された。その後、文理学部キャンパスは暴力ガードマンが常駐することになる。

*セクトの活発化

報告集会の後は、セクトとくに中核派とML派はバリケードのなかで大っぴらに活動を始めた。それまでの自制をかなぐり捨ててしまった。「全共闘の団結のため」という大義はどこにいったのだろうか。彼らは、日大闘争の勝利まではと無理な我慢をしてきたのだろうか。日大闘争の勝利のため、全共闘の団結のため、セクトの利害は押し出さない。この態度を守ってきた、中核派やML派の態度は立派だと思う。その態度こそが、大衆運動を発展させるものだと思っている。日大闘争は、これによって発展してきたといっても過言ではない。民衆的支持、共感もこれによっている。

日大闘争が、困難にぶつかって喘いでいるとき、それが起こっている。

だが、バリケードの学生たちのなかにも、それを受け入れる素地も生まれていた。佐藤発言以降の膠着状態は、「革命なくして日大闘争の勝利なし」などという乱暴な論理が、魅力的にさえ見えてきたのである。

この時期、中核派とML派は、公開理論合宿を呼びかけている。二泊三日の合宿を、それぞれ経済学部一号館で開催するといっている。

これは、ML派の「招請状」である。

「第一回　理論研究合宿への招請状　日本大学学生解放戦線（準）
　招請　日大ＳＦＬ議長　矢崎　薫
第一課題『弁証法における認識論』
レポーター・矢崎　薫（全共闘副議長）　チューター・林麟次郎（日本ＭＬ同盟員）
第二課題『安保・沖縄と七〇年代階級闘争』――人民戦争と解放戦線路線について
レポーター・安藤正之（四連協副委員長）　チューター・佐竹　茂（マスコミ反戦書記長）
第三課題『日大・東大闘争の中間総括』――六八年大学闘争の戦略課題とは何か
レポーター・田村正敏（全共闘書記長）　チューター・新島淳良（早大助教授）
日時・十二月二十五日～二十七日　場所・経済学部一号館」

これを契機に、日大内の他のセクトも動き出した。文理学部では、「社会主義青年同盟解放派」のビラが公然とまかれている。同じ文理で、「プロレタリア軍団日大支部準備会」などというビラも出てくる。だが、文理学部以外ではそんな動きはなかったようである。

＊クリスマスと餅つき

日大のバリケードも年の瀬を迎えていた。

芸術学部では、餅つきを行い、新年を迎えようとした。大みそかには、越年のダンスパーティーが開かれた。六月十九日バリケード闘争に入ったとき、誰がこのまま新しい年を迎えることを想像しただろうか。闘争は厳しい局面にあることは、皆が知っている。そうであればこそ、普通の生活を過ごしたかったのだろう。

十二月二十四日には、文理学部はじめ多くの学部でクリスマスのダンスパーティーが行われた。三十日の餅つきは、全学部でやられたようである。文理学部では、大みそかの紅白歌合戦に「紅組勝利」の電報をうったという。

十二月二十八日、文部省は日大の「新大学定款」を認可した。古田と大学当局は、胸をなでおろしたことだろう。これも、佐藤からのお歳暮なのだろう。

こうして、六八年が暮れていった。

9　六九年一月　東大安田決戦

*避けられない〝決戦〟へ

六九年の新年が明けた。芸術学部正門のバリケードの前を晴着を着た女性たちが笑いながら通ってゆく。つくられてから七か月、それは町になじみ、一つの風景になっていたのかもしれない。右翼の襲撃や機動隊の攻撃にも耐えてきた本館の屋上には、凧が上がっていた。その屋上に立つテレビ塔には、今日も赤旗と黒旗が翻っている。

元旦の朝日新聞に「青春の道程」という特集が、二面にわたって掲載された。そのなかの「日大」「ぼくらは目覚めた　ゲバるだけが勇気じゃない」は、こう結ばれていた。

「長期化する闘争に惑いがないわけではない。

が、停滞から模索へ――。学園闘争の中に芽生えた人間らしい姿勢を評価してやってはいけないだろうか。壁の一行の落書が、春のフキノトウのようにかれらの包みきれぬ喜びをこうつづる。

「われわれはいま学生になった。」」（『朝日』六九年一月一日）

新しい年は、東大で始まった。

六日午後三時から、東大農学部三号館教官会議室で農学部学生大会が開かれた。これに日大全共闘を含む三百人が武装して突入した。学生大会は、流会になった。

同じ六日、栃木県塩原で前年から行われていた経済学部四年生の疎開授業の、年明けの再開初日に全共闘が介入し、会場の畳をはがすなどしたため中止となった。

七日には、千葉で開かれようとした文理学部四年生の疎開授業も、全共闘が介入し中止に追い込まれた。

＊一・一三日大医学部スト解除

医学部では、前年十二月十八日に学部当局が全学生と父兄に対して「医師国家試験との関係で計算すると、一月半ばが留年問題のタイム・リミットである」との、通知を送っていた。授業再開派の学生が動き出し、学生総会の開催を要求したのである。一月十三日午後に行われた学生総会では、「授業放棄（スト）解除」の決議案が採択された。

医学部教授会は、十六日から授業再開し、一日の授業を二時間増やし、土曜日の午後も授業を行い三月末の卒業・進級を目指すといっている。

医学部の全共闘派・民主派学生は、悔しい思いをかみしめていた。彼らは、この年の九月に再度ストライキに入るのである。

生産工学部では、十六日に「スト解除・授業再開」を決議するための学部集会を開催しようとした。会場の日大講堂には、前日から右翼出身の学部教職員と右翼学生六十人が泊り込んで防衛にあたっていた。ここに早朝、全共闘が押しかけ、消火器の粉などをまいたりした。

午後の学部集会に参加しようとした生産工学部闘争委の五十名は、機動隊にサンドイッチ規制されて、参加することはできなかった。学部集会では、「スト解除・授業再開」を決議した。学部当局は、翌十七日からこの日大講堂で疎開授業を始めるという。

＊東大、安田講堂闘争へ

「この年末は、東大の学生たちにとって、卒業中止、留年が目の前にきており、どの学部でも二回、三回と続けて学生大会を開いた。専門課程の本郷でも教養課程の駒場でも、東大構内はさまざまな色のヘルメットをかぶりゲバ棒を手にした全国から集まった青年たちの乱闘で明け暮れた。しかし、それでもなお東大生たちは、律儀なことに民主主義を守ろうとしていた。全員参加の会議を開いて、無期限ストライキを解除するか、封鎖を拡大するか、代表団を出して東大当局と交渉するか、という方針案を繰り返して討議し、多数決で方針を決めようとしていた。

たとえば、東大理学部では学生大会が十一月十二日、二十日、二十七日、さらに三十日（流会）と立てつづけに開催され、あらゆる提案が否決されて決着がつかなかった。十二月十九日に自治会正副委員長選挙があり、日本共産党系が勝利したが、無期限ストライキが続いていることにかわりはなかった。学生大会は、各学部によってそれぞれ特徴があった。法学部は反ストライキ派が力を増して、その圧力のもとに無期限ストライキ中止のために、学生大会が繰り返された。経済学部と薬学部では、全共闘と日本共産党の中間を目指す執行部が闘争収拾への模索を繰り返していた。工学部では全共闘系仮執行部に対して、日本共産党系がストライキ解除派と結びついて多数派を工作していた。農学部と理学部では日本共産党系が力を持っているとはいえ、最後の最後までストライキ解除はできなかった。革マル派が執行部を握っていた文学部では、日本共産党系の提案を反故にし、無期限ストライキと自治会代表権を固持した。教育学部では日本共産党系が執行部を握り、〝あかつき部隊〟の常駐のもと、全共闘派は身動きできなかった。

しかし、医学部と教養学部では、全共闘方針を覆すために日本共産党は全国から集めた部隊の全力を投入して、医学部学生大会と教育学部代議員大会を強引に開こうとした。他の学部では見られない暴力による激突の原因になった。」（島泰三『安田講堂』）

東大では、繰り返し学生大会が開かれていた。全共闘も民青も、そしてこの頃には授業再開の秩序派も、多数決でスト続行かスト解除かを決めようとしていた。東大では、誰もが民主主義を当たり前にあるものと考えていて、それに従わなければならないとしていた。だが、一方では暴力的衝突が繰り広げられていた。不思議といえば不思議な光景である。そして、全共闘派の各セクトも日本共産党も全国からの動員部隊をここに集めていた。東大生の多くも、これを当然のように受け入れていたようである。

日大生には、理解ができないことである。まず、学生の意志だけで自由に学生大会が開かれるということが考えられないのである。日大では、大学の許可を得なければならない。そして議題が大学に歓迎されないものであれば、簡単に不許可になる。それを押して強行しようとすれば、右翼・体育会学生に襲撃される。民主主義は、あらかじめあるものではなかった。民主主義に保障された学生生活は羨ましく、憧れであった。そのなかで立ち上がった日大生は、セクトを、その介入を恐れていた。それは大学・右翼勢力の攻撃と非難を呼び込むことになる。そればかりか、日大闘争とは違う何ものかになってしまうのではないかと恐れていた。

だが、日大全共闘は右翼に襲われているバリケードがあると知らせを受ければ、フットワークも軽く応援に駆けつけた。民青に襲われていると聞けば、これまた気軽に出かけて行った。東大では事態が違う。共闘を誓った間柄である。東大で起こっているすべてをみずからのものとしなければならない。日大全共闘の飛躍が問われていた。ここでも日大生はよくたたかったといえるだろう。明るいタッチで。

このなかで、東大闘争と日大闘争は絡み合いながら進んでゆく。年末の二十八日、坂田文部大臣と東大加藤総長代行の会談が行われた。ここで東大の入試中止が合意された。

＊一九六九年という宿命

東大の新年は、風雲急を告げていた。

全国から動員された日本共産党・民青の部隊と、全共闘派の部隊は暴力的衝突を繰り返した。日大全共闘も、本郷や駒場へと向かった。日大生には、この暴力的衝突は、とても理解しやすかった。日大闘争で右翼が果たした役割を、東大では日本共産党が行っているのである。東大闘争に勝利するためには、日本共産党の暴力を打ち破らなくてはならない。そのたたかいに参加することは、日大全共闘が一一・二二で選んだ道なのである。東大闘争と日大闘争の勝利は一体なのである。

この暴力的衝突をあおったのが、加藤一郎総長代行と東大当局である。「入試中止」回避のために、無理やりの学内正常化に動いた。授業再開派の学生による「七学部代表団」をでっちあげて、十日に秩父宮ラグビー場での学外集会を強行し、その代表団との「確認書」を取り交わすことで、学生との交渉が成立したとする。そのうえで、安田講堂に機動隊を導入し、全共闘を排除して、学内の正常化が完成するとする。そして、入試復活を夢見たのである。

九日安田講堂前には、都内九大学全共闘や各派学生三千人が集まって「東大闘争・日大闘争勝利全都総決起集会」が開かれた。集会後、日本共産党・民青との激突が東大構内各所で起き、民青を追い詰めた。それを救うため二度にわたって機動隊が導入された。ここで、全共闘派だけ五十一名が逮捕された。

そして十日の秩父宮ラグビー場。会場は機動隊によって厳重に守られた。参加者は機動隊の盾の間を通って、機動隊に学生証を提示してからでないと、会場には入れないという体制である。「七学部代表団」さえ、朝まで開催反対を主張したが、加藤代行らに押し切られたという。民青は、会場前で集会を開き「開催反対」を訴えていたが、機動隊に学生証を提示して、会場に入った。ここで、大学と学生の間で「十項目確認」がなされた。それを、全共闘は「学生の全面降伏文書」と言っている。東大全共闘は、百四十九人の逮捕者をだした。「入試復活へ努力　加藤総長代行協調」（『朝日』一月十一日）

集会当日も、またその後もよりいっそう日本共産党・民青との衝突は激しさを加えてゆく。

十五日、全共闘派は安田講堂前で「東大闘争勝利・全国学園闘争勝利　労学総決起集会」を開いた。

「大規模な機動隊を導入して安田講堂から全共闘を排除しようという大学側の動きが具体化し、「Xデー」は一月十七ないし十八日という情報をつかんだ全共闘は、一月十五日に全国の学生・労働者・市民に総結集を呼びかけて、安田講堂前集会を行い、そのまま籠城体制に入りました。籠城組の構成は東大生一に対して外人部隊六ぐらいの感じだったと記憶しています。それぞれ党派ごとの思惑や狙いは違っていましたし、どの部署を守るかという配置をめぐっても思惑がいろいろありました。この混成部隊の統率をどう取るかが深刻な問題でしたので、私の長い学生運動の経歴や、「社学同ＭＬ派」に属してはいても無党派の東大全共闘の中心メンバーの一人であることなどから、比較的すんなりと私が安田講堂の防衛隊長を務めることで落ち着きました。」（今井澄『遺稿集』）

この日、正門前の法学部研究室を中核派が封鎖、占拠した。その向かいの工学部列品館を社学同ＭＬ派が封鎖・占拠した。

日大全共闘は、安田講堂正面のバリケードの補強に取りかかったという。

この日のエピソード一つを、島泰三前掲書はこう伝えている。この頃、山本義隆東大全共闘代表は日大理工学部一号館のバリケードにいたという。

「その連絡拠点で、ひとつのコタツに我々四人が足を突っ込んで寝ていた。一人は覚えていないが、一人は山本義隆、もう一人は秋田明大だった。逮捕状が出たという新聞を読んで、山本が言った。

「これで俺も、とうとう完全なルンペン・インテリになったなあ」

コタツの向こうから秋田が答えて言った。

「これからは、俺は完全なルンペンだよ」

この会話だけは鮮やかに覚えている。今まで誰にも話したことはないけど」

この話を島に語ったのは、M（東大理学部物理学科、東京出身）。山本代表と同じ学科で、彼と同行し、安田講堂との連絡を担当していた人物である。

＊一・一八〜一九、東大決戦

一月十八日、十九日の二日間、安田講堂と各校舎に残った東大生、そしてこのたたかいのために全国から駆け付けた学生も、よくたたかい抜いた。

この二日間、多くの人が学生のたたかいを映し出すテレビの前に釘づけになった。

「一九六九年一月一八日から一九日にかけて闘われた安田講堂の防衛闘争は、本来、東大全共闘にとっては、物理的に守りきろうというよりは、そこに居続けるという象徴的な闘争だったのです。医学部教授会に始まる大学当局のたび重なる失態のなかで、大学の権力的本質を見抜いた学生たちにとって、もはや東大は解体すべき対象以外の何ものでもなく、同時にそこに学ぶ自分自身も否定の対象とならざるを得なかったのです。したがって、大学から退去命令が出され、とどまれば機動隊によって逮捕されることが明らかであっても、自ら進んで安田講堂を出るわけにはいかなかったのです。

安田講堂に立てこもった東大生は少ないと非難する人がいます。安田講堂のほか、医学部図書館や工学部研究室などその他の建物に最後までとどまった東大生・大学院生は九十名を越えます。この数は、いわゆる外人部隊にくらべれば少ないかもしれませんが、それだけ見れば少なくないと私は考えています。これらの学生はいわゆる一般学生であり、就職のことや研究のことを考え、また怪我や家族のことを考え、自分の将来についても最後まで悩みぬいた上で自主的に残った学生です。」（今井澄『遺稿集』）

日大全共闘の学生たちは、お茶の水周辺から東大本郷に向かうたたかいを挑んだ。東大にたどり着けなかった悔しさを、今でも口にする者がいる。

「一月十八・十九両日の東大本郷構内の安田解放講堂をめぐる三十五時間の闘いと、それに相呼応して闘われた、東京神田、お茶の水地区の万を越す戦闘的労働者市民をも交えた闘いは、全国学園闘争を横軸とし、安保沖縄闘争を縦軸とする現代日本学生運動――否、七〇年代を展望した日本階級闘争――の原点に位置していた東大闘争の、普遍的全人民的質を一挙に顕在化せしめた。」

「この英雄的な学友諸君によって闘いとられた燃え上る三十五時間は、たとえ権力が、われわれの一年間にわたる長い苦しい闘いがえぐり出した根本問題を何一つ解決することなく、暴力的に「学園の正常化」を行なっても、われわれが決して許さないことを示した。またこれに呼応した神田、お茶の水地区での学生、反戦青年委員会の労働者、戦闘的市民の自然発生的な闘いは、たとえ暴力的に東大全共闘を圧殺し得たとしても、それをはるかに上まわる人民の決起によって権力は手痛い打撃をこうむるであろうことを表わした。」

「一体東大闘争で何が問われて何が答えられたのか。一般的にすぎることを語ることは、すべてを語って何一つ語らないことになるので避けたいとは思うが、こと東大闘争に関しては次のようにしか言いようがない。すべてが問われて何一つ解決はしていないと。」

「一月十八・十九日の弾圧は、七〇年を迎えて学園闘争を治安問題として捉え返し、安保沖縄闘争に対する予防弾圧を行ないつつ、全国学園闘争の圧殺の第一歩を踏み出したことである。その意味では権力のほうが学園闘争の政治闘争化を先取りしている。政府文部省は、自民党文教制度調査会試案に見られ、三月またはそれ以前の中教審答申に予想されるように、新大管法や文部省の権限強化を通じて大学への支配力をより強め、また東大大学院大学化や教育大の筑波総合大学化を通じて大学の複線化の完備を目論んでいる。今後の闘いは、日本帝国主義の新たな大学の改編に対する全国学生の連帯した闘いとして、安保沖縄闘争に至る重要な闘いの一環をなすであろう。東大全共闘は権力の弾圧に屈することなく闘い抜くであろう。この闘いに終わりはない。闘いの終わりは次の闘いの出発点であることを確信している。(一九六九・一・三〇記)」(いずれも、山本義隆「いま、こう考える」『中央公論』六九年三月号)

10 破壊されるバリケード

＊バリケード撤去と襲撃、逮捕・生産工学部

日大のバリケード撤去は一月二十七日、生産工学部で始まった。午前十時から、五百名の機動隊が配置されるなか、作業員が撤去をおこなった。午後には右翼学生を集めた集会で大塚学部長は、「二十九日から授業再開しよう」と呼びかけたという。

この日、全共闘は習志野校舎に学生を集めて抗議集会を開いた。

翌二十八日、生産工学部闘争委は津田沼校舎正門で抗議集会をもった。

そして、授業再開の二十九日である。

「習志野事件は、六九年一月二十九日に起こった事件だが、千葉県の津田沼にある、日大生産工学部津田沼校舎で授業が一方的に再開されることになった。全共闘の諸君が授業再開のために集まってくる学生に授業再開の不当性、大学当局の不正を追及しようという方針のもとに、二十八日に、津田沼校舎の正門前で、抗議集会を開き、翌日登校してくる学生にビラ等をまいて説得しようということで、その晩習志野校舎（理工・生産・短大の複合キャンパス）に泊り、翌朝、マイクロバス四十名程で津田沼校舎へ行った。しかし、そのことは、すでに警察に察知されていて、全共闘派の学生が津田沼校舎近くに着くと、身体検査令状なくして、不法にマイクロバスを降ろされて、機動隊員に身体検査をされたとい

う。学生はヘルメット以外は何も持たずにいたので、検査はすぐ終わり、津田沼校舎の正門にきたところ、門は昨日と違って開けてあった。
昨日は立入り禁止の札が立てかけてあったのだが、当日は自由に出入りして良いということだと思ったらしい。そこで全員中に入ったところ、とたんに右翼が木刀や角材を持って包囲してきたという。そこで何も持っていない全共闘学生は追いかけられてF号館という校舎に逃げ込むことになる。その包囲してきた右翼は百名前後いるわけで。その中には去年芸術学部のバリケードに殴り込みをかけた関東軍もいたそうだ。それらに追われた学生はF号館に入って、内側から暴行されないようにバリケードを築くわけだが、外からは右翼に石を投げられ、木刀や角材に追われて、全共闘の学生は二階へとバラバラに追いつめられた。それでもまだ廊下から教室に入ろうとしてドアをおさえて頑張るが、そうこうする内に、ちょうど芸術学部の逆のようになり、学校側の右翼学生に、「お前らの命は保障するから出て来い」といわれた。そこで、これ以上闘っても、武器も人数もないので、仕方なく降伏したという。そして全共闘の学生が全員出て行くと、全員並ばされて、バンバンとビンタを浴びせられ、その後すぐ、その生産工学部の学部長、大塚誠之に、一人ずつ写真を撮られたという。そして今度は、その全共闘の学生を機動隊（すでに乱闘のとき校内に入っていた）に次々と渡していったという事件である。」（田賀秀一『1608名の逮捕者』）
こうして、生産工学部の学生三十九名が逮捕された。

＊大学と右翼の襲撃・郡山工学部

二月二日早朝、郡山工学部では野引学部長以下教職員百五十名、右翼・体育会学生二百五十名を動員して、バリケード襲撃が行われた。学部長以下全員おそろいのヘルメットを被り、小型ポンプ三台、三十本のホースを用意するという周到なものだった。それはまるで十一月八日の芸術学部バリケードへの右翼・関東軍の襲撃を彷彿とさせるものである。

工学部闘争委員会の学生十二名は、校舎塔屋にたてこもって最後までたたかった。だが芸術学部と違って、すぐに全共闘の応援部隊が来るわけではなかった。十二名は二月の東北の寒さのなかで激しい放水を浴び続け最後には全員激しい暴力を受け、重傷を負って病院に送られた。

翌日の警察発表でさえ、「工学部の〝自主解除〟についてスト派ばかりでなく、学部側、反スト派の行動にも刑法にふれる点があるとして、捜査に着手し、同夜、同学部副手ら四人を参考人として呼び出し、排除の細かい経過などについて事情聴取を始めた」「学部側の教職員、反スト派学生が放水したり発煙筒や石を投げ、また排除の最終段階でスト派学生に乱暴を加えたのは暴行または傷害になる疑いが濃い」（『朝日』二月三日）といっている。郡山工学部のたたかいは、右翼的体質の濃厚な大学、そして地域のなかで、きわめて困難な状況を最初から強いられていた。だが、彼らは九月四日の法・経の機動隊導入に対する怒りから、ストライキ闘争に突入した。この日、十二人の学生がそれを守りぬこうとしたのである。

＊法学部・経済学部、姿を消した全共闘

郡山工学部に大学・右翼学生の襲撃が行われた同じ日、法学部・経済学部のバリケード撤去が強行された。

前夜、翌二日に機動隊が導入されるという情報が流れたという。そこで、両学部の学生たちは、バリケードを出た。二日正午過ぎ、経済学部では教職員、体育会学生、人夫など約百三十名が校舎内に入り、バリケードの撤去作業を行った。法学部では、建設会社の作業員五十名が、バリケード撤去作業をすすめた。

その事態を、「姿を消した全共闘」と新聞は報じている。これが、日大全共闘が選んだ方針だった。それしかなかった。当時も、いまでも私はそう思っている。

そのとき私は、前年十一月の芸術学部での右翼とのたたかい、徹底抗戦闘争で十二月四日に令状逮捕され、起訴されて小菅刑務所にいた。執行部全員が逮捕されたあと、芸闘委を中心になって支えてきた斉藤憲一（演劇学科三年）が面会に来て、「再度芸術に機動隊導入があったら、徹底抗戦するべきか」と聞いた。私は「するべきではない」と即座に答えた。それが現実的な対処方針だろうと考えていた。

まず、佐藤発言以降の日大闘争は厳しいたたかいを強いられていた。とくに、警察権力との関係では九月四日の経済学部のたたかいに殺人罪攻撃がかけられている。十一月十二日の芸術学部徹底抗戦では、それまでの日大闘争では考えられない弾圧にあっている。もう九・三〇以前のような野放図な展開はないだろうと考えていた。

さらに一月には東大安田講堂闘争があった。二日間にわたるたたかいには感動した。拘置所では、東大のニュースがラジオから流れだすと消されてしまい、新聞や雑誌の東大関係の記事は黒く墨で塗りつぶされていた。そうした当局の態度も時間とともにゆるんでくる。ある日、週刊誌の写真で安田講堂闘争の姿を見た。その安田講堂の姿は、信じられないものだった。「BUND」「中核」「社青同」などのバカでかい旗が、安田講堂にぶら下がっているのである。安田講堂闘争はセクトがやった闘争だ、そう思い込んでしまった。「東大全共闘」の旗はなかった。島泰三『安田講堂』を読むまでは、そう思い込んでいた。東大でも、医学部では竹竿だけで機動隊とたたかった東大生がいたことを知り、東大闘争と連帯してよかったと思えた。いまは当時の話である。あの安田講堂闘争のあとで、日大の徹底抗戦などありえないと考えていた。

だから私は、斉藤に芸術学部では徹底抗戦をするべきではないと答えたのである。だが、まだ傷を受けてない文理学部か理工学部ではできるのではないか、または全学部から行動隊を集めて経済でやったら、などとも考えていたのも事実である。

この法・経のとった方針について、私はこれしかなかったといった。だが、疑問に思っていることは、この方針は全共闘会議で確認された方針なのかということである。日大内のセクト、中核派とML派の合意だけで、全共闘としては「各学部に判断をまかせる」というような、無責任な決定があったのではないか、という疑問をいまでも私は持っている。十二月十五日の「日大闘争報告集会」以降の日大全共闘には、ありえないことではない。つまらないこだわりなのかもしれない。だが、けっこう重いのである。

＊歯学部闘争委、スト解除提案

歯学部では一月二十五日、右翼学生が五百人を集めて集会を開き、スト解除決議を上げた。

一方、歯学部闘争委は二十七日クラス討論のうえ、全学集会を開き「スト解除決議無効・スト続行」を決議した。全学集会には五百人が集まった。この日、右翼学生は実力で校舎のバリケードを撤去しようとして闘争委学生と小競り合いなったが、バリケードは維持された。

二月三日、闘争委は歯学部学生大会を招集して、「スト解除・バリケード撤去」の方針を提案した。闘争委をリードしてきた革マル派は、状況の切迫に追いつめられ、右翼・体育会や授業再開派の学生に屈服したのである。採決は、「スト解除・バリケード撤去」方針賛成二百九十六、反対六十九、棄権五であった。この時期でも、バリケードスト続行を求める学生が六十九人もいたのである。

二月六日、商学部では学部集会が開かれ、「スト解除・授業再開」を決議した。集会に参加していた教職員、学生二百人が、校舎のバリケードを解除した。商学部闘争委は、事前に退去したので、衝突はなかった。

＊機動隊出動要請

二月八日、大学当局は理工・文理・芸術・農獣医のバリケード解除のため「機動隊の出動要請」をした。文理、理工、農獣医の三学部は、まだ戦闘力を十分に保持しており、右翼・体育会学生や教職員だけでのバリケード解除は無理と判断したのだろう。

芸術学部は、芸闘委の体制が弱体化しているのはわかっていただろうが、何をするかわからないとでも思われていたのだろう。大学としても、ここは警察力に頼る以外に方法はなかった。

そのうえ、大学当局は切羽詰まっていた。入学試験を実施しなくてはならないのである。すでに二月六日の新聞に、入学試験の会場を発表していた。それはこういうものだった。

「＊法学部、文理学部、経済学部（商業経営学科）、商学部、芸術学部、農獣医学部、工学部（東京出張試験）　日本大学講堂（両国）
＊経済学部（経済学科）　各受験生に通知の通り地域別に出張試験
＊理工学部　日大豊山高、日大一高、日大二高、日大三高
＊歯学部　日大豊山高
＊生産工学部、工学部　学部校舎」

場所のつぎには、日程を発表しなければならないのである。とくに、日大講堂を使用する学部の順番を決めなくてはならない。大学側も綱渡りである。

機動隊導入決定のあった、その夜のバリケードのなかの状況を『朝日ジャーナル』の記者が報告している。まず、文理学部の様子である。

「「徹底抗戦」が決まったのは、八日午後九時半からの全体集会でだった。「右翼だけなら我々だけの力で勝てる。しかし、機動隊の前には玉砕するしかない」「たしかに負けるだろう。徹底抗戦組は全員逮捕され、しかもこれまでのように三泊四日では出られない。二十三日間の拘留は覚悟しなけりゃならない」「保釈金も二十万円ぐらいにははね上がってきた。いま活動家をやられるのは、日大闘争の終わりを意味する」

重苦しい空気を破るように、「権力がボクらの闘いを力で圧殺しようとしてくるとき、

それを実力闘争ではね返すのが我々の戦略目標じゃなかったのか」「全員が闘えというんじゃない。三〇人でも五〇人でもいい、これらの学友が断固として闘うことではじめて、残る学友に日大闘争の意義を伝えうる」と、徹底抗戦派の主張があいつぐ。方針は決まった。その途端、「救対には資金が少ない。保釈金が出せないかもしれない。長期的拘留に耐えて、黙秘しつづける自信のある人だけが残ってほしい」と救対部員の女子学生が、かん高い声でクギを刺す。かすかな動揺。廊下にたたずんだ数人が、低い声で話合う。

「オレもリストに入れてくれ」「いや、お前は出ろ。だれも日和ったなんて思わねぇよ」「オヤジは校長だろ、心配させるなよ」「単ゲバ（単純ゲバルト）はオレたちにまかせとけよ。お前、意外と人望あるからな。外で組織作りやってくれ」「差入れたのむぞ。甘いもんとな、タバコを切らさんでくれよな」女子学生も一人残る。大柄な身体、「君ならヘタな男の二人分は働くだろうな」というひやかしに、すまして、「ええ、わたし強いわよ」。「守備隊」の人選も終わった。「右翼が露払いとしてくるか、いきなり機動隊がくるか」――いずれにしても、夜明け前があぶない。徹底抗戦の準備が急速に進む。」（平栗清司「ルポ・バリケードのなかの一週間」『朝日ジャーナル』1969・2・23号）

同じルポで、芸術学部の情景はこうである。

「同じ日大生とはいえ、芸術学部と文理学部、あるいは同じ学部でも部屋が違えば、異なった素顔をのぞかせた。芸術学部では、写真、美術、映画、演劇の各学科が一部屋ずつ持ち、「弱体だ」といわれる文芸、放送、音楽の各学科が集まって「雑居房」を作っていた。

ここでは、「アナーキスト」を自称する学生が多い。

「「オレたちはどうしてこんなに孤立してしまったんだろうなあ」—芸術学部がストライキを決議した昨年六月十九日には、全学生五千人のうち二千人以上が大講堂を埋めた。スト賛成の拍手は圧倒的だった。それから一週間ほどは、泊りこみ部隊は三〇〇人を越えて、部屋が足りないほどだった。夏休みをはさんで一時脱落しかかった部分も、両国講堂で古田会頭以下を完全に屈服させた「九・三〇大衆団交」の前後には、再びバリケードに結集してきた。しかし、闘争が日数を数えるとともに、脱落が続いた。もう二度とは高揚はなかった。二月に入って、泊りこみ部隊は三〇人から四〇人。

「大部分の日大生はな、しょせんポン大生だったのさ。ヤツらノンポリじゃなくてアンチポリなんだ」「どういうことだ」「九・三〇で勝ったと思ったろ。ところが佐藤が古田にテコ入れして立直らせてしまった。そんとき、ヤツら体制の正体をみてブルってしまったのさ」

「そういうこと。日大生の平均像は、なんたってプチブルだもんな」

芸術学部は、文理学部のように登校してくる一般学生の姿がまずない。闘う者と闘わない者とは、すでにはっきり色分けされた。それだけに、残った者の意思は、少々のことでゆるぎそうにもない強さを持っている。同時にそれは、一般学生とのミゾの深さを物語り、彼ら芸闘委の「我々は孤立している」という思いを、いっそう強めているようだ。彼らは去っていった一般学生を「バカ」「クズ」とあしざまにののしり、「もう彼らへの幻想は持たぬ」といいきる。そして、言葉が心をさらに高ぶらせるのか、次第に激してくる。

「もうこんな大学で授業受ける気、ぜんぜんしねぇな」「そう、火つけてなくしちゃおうじゃないか」

「もう日大はなくなりました、なんてカッコいいじゃないの」。そして、うつろに笑いあうのだった。」（同上）

二月九日、芸術学部に機動隊が導入された。バリケードにいた三十七名の学生が排除され、バリケードは撤去された。同じ二月九日、理工学部にも機動隊導入、バリケードは撤去された。翌二月十日、農獣医学部にも機動隊導入、バリケード撤去。

最期の砦、文理学部には二月十八日、機動隊導入。バリケード撤去される。

この日「徹底抗戦」は行われなかった。

11　バリケードなき日大闘争

＊始まった入試と五万人集会

二月十一日、日大のトップをきって農獣医学部の入学試験が両国日大講堂で行われた。それは、学部のバリケードが機動隊の導入によって解除された翌日であった。

この日、日大講堂周辺は警視庁機動隊六百名ががっちりと固めていた。会場内は、右翼出身の大学職員と右翼・体育会学生二百人が警備にあたっていた。まるで前年六月十一日の経済学部を思わせる体制である。のちに「日大アウシュビッツ体制」と呼ばれた、日大の授業再開体制のひな形だった。

それでも、午前九時から三時間半の筆記試験はなんとか終えたが、午後の面接試験は「全共闘の妨害が考えられる」として中止された。そして、合格発表は行わず、受験生各人に郵送で知らせる、という措置が取られた。

同じ二月十一日、日大全共闘は「2・11日大闘争勝利五万人集会」を開いた。

会場となった神田駿河台の日大理工学部に隣接する中央大学の中庭は、人で埋め尽くされ、周りをとりまく校舎の窓という窓には学生の顔があふれている。日大を先頭に東大をはじめ都内の全共闘が総結集している。三里塚芝山連合空港反対同盟の農民の姿も見える。反戦青年委員会の青年労働者もいる。

校舎二階のバルコニーを演壇にした集会では、逮捕状が出ている秋田明大議長が登場し演説した。日大全共闘は健在である、日大闘争はこれからも続く、その証明であり宣言でもあった。警察機動隊の力を背景にしたバリケード解除攻撃に、全共闘は徹底抗戦を回避した。それによって、全共闘の基本的部隊を維持しながら、六九年の日大闘争を迎える。その出発点が「五万人集会」だったのである。それは、日大全共闘と日大生の選択であった。

*滅びと再生の岐路

前年の日大使途不明金事件から取材し、日大闘争にずっと寄り添ってきた朝日新聞の高木正幸記者は、こう記している。

「二月九日、バリケード撤去のために機動隊を芸術、理工両学部に導入した日本大学は、経理の乱脈にからんで経済学部の取り調べがはじまった翌日の一一日、両国講堂を機動隊に囲ませ、都内紛争大学のトップを切って農獣医学部の入試を行った。一方、同日午後、全学共闘会議が神田の大学本部前で開こうとした『日大闘争勝利労働者学生市民五万人大集会』は、五千人以上の警官隊を動員した警視庁の〝戒厳令〟のため、会場予定地に一人の学生も入ることが出来なかった。

一一日午後、神田周辺の街角という街角には、二〇人、三〇人と完全武装の機動隊員が立った。水道橋、お茶の水両駅前には二、三百人の機動隊員が立ち、学生とみれば歩道から追い、車も止めて検問し、完全に神田学生街への学生の立入りを封じた。日大本部周辺は、一般人の姿も消え、通りにみられるのはアイ色の出動服の群がりと、灰色の警備車、トラックの列。学生弾圧の〝古田独裁大学〟はこの日、学生無き〝機動隊管理大学〟と化した。

日大本部前を追われた学生たちは流れるように中大学生会館、日大理工学部前の〝解放区通り〟に集まり、デモを繰り広げた。『闘争勝利』、『官憲粉砕』、『古田倒せ』――ヘルメットのない、オーバー姿の学生が目立つ約五千人のデモは熱っぽかったが――。

大学改革問題の入試実施問題へのすりかえ―機動隊導入―安田講堂〝落城〟と、東大闘争が体制側の前に急速にしぼんでいったとき、東大とともに大学闘争の頂点とされた日大闘争も影をひそめたが、その間、かつてあれほど圧倒的に押しまくられ、孤立化していった古田理事会は、居すわりを完成し、むしろ立場を逆転した。それを何よりも支えたのは、闘争学生に対する国家権力側の検挙体制と、大学側と癒着した右翼体育会系学生の再度の台頭であった。

「東大の一月」から「日大の二月」へ、学生たちはいう。今後日大闘争に加えられてくるであろう東大、日大方式おりまぜての鎮圧への不安と、国家権力との真正面の対峙へ登りつめた変革へのたたかいへの闘志が、この言葉を生んだ。

「日大全共闘は、一一月二二日の東大における東大・日大闘争勝利全国学生総決起大会を皮切りに、安田講堂〝落城〟まで、力づよく東大闘争を支援した。しかし、その一方で、日大各学部の全共闘のバリケードは次々と機動隊や大学側、右翼体育会系学生によって解除され、活動家の数も減少した。

九日、機動隊によって芸術学部の封鎖が解かれたため、バリケードの拠点は、一一学部中理工、文理、農獣医の三学部だけとなった。東大闘争が一つの挫折に終わったとき、日大全共闘もまた、自らの立場が転機に立たされていることに、気づかねばならなかったのである。

——東大と日大は、一方がエリート養成機関として、他方が中堅サラリーマンの養成機関として、ともに現代資本主義＝帝国主義のための大学として存在した。古田体制の背後にある国家権力は、東大の背後にも存在する。東大が敗北すれば、日大闘争も影響をうける。東大の闘争も、まさに自分たちの闘争である——東大全共闘側の要請もあったが、日大全共闘は東大闘争支援をこう論理づけた。そこには、日大闘争のエネルギーで東大闘争を有利に出来る、オレたちが行けば何とか勝てるという百戦百勝の気負いと、圧倒的な勝利を得た昨年九月三十日の大衆団交後、はっきりと打ち出せなかった闘争方針の活路を東大闘争の中に見出そうとする心情もひそんでいた。

理論的には正しかったはずのこの東大闘争支援は、しかし、一般学生への説得力を欠いた点に誤算があった。それまで全共闘の活動家と行動をともにしていた学生の間から「オレたちは古田打倒でやっていたのに」、「最近、全共闘のやることがわからなくなった」という声が上がり、かなり幅広い離反がはじまった。

全共闘側の誤算には、九月三十日の大衆団交後、すっかり逃げを決めこんだ古田理事会に、攻撃のマトをはずされたという戦術の未熟さもあった。古田会頭は、表面的には辞めたといい、公式的な意見表明を全く避け、そのウラで取りまきを動かし、金を思うがままにつかって、体制の立て直しをはかっていった。」（「「東大の一月」から「日大の二月」」、『朝日ジャーナル』1969・2・23号）

第3部
それからの日大全共闘

1　バリケードなき日大闘争 補遺

＊生き方問われた日大生

バリケードを追い出された芸闘委は六九年二月十六日、降りしきる雪のなか芸術学部奪還闘争に立ち上がった。同じ江古田の武蔵大学に集結した学生は、西武線の線路から大学を目指した。機動隊と衝突し、千川通りにバリケードを築いたりした。「バリケードのない」日大闘争が始まった。それは、全共闘と日大生がみずから選んだ道だった。

「古田打倒」「五大スローガン・九項目要求」は宙に浮いたままである。だが、全共闘と日大生は充分に戦闘力を保持していた。六八年日大闘争は、九・三〇大衆団交の勝利をかちとり、佐藤首相発言とその下での古田の居直りと対峙しつづけてきたのである。九・三〇以降、四か月にわたってバリケードを守り抜きここに至っている。

この時期、日大全共闘は学生大衆の支持を失っていた、などとまことしやかに言う評論家たちがいる。日大生のなかには、大衆団交で古田をとっちめ、言いたい放題を言ったのですっきりした、これで十分だ、と考えた学生もいたかもしれない。東大闘争との連帯なんかやめて、日大だけでやればいいんだ、と全共闘に背を向けた学生もいたかもしれない。

だが、バリケード解除と同時に、すべての日大生には一人ひとり「踏み絵」が迫られたのである。絵を踏まなければ、つまり「授業妨害はしない」という誓約書を提出しなければ大学への「入構証」がもらえず学内に入ることすらできなくなったのである。入構証をもらって授業に出ても、教師に少しでも反抗すれば右翼やガードマンに暴力を振るわれ、入構証や学生証を取り上げられ、学外に放り出され二度と大学に入れなくなった学生も少なくない。その非人間的な現実を理解できないから、全共闘の支持がどうのといえるのである。このとき、日大生は一人残らず生き方を問われた。

全共闘に心を寄せながら、卒業・進級のため再開授業に応じた学生も少なくないだろう。またこの頃、日大を自ら去った学生が一万人ほどもいたといわれている。全日大生八万人のうちの一万人である。それぞれに、それぞれの事情、心情があったのだろう。その一万人が多いのか少ないのか。日大を去った一万人は、多かれ少なかれ日大闘争の影響で去就を決めたのだろう。日大闘争は、多くの学生の人生そのものに深くかかわっている。一万人は、あるいは大きな疵を心にかかえ、あるいは小さな誇りを胸に抱いて日大を去っていったのだろう。

日大闘争といえば、九月の白山通りを埋めた万をこえる学生たちによってつくられた解放区や九・三〇大衆団交を、思い浮かべる人も多いだろう。だが、日大闘争の広さ、深さは、この日大を去った一万人という事実のなかに示されているのではないだろうか。

この一万人、何らかの形で日大闘争にかかわった人数と整合している。私が責任持って言える芸術学部では、六八年六月十九日のストライキを決めた集会の参加者は二千人近くいた。その集会は当初、大学による「使途不明金に対する説明会」として開かれた。それを途中から「芸闘委による大学に対する追及集会」にすることが宣言された。それに反対する学生は会場から去った。残った学生は討論のうえストライキに入った。学生たちは、自由を、民主主義を知ってしまった。バリケード解除後の日大、闘争以前よりむき出しに暴力の支配する日大に、決別する決断を下したのであろう。芸闘委に常時結集しバリケードに泊り込んでいたのは、九・三〇以降でも五、六十名であった。全共闘の集会などには、百名近くが集まった。それが全学部となれば、三万人ぐらいはいただろう。一度はバリケードに入ったことがある、デモに参加したことがある、機動隊に石を投げたことがある、そうした学生だって一万人ぐらいはいただろう。大衆団交には、二万五千とも三万ともいわれる学生が集まった。そうした中での、一万人である。

この六九年はじめの時期でも、全学でいえば千数百人の日大生がたたかいの道を選び、全共闘に結集しているのである。そういうとすぐに、全学生の何パーセントだ、などと言い出す輩がいる。言わせておけばいい。確かに、前年の大衆団交までのように大衆的結集力を誇る日大全共闘ではない。評論家や学者は、さまざま理由を分析している。だが、こうすれば大衆的結集を維持できた、などといえる人間なんかはいない。日大生はたたかい抜き、ただここに立っているだけなのである。

＊日大全共闘は変質したのか

だが、この時期になると、日大全共闘は完全に変わっていた。

全共闘六役と学部闘争委代表による「全共闘会議」は、まったく開かれなくなっていた。全共闘の行動や集会などは、中核派とＭＬ派の交渉で決まるようになっていった。この点が、六八年と六九年の日大闘争の決定的な違いである。日大全共闘の変化、変質である。日大生が大切にしてきた「直接民主主義」は、かろうじて学部闘争委のなかに残っているだけである。それが消えていくのも時間の問題だった。

それでも全共闘はスムースに運営されていた。党派の交渉で決まったことは、事務局(情報局)によって各学部に確実に連絡された。各学部で起こったこと、集会や行動などは事務局に集約され、その報告ビラで周知された。事務局の一人が「情報局が全共闘であった」と言っていたが、それは六九年の現実を反映している。それは、機能的全共闘であった。

全共闘に結集する学生たちは、このあり方を喜んでかどうかは別にして受け入れていたようである。それはどうしてなのか。前年五月、胸躍らせて決起し全共闘に結集し、九・三〇までたたかい抜いた記憶が焼きついているからである。その後のたたかいの苦しい局面も一緒に耐えてきた仲間がそこにいる。そして、いま全共闘という生き方を選んでいる。その全共闘が、機能主義的な全共闘に変質していたとしてもである。なにしろ前年五月の全共闘が忘れられないのである。

そして、その学生たちの少なくない者がセクトにすでに参加していたし、セクトを支持している者も多数いた。セクトに反発する者は、そういうグループを強固につくっていた。そうした学生たちにとって、機能的全共闘は問題ではなかった。私もそのうちの一人だった。

*実力闘争を堅持するということ

三月十日、文闘委は三千名の学生を集めて本館を占拠しバリケードを再構築した。文闘委の底力、戦闘力を示した。このストライキは、授業再開を吹っ飛ばし、四月三日の機動隊導入まで二十五日間続いた。日大生のバリケードにかける思いを爆発させたものである。

三月二十五日、全共闘は「新入生歓迎集会」を法政大学で開いた。この集会には、東大、東京教育大などの学生も集結し、三千人（警視庁調べ）が集まった。この集会は、以降の大学立法反対闘争のひな型になっていった。

日大全共闘にとっては、新入生歓迎がメインである。新入生獲得は切実な課題であった。この年の新入生は日大闘争の存在を知って入ってきたのである。もっと言えば、日大闘争に参加したくて入学してくる学生もいるはずである。そうした学生を戦列に加えて全共闘を強化したいのである。セクトはそうした新入生をぜひとも獲得したいのである。

日大全共闘は集会終了後、二百人の角材部隊を先頭に「法経奪還」の無届デモに出た。外堀通りで機動隊と衝突し、四十六名の逮捕者を出した。全共闘は「実力闘争堅持」を表明した。

この実力闘争だが、この時期の学生運動の常識となっている。だが、日大生にはより切実な理由がある。日大全共闘はいつでも最低限の武装を維持し、右翼勢力に構えていなくてはならないのである。大学当局と右翼勢力の暴力支配が日常である日大で、闘争を起こし維持してゆくためには、全共闘とたたかう学生は最低限の武装を持つことが必要であった。ヘルメットと角材がそれであった。

六八年日大闘争は、五月三十一日文理学部、六月十一日経済学部、十月十四日工学部、十一月八日芸術学部をはじめ、数多くの右翼との衝突を経験してきた。さらに、警察機動隊に対しても九月四日の法学部・経済学部の仮処分執行に抵抗闘争をたたかい、十二日にかけて多数の逮捕者を出しながら奪還・解放のたたかいをやりぬいた。六月十一日には出動してきた機動隊に拍手を送り、農獣医学部では警視総監賞をいただいた日大生は、大きく変化し、飛躍していったのである。

日大闘争は「暴力的」なたたかいであった。その結果、学生たちに多くの負傷者を出してきた。そして、千六百八人もの逮捕者を出すことになる。日大闘争において、その「暴力性」と「大衆性」は対立するものではなく、むしろ「暴力性」が「大衆性」をひきだし、さらにここまでの「持続性」を生み出したのである。それは、学生たちの体と心に傷を残すことになっただろう。だが、それしかなかったし、その選択は正しかったと多くの日大生は思っていた。

その道をさらに進むしかない、そういう意味をこめた実力闘争堅持なのである。

四月十二日、全共闘は明治大学学生会館前に結集して「法経奪還」デモに出た。すぐに機動隊と衝突し、投石が繰り返された。機動隊はガス銃を乱射しながら学生会館に乱入した。この日の逮捕者は百二十六名。日大生九十三名、それ以外は学館でサークル活動中の明大生である。明治大学当局の警察への抗議もあったため、裁判所はほとんどの学生に拘留を許さず釈放した。

日大全共闘は、日大闘争、東大闘争以外にも活動の場を広げていった。三月一日、日大全共闘は京都大学入学試験粉砕闘争に二百五十名の行動隊を派遣。京大時計台前集会後の東一条から百万遍にかけての解放区闘争をたたかった。

また、全共闘は三月三十日の三里塚空港反対の全国集会にはじめて参加した。「農地死守」の農民たちのたたかいは、日大生に大きな共感を生んでいたのである。二月十一日の日大集会に大挙参加してくれた三里塚農民への返礼でもあった。

四月二十八日の沖縄闘争には、今まで通り各セクト、グループでの参加であった。

2　文理「アウシュビッツ体制」と郡山「圧殺の森」

＊「アウシュビッツ体制」

四月になっても、多くの学部で授業を開始できないでいた。四年生は、疎開授業をやったという仮構をつくって何とか送り出した。だが、新入生は入学式を前に自宅待機である。旧一年、二年、三年生の授業再開はメドも立たなかった。各学部とも校舎を工事用鉄板などで取り囲み、入口は人一人がやっと通れるようにしてある。そして、学生には「授業妨害をしない」という誓約書を父兄連名で書かせ、それを提出したものにだけ大学の入構証を発行していた。五月、六月と各学部で授業が始まると、どこの学部でも混乱が起こった。だが、文理学部当局の暴力的やり方が際立ってきた。それを学生たちは「アウシュビッツ体制」と呼んだ。

この時期の全共闘のたたかいは、一つは全学集会を開催し「法経奪還」を掲げた実力闘争を繰り返した。そしてもう一つは、新入生獲得のための情宣活動と組織化の活動である。再開授業に潜り込み、学生を再組織化するということも行われた。どちらも困難なたたかいだった。

「十一学部中最大の学生数を数える文理学部も、三月はじめ世田谷の校舎で開始しようとした授業を、数百人の全共闘学生の校舎再封鎖によって阻止された。その後、世田谷校舎は学部側にロックアウトされたままで、学生の出入りが禁じられている。五月十六日、府中市朝日町の麦畑の中に十七むねを急造、ようやく一五〇〇人の新入生の授業に乗り出したが、二、三、四年生は、体育学科の一部を除いてまだ授業をはじめていない。

十六日の新入生の入学式はものものしく、丸太と有刺鉄線の高いサクで囲み、窓には投石よけの金網をはった同校舎の周辺を、一〇〇人の教職員と、一〇〇人の機動隊員が取りまいた。新入生は入学許可証を入口を固めた職員に見せ、一人がやっと通れる有刺鉄線と金網の扉を通って中にはいったが、付添ってきた父兄は「妨害学生が父兄にばけて校舎にはいると困る」とシャットアウト、有刺鉄線越しに学部長代行のあいさつをうけた。この屈辱的な入学式に「まるで少年院か、捕虜収容所だ」という声が、学生からも父兄からもあがった。」（高木正幸「積重ねられゆく虚構」『朝日ジャーナル』1969・6・1号）

この入学式の様子を、『読売新聞』が面白おかしく報じている。

『ムギ畑に〝プレハブ大学〟　日大文理学部入学式　紛争で校舎使えず嘆く父兄　〝まるで捕虜収容所〟』「府中市朝日町一丁目といえば一面の麦畑、ここにプレハブを並べて十六日日大文理学部が入学式。三月中旬、大学側の自主封鎖で自宅待機を余儀なくされていた同部新入生千五百人にとってザっと一ヶ月ぶりの解禁というわけだが、青々とした麦畑にこつぜんと出現した十七棟の簡易校舎を見た関係者、住民たちは一様に戸惑いの表情。この日の〝異常入学式〟の受けとめ方もさまざまだった。

〝入学式〟を終えてプレハブ教室から出てきた一人の学生。上気した赤い顔。しきりに汗をぬぐう。「暑くて…。大学の入学式といえば、もっと格式のあるものと期待したんだがなぁ…。でも自宅待機よりいいです」彼は不満の中にも、やっと入学式を迎えたうれしさを隠しきれない様子。

ミニスカートの女子学生三人。新しい教科書をかかえてニコニコ顔。しかし、プレハブを見たとたん「ゲバ学生をうらむわ。なぜプレハブ校舎でやらなきゃなんないの」「このへん何もないじゃない。それからあのトイレ…」と三人で顔を見合わせた。

なるほど、校舎のはずれに男子、女子用のプレハブトイレが並んでいるが、観光地の公衆トイレさながら行列ができていた
金網と有刺鉄線の外で、不安顔の父兄たちは大学側が用意したお茶を農道で立ったまま飲んでいたが、ある年配の父親。「捕虜収容所みたいだなー」、苦笑を交えてひとりごと。敷地周辺の有刺鉄線の物々しさもさることながら、窓につけられた投石よけもさながら〝ゲットー〟のような感じ「こんな畑の中で授業するんじゃ子供がかわいそうだよ。大学はなんとかならないのかねえ」。

田中篤同学部庶務課長は「大学が封鎖中なので何とも申し訳ありません。とにかく、一日も早く本校舎に移るように努力します。それにしても情けないと思います」と自嘲。

農道伝いに〝見物〟にきた近所の主婦たち。「あのプレハブ、何かと思ったら大学だったの…」そのそばで「入学式の阻止」にやってきた共闘会議派の学生たちザッと百人が、ヤケに元気な声で「ナーンセーンス」。

この一画を管内にもつ府中署は「三億円事件でネコの手も借りたいぐらいなのに、このうえ大学紛争が持ちこまれたりしたら大変…」と渋い顔だが、麦畑の中の〝大学街〟をめぐって商魂の方はなかなかたくましく学生相手のプレハブ飲食店やプレハブ・ジャン荘を

開店するという話がしきり。当分、プレハブ大学のハプニングが続きそうだが、この日、近くの畑で一部始終をとっくり見つめていたお百姓さんの一人がこういった。「びっくりしたねー。こんなとこに大学が移ってきたとは、しかし、大学なんて簡単に出来るんだね。」」（『読売』五月十七日）

六月に入ると、高井戸の文理学部校舎でも授業が開始された。

『批判学生お断り　日大文理学部　討論集会も締出し　厳しい検問　学生暴行騒ぎも』「授業が再開された日大では、学生に対する大学側の監視、批判学生の締出しはきびしいが、東京・桜上水の文理学部で今月初め授業を受けた学生二人が〝学内警備〟の職員に暴行を受け、救急車で病院に運ばれるなどの事件が起こっている。

二十三日から始まった旧二年生の集中授業でも、初日から腹をおさえたり、顔をはらして学外へ追出される学生の姿がみられた。

大学側は「オーバーだ」と言っているが「大学批判の動きを暴力で完全に押さえようとする紛争前よりひどい〝牢獄授業〟」という声が、学生たちの間から盛んにあがっている。

同学部では授業再開に当り、他学部と同様、学生一人一人から「授業妨害をしたり、大学の指示に従わない場合は聴講取消しの処分をされてもよい」という趣旨の確認書を父兄との連名でとり、これと引換えに写真付きの受講票を発行した。

校舎の周囲は鉄条網や鉄のヘイで囲み、人一人がやっと通れる程度の鎖で繋いだただ一カ所の鉄のトビラでは、職員が学生一人々々〝検問〟、この受講票を持たない学生は中に入れない。さらに授業を討論会に切替えたり、教授をつるしあげたりする学生に対しては「授業妨害」と判断、受講停止の措置をとっており、教職員らがパトロールして「妨害学生」の排除に当たっていると、学生や教職員組合ではいっている。

学生たちの話によると旧三年生の授業が始まった二日、教育学科で学生たちが授業の代わりに討論をしていたところ、教室の外にいた職員や体育会らしい学生たちが中にはいって来て、討論の中心になっていた数人の学生を無理やり連れ出し、乱暴を加えて校門の外に追出した。このため五人の学生が頭、顔、腹、腰の打撲傷で近くの病院で手当てを受けたが、うち二人は救急車で病院に収容された。

世田谷消防署宮の坂出張所救急隊の話では、正門前の路上で動けなくなっていた学生二人を収容し、高井戸の病院へ収容した。頭、胸などに打撲傷を負っていたといい、うち一人は内臓などの診断のため三日間入院したと病院でもいっている。

その後も討論をしようとする学生などの強制的な追出しがつづいているというが、旧二年生の昭和四十三年度の集中授業がはじまった二十三日も開始早々の午前十時二十分ごろ、一カ所しかない門から、友人の肩にすがるようにした学生を囲んで十数人の男子学生が逃げるようにして出て来た。

同学部応用地理学科二年生たちで、その話によると、約六十人が出席した第一時限の授業を「日大闘争と授業再開の意義について」の討論会に切替え、十時十分からの二時限も討論を続けようとしたところ、担任教授に討論を制止された。このため二十数人が席を立ち、校庭に出たところ十数人の職員と学生風の男が取巻き「授業を妨害したから、受講票を返せ」と迫り、拒否したK君（二一）の胸倉をつかんだり腕をねじりあげて、胸ポケットに入れてあった受講票を取上げ、さらに腹などをなぐった。これを止めようとした友人二人も受講票を取上げられ、なぐられたりした、という。学生の要求で討論に応じようとする教授にも〝圧力〟をかけ沈黙させているというが、このような形で受講票を取上げられた学生は二度と学内に立入ることが出来ず、事実上の停学処分となるわけで、三年生だけですでに四十人近くが強制的にこの処分を受けていると学生たちはいっている。

このような事態に対し管轄の成城署では「学内のことはわからないし、学校側からは何も聞いていない」と関知しない態度でいる。」（『朝日』六月二十四日）

時間とともに、多くの学部では学内は落ち着きだし、全共闘の学内での居場所も確保できる学部も出てくる。芸術学部でも、校舎を鉄板で囲み、狭い入口では検問が行われていた。しかし、芸闘委が学内集会を呼びかけた日には、スクラムで突入すると検問は簡単に破られ、学内集会を行うことができた。

こうした流れができてきていた、七〇年二月二十五日、文理学部一年生の授業が行われている「捕虜収容所」校舎の最寄駅京王線武蔵野台駅で、ビラまきをしていた文理学部を中心にした全共闘約三十名に右翼が襲いかかった。ここで中村克己（商学部三年）が重傷を負い、三月二日に死亡した。この虐殺事件を契機に、文理学部のアウシュビッツ体制はより一段と強化された。そして、暴力ガードマンの大量駐留が始まった。それは七六年まで続いた。だが、そのようなかでも中村君虐殺にかかわった右翼学生を見つけ出し、追及するなどが行われていたという。そして七六年には、暴力ガードマン追放の運動が高揚することになる。

＊郡山、もうひとつの日大闘争

ここで郡山の工闘委が置かれていた状況についてみておきたい。それは、同じ全共闘の学生にも想像を絶するものである。六八年の状況から見ていこう。

これは六八年七月十七日の朝日新聞投書欄に載ったものである。

『日大幹部教授は姿勢正して　郡山市　菊池光子（日大助教授32歳）』「脱税一つしていない私たち助教授講師会の者は、今日までいかに肩身の狭い思いをしてきたか、日大の教職員の中にも、私と同じ思いの人たちはたくさんいることと思います。私は幹部教授の方々に申上げたい。

あなた方は、どうして私たちの身の潔白を証明して下さろうとしないのですか。それどころか、ますます私たちに圧力を加え、各教室の盗聴器兼用のマイクで、私たちの講義や学生のクラス会の模様をテープ録音し、学生の掲示やアジ看板をかたっぱしから焼却するのはなぜですか。夏季休暇だというのに、なぜ体育会系の学生に、毎日すごませておかなければならないのですか。都会を離れた郡山（工学部）でも、この有様です。一日も早く姿勢を正して、民主化の理念を持っていただきたい。

ストライキにも入らないで、じっと耐え忍んでいる学生たちが、かわいそうです。私は学部内の力で、幹部権力者を排除できないのが、非常に悲しい。」

＊十月十四日、右翼のバリケード襲撃

郡山の工闘委は、当初より全共闘のなかでもっとも厳しいたたかいを強いられていた。郡山工学部は、九月四日の法学部、経済学部のバリケードに対する機動隊導入の日を期してストライキに突入した。

だが九月二十四日、教職員によってバリケードが撤去されてしまう。工闘委は二十七日東京から全共闘部隊の応援を得て再度バリケードを構築していた。九・三〇大衆団交のあと、十月四日にはバリケードをはさんで体育会学生との投石合戦が起こっている。

そして十月十四日の襲撃である。

「日大工学部で十四日午前三時ごろ、本館を占拠している闘争委学生約六十人と実力で占拠を解こうと押しかけた体育会系の学生を含む一般学生百五十人の間で投石騒ぎがあり、この間に〝火炎ビン〟まがいのものを双方が投合った。このため本館内にバリケード代わりに積重ねてあった机などに燃え移り、机、イス数十個と鉄筋コンクリート三階建延べ約千五百七十平方メートルのうち一階の用務員室、印刷室、医務室の約二百平方メートルが焼けた。郡山署では、県警鑑識課に応援を求め現場検証をし、放火の疑いで捜査を始めた。

双方の学生の話だと、体育会系学生と四年生ら一般学生約百五十人がヘルメット姿などで本館に押しかけ、同館に泊まり込んでいた闘争委の学生と石を投げ合った。間もなく正門わきの電源が何者かによって切られ、学部内が真っ暗になると、本館内からコーラなどのビンにガソリンらしい油をつめて布で蓋をし火をつけた〝火炎ビン〟を外に投げはじめた。外の学生の一部もこの種の〝火炎ビン〟や石を布や紙きれで包みそれに火をつけたも

のを投げ、この騒ぎで午前四時四十分ごろ本館一階の一号館校舎寄りの入口付近の机などのバリケードが燃えあがった。」「郡山署は東京から体育会系の学生が反闘争委活動の応援にきているという情報があるため確認を急いでいる。」（『朝日』夕刊十月十四日）

工闘委は放火罪を狙う警察の攻撃をうけることになる。それは全共闘弁護団と救援対策部の全力をあげた奔走で阻止された。

六九年の二月二日のバリケード解除では、ヘルメット姿の学部長を先頭に教職員、右翼学生が動員され、警察の見守る中で公然と襲撃が行われた。襲撃を受けた工闘委十二名は全員重傷を負った。このときの記録は、映画『続日大闘争』に残されている。

＊『圧殺の森』

次はバリケード解除後の郡山工学部の状況である。

「「平和だなあ」「静かだなあ」——案内してくれた芳村君は、さっきから同じような言葉をくりかえしている。全学部で四千人を越える学生たちは、試験や休みで姿をみせない。

正門わきに大きなたて看板。「全共闘、工闘委の構内立入りを禁ず」。さらに、有刺鉄線を四重，五重にまきつけた木柵がうねうねと伸びている。かれは、名ざしで立入りを禁じられている工闘委（工学部闘争委員会）のメンバーだ。母校のキャンバスが平和で静かであることを、ことさらに口にするのは、かれら工闘委がいま置かれている状況と、あまりに対照的だからだろう。

深夜、かれらのアジトで——。古い倉庫の屋根裏。窓から、遠く大学の灯が見える。芳村君のほかに、田口君、金沢君、神田君、内田君、迎君、竹村君、村中君、坂爪君——郡山市内に残る工闘委はこれだけだ。かれらは夕暮れとともに、一人ずつひそやかにやってきた。夜明け近くまで討論を続け、明けきらないうちに引揚げてゆく。昼間は、急用以外は下宿から出ない。

その下宿も、三月から四月にかけて次々と追われた。たとえば村中君は、四年間いてもらいたいと乞われていた下宿を三月末に突然「親せきの子を入れたいから」という理由で追われた。同宿の日大生は四人いたが、工闘委はかれだけだった。坂詰君ははっきりと「暴力学生は置けん。すぐ出てくれ」と宣告された。内田君は、下宿から直接実家へ「息子さんを出るように説得してほしい」と速達が届いた。

下宿ばかりではない。大学側も二月末、構内にある学生寮の寮生二〇〇人に突然退去命令を出した。理由は、「寮生の工闘委シンパとアンチ工闘委の反目で深刻な事態が予想される」というものだったが、当時、工闘委シンパ十数人の存在は、先細りしつつあった工闘委にとっては、有力な〝拠点〟だった。

下宿探しは困難をきわめた。リーダーの竹村君は、いったん決まりかけた下宿が、工闘委とわかってニベもなくことわられた。追われずにすんだ友人の下宿へころがりこんだ者、友人の下宿を泊り歩く者、身を置く場所がなく郡山を去った者。ここ郡山には、東京の明大学生会館のように、亡命者をかくまってくれる格好の場所はどこにもないのだ。居場所がなければ闘争を離れるしかない。かれらは、下宿業者が大学の要請を受けて、工闘委の締出しをはかっているに違いない、と自信をもっていう。それどころか、「郡山全市をあげてわれわれに敵対している」といいきる。かれらの論理はこうだ。

——昨年まで学生運動の地下水が皆無だった地方都市・郡山に、突然、降ってわいたようにわれわれの闘いが始まった。使途不明金何十億円といっても、市民には、「東京のこと」という程度の認識しかなかった。われわれの闘いによって、平穏な日常性がかき乱されることをただ恐れた。それが闘いの進展とともに、工闘委は郡山の将来の発展を阻害するものという認識が市民に広まってきた。郡山は新産都市の指定を受けて、大企業誘致を目ざしている。日大工学部は、将来ますます存在意義を重くしてゆくだろう。事実、大学院の新設が決定しているではないか。そのとき、日大が「反逆の砦」でありつづけることは、体制側のもくろみを破産させてしまう。いかなる手段をもってしても、工闘委を圧殺してしまわなければならないのだ——。

「実はこの結論は、昨夜全員が朝までかかって討論して、ようやく引出し得たんですよ」と竹村君がいう。

二月二日朝、バリケードにたてこもる竹村君ら十二人の工闘委が、教授会首脳の率いる体育会系学生三、四百人に攻められ、集団リンチのすえ学外に追われたのちもなお、日ましに自分らの周辺に迫ってくる圧殺の力は、いったい何だろう、と考えぬいたはての結論が、これだというのだ。

竹村君は二月二日をふり返って、「バリケードめがけてうじゃうじゃと攻めよせる人間をみたとき、殺られるかもしれないという恐怖より、郡山全市が敵にまわったか、というショックの方が強かった」と語る。

ここにいる工闘委メンバーは、みんな郡山署や体育会系学生に顔が割れているという。街を歩いていて、「田口クン、きょうはどこへゆくの」と私服刑事に呼びとめられたり、体育会系学生数人に白昼、街の中で追われたなどの話は、めずらしくない。内田君は、友人のアパートで話こんでいるところを顔見知りの体育会系学生十数人になぐりこまれてリンチを受けた。いまは郡山を去っている工闘委の一人、大鋸君は、流し台にあった包丁で髪をひとつかみ切りとられるという目にあっている。」（平栗清司「郡山残酷物語──地域ぐるみの圧殺」『朝日ジャーナル』1969・6・1号）

『「紛争についていけぬ」と自殺　長崎　日大生、愛用のライフル銃で』「二十二日午後五時ごろ、長崎市梁川町、日大工学部機械科一年堀之内良市君（二二）が、自宅玄関の三畳の間で自殺したと弟の信雄君（一五）が引佐署に届けた。

調べでは、良市君は玄関のゲタ箱にもたれかかり、自分の七・五口径のライフル銃を胸に当てて死んでいた。右足で引金をひいたらしい。

良市君は三月ごろから福島県郡山市の日大工学部から長崎の自宅に戻っていた。家族に「紛争にはついてゆけぬ。もう一度国立大学を受験し直したい。受験に失敗したら二、三年就職して、ライフル銃が自由に撃てるブラジルにでも移住したい」などと話しており、最近は受験勉強も進まずノイローゼ気味だったという。良市君は射撃が好きで、去年十月ライフル銃を買った。」（『朝日』六九年七月二十三日）

3　大学治安立法反対闘争

＊日大闘争と大学治安立法反対闘争

五月二十一日は、前年経済学部ではじめて「無届集会」の行われた、日大闘争の記念日であった。その一年前の記憶は鮮明である。

『〝日大闘争一周年〟荒れる　駿河台で無法ゲリラ』「日大全共闘主催の「日大闘争一周年全学総決起集会」が二十一日午後三時すぎから学生約二千人を集め、東京・駿河台の明大記念講堂で開かれた。

「大学立法粉砕」などを採択して午後四時半いったん閉会したが、このうちヘルメット姿の学生約五百人が日大理工学部一号館の再占拠を叫んで無届デモに移り、待機していた機動隊と衝突した。学生たちは路地にバリケードを築いたり、走っているバスやトラックを機動隊側に追いこむなど無法な〝市街ゲリラ戦〟に出たため、ラッシュ時にはいったお茶の水通りなど周辺の交通は大混乱し、午後八時すぎまで交通マヒはつづいた。

この騒ぎで学生十二人が公務執行妨害、都公安条例違反などで逮捕された。

学生たちは約五十人の〝特別行動隊〟を先頭に立て、用意した丸太やハンマーで理工学部一号館正面玄関を打ち破って侵入、屋上から赤旗をたらして、〝奪還成功〟と気勢をあげたが、機動隊約千人が午後五時すぎから実力で排除したため、お茶の水通りや周辺の路地へちりぢりに逃げた。しかし集まった一般学生、通行人など約三千人の群衆にまぎれこんで投石したり、近くの明大校舎から持ち出したイスでバリケードを築くなどゲリラ戦術を展開。さらに午後七時すぎになって学生たちは一号館前に陣取った機動隊を混乱させようと、お茶の水通りの路線バスやトラック、タクシーなどを同一号館前に追い込んだ。

同通りはこのため御茶ノ水駅近くから駿河台下目で約五百メートルにわたってノロノロ運転が続き、ふたたび機動隊が実力行使、学生は投石などで激しく抵抗したが、同八時すぎ機動隊が引き揚げて、やっと騒ぎはおさまった。」(『読売』五月二十二日)

五月二十三日、日大全共闘をはじめ都内十一大学全共闘の共催で「大学立法粉砕・日大闘争一周年　全都総決起集会」を明大記念館で開いた。

この日のたたかいは、全国で展開された。三十四都道府県七十八カ所で集会・デモが行われ、三万二千人が参加した。そして、この日全国の三十五大学(国立大二十二、公立大八、私立大五)がストライキに突入した。六八年東大・日大など、大学闘争の激発に対して出されてきた大学治安立法は、逆に大学闘争の全国化を引き起こしてしまった。

明大周辺には全共闘と「過激派学生団体」が結集し、明大記念館前、学生会館前、日大理工学部一号館前などに集まり、機動隊と衝突した。東大全共闘は、清水谷公園に千名を集めて集会、デモを行った。東大では「オール東大」の決起を目指したようである。

革マル派は、早稲田大学で集会。共産党系は、礫川公園で集会を開いた。

この日の構図が、これ以降の政治党派のあり方を決めたといっていいだろう。

「大学運営臨時措置法案　政府原案通り国会提出　一応紛争処理だけ」「管理強化が焦点に」（『読売』五月二十五日）こう言われるように、問題ははっきりしていた。ただただ六八年から大学で起こっているたたかいを押しつぶそうというものである。事態は逆に、反対闘争は学生だけではなく教職員もまきこみ、全大学的決起になっていった。

「紛争大学は112　警視庁報告」（『朝日』夕刊七月十一日）というように、全国に広がっていった。

このたたかいは、七月二十九日の法案の衆院強行採決、八月二日の「大学法案審議なし採決参院文教委」「怒号もみ合いの中　起立、挙手、異議なし」、翌三日の「大学措置法、抜打ち成立　参院本会議」「議長発議で採決　実質審議ゼロ参院史上前例なし」「参院の自主性失墜　政府・与党やりたい放題」（『朝日』）まで続き、さらに反対の声は広がってゆく。「火炎ビンで始まった〝大学法〟広島大学　並木道は火の海」「京大などで封鎖拡大」（『朝日』夕刊七月十八日）。

繰り返される全共闘の集会・デモは、九月五日の「全国全共闘連合」結成を準備していった。

＊七〇年に向かう政治の季節のなかで

四月二十八日の沖縄闘争は、東京駅に全国からの学生を集めて、線路上を新橋に向かい国会を目指した。高架線の線路上で機動隊と激突した。そして、有楽町から日比谷にかけて、反戦労働者や市民と合流して激しいたたかいが繰り広げられた。この日、東大全共闘は大挙してこのたたかいに合流した。日大生は、各セクト、各グループで東京駅を目指した。七〇年の焦点が、沖縄返還問題に絞られてきた。

五月三十一日には、愛知外相が訪米し、沖縄問題の調整に当たった。

六月に入ると、九日からのアスパック（アジア・太平洋協議会）反対闘争が伊豆の川奈で行われた。日大生は、各セクト・グループで参加した。九日の逮捕者は二百四十五人。翌十日は、横浜国立大学を出発した学生たちが乗った列車が、小田原駅で止められた。そして、学生たちが立てこもり抵抗した三両目の車両にいた者は、全員逮捕されてしまった。そのなかにはかなりの日大生も含まれている。

六月十一日、日大全共闘は「バリスト一周年」闘争を行った。明大九号館で集会の後、デモで機動隊と衝突して、四十六名が逮捕された。

六月十五日の闘争は、反戦・反安保の新しい潮流が、日比谷公園を埋め尽くした。日大全共闘の隊列もその中にいた。

七月二日、農獣医学部闘争委は二千名の学生を集めて集会を開き本館を占拠してストライキに入った。翌日、右翼学生が火炎ビンを使った襲撃をしかけてきた。これを契機に、機動隊が導入されバリケードは破壊された。

この時期は、闘争につぐ闘争の日々であった。日大内のセクト・グループはその中で結集力を強めていたといえる。つまり、「セクト力」をつけていったのである。

4　一年目の九・三〇

＊医学部固有のたたかい

九月四日全共闘は、明大に二千人を集めて「法経仮処分一周年弾劾」の集会を開いた。ここで、九月再封鎖闘争を宣言した。

いち早く動いたのが、医学部の学生たちだった。

九月三日、医学部学生委員会は学生大会を開き、九項目要求（検閲制度の撤廃、経理の公開、学生自主管理の学生会館の建設など）を求め、教授会との団交を要求することを決定。そして、八日までに回答がなければ、自動的にストライキに突入する、と決めた。

八日、大学側はこの日の授業をすべて休講にし、当分の間学生の構内立ち入りを禁止するという掲示を出した。ロックアウトしたのである。学生委員会は、構内に三百人の学生を集めて抗議集会を開いた。大学は機動隊の出動を要請し、機動隊は学部近くに出動した。この日は、学生と機動隊のにらみ合いが続いた。

十三日、医学部学生会は、医学連第十六回定期大会に正式に参加した。

九月十八日、医学部学生委員会、教養部校舎を占拠してストライキに突入した。

二十日、学生委員会は医学部教授会に突入して、実質的に団交を実現した。話し合いはつかず、本館二階をバリケード封鎖した。

十月一日、医学部団交の予備折衝が行われるが、決裂。十九日、学部当局は機動隊導入して学生を排除、ロックアウトした。

十月二十三日、学生委員会は八十人のヘルメット部隊をつくり、ロックアウト粉砕・学部奪還闘争を行った。ガードマン、大学側学生と衝突した。

十一月二日、学部主催の医学部集会（両国講堂）を学生委員会が介入し粉砕した。学生委員会側は四日に医学部構内に三百人の学生を集めて授業再開に反対する集会を開いた。

十一月五日、医学部学生八名が逮捕された。そのうえ、十月二十三日の奪還闘争に参加していた学生十八名の逮捕状が出された。

七日、授業再開が強行された。だが、連日教室では委員会学生と授業再開推進学生との衝突が繰り返された。

十三日、医学部精神科医局で、スト権が確立された。

十七日、学生委員会学生十八名が逮捕された。十二月二日には、二十七名の学生に処分が発表された。

翌三日、学生委員会は本館前に百人の学生を集めて、処分撤回の抗議集会を開いた。

医学部は、六九年一月全学部で最初にバリケードを解除された。全共闘派学生は、本当に悔しかったのだろう。その後、力を蓄え九月のたたかいに打って出たのである。やむにやまれぬたたかいであった。だが、佐藤発言以降の、東大安田講堂闘争以降の、厳しい状況に頭をぶつけなければならなかった。

＊一年目の九・三〇へ

九月四日の日大集会、翌五日「全国全共闘結成集会」が日比谷野外音楽堂で開かれた。全国から四十六大学全共闘一万五百五十人（警視庁調べ）が結集した。日大全共闘は演壇を埋めた。余興のように、集会は社学同内の内ゲバから始まった。集会に参加しようとした東大全共闘の山本義隆代表は、公園入口で逮捕された。集会では、議長に山本義隆東大全共闘代表、副議長に秋田明大日大全共闘議長が選出された。そして、七〇年安保粉砕、沖縄闘争勝利をたたかい抜く。とくに、十一月佐藤訪米を実力阻止することが決議された。

九月十日、古田が日大会長に就任することが決まった。六八年末に改定した寄付行為によって新役員の選出をすすめてきた大学は、選出された評議員によって選ばれた新理事による会議を開き、ここで古田会頭は古田会長になったのである。こうして、古田は居直りを完成させたのである。

翌十一日朝、法学部三号館前に学生約三百人が集まり、これに抗議した。学生たちは、経済学部一号館前に移動、そのうち十名が角材を持って経済学部長室に突入した。その十名の学生のうち何人かは、右翼との乱闘と二階から飛び降りた際にけがをした。けが人は、タクシーで江古田の病院に送った。警察や大学から守らなくてはならないからである。

この日の行動は、日大内の中核派の指示で行われたものである。中核派は、すでに九月三十日の闘争の方針を決めていた。それにむかった第一弾の闘争であった。

十二日、全共闘は明治大学で集会を開いた。ここで、古田新体制とたたかい抜くこと、九月三十日に向けて法・経実力奪還でたたかうことが確認された。

十三日、文闘委は「アウシュビッツ体制粉砕」を掲げてデモを行った。二十五日には、法闘委が集会を持ち、日大本部向かいの法学部一号館を一時封鎖した。理工学部闘争委が学内集会を繰り返したのをはじめ、他学部でも集会などが開かれた。

十七日には、全国全共闘の呼びかけで「東京教育大学支援闘争」がたたかわれた。これにも日大全共闘は全力で参加した。


九月三十日の前日、日大の中核派は明治大学に大量の火炎瓶を持ち込んだ。翌日朝には家宅捜索が予想されるので、それは何カ所かに分けて秘匿された。角材は立て看板のなかにびっしりと埋め込まれた。

中核派は、翌日街頭火炎ビン闘争を計画していたのである。それは、夏のころから準備されていた。火炎瓶の準備そのものと、行動隊の形成とが進められてきた。本物の火炎瓶を使った投てき訓練などが繰り返された。百名以上の行動隊もでき、準備は終わっていた。

＊九月三十日その日

当日早朝六時に、予想通り警察が明治大学に入り、捜索した。「記念館、学生会館、一、二、四、五、十一号館」で「角材、鉄パイプ、ガソリンなど十七件、およそ千二百点を押収」した。それは「トラック四台分」もあったという。（『朝日』夕刊九月三十日）
警察が引き上げたのを確認してから、行動隊は明治大学に入った。前日隠しておいた火炎瓶と角材は、すべて残っていた。火炎瓶を学生会館屋上、向かいの大学院の屋上、そして学生会館内の三カ所に分けて、運んだ。そして、見張り番を置いた。

昼を過ぎると、学生たちは集まり始めた。

全共闘の集会が始まるころには、行動隊はそれぞれの配置についた。最初に火炎瓶を持って明大前通りに飛び出す部隊は学生会館玄関前に座り込んでいる。すでに火炎瓶は玄関内に運んである。あとは、決められた時間に走り出すだけである。

「午後五時半すぎ、いきなり白ヘルメットの十数人がかけ出し、学生会館屋上の学生と呼応して火炎ビンを投げつけた。警備車一台が火につつまれ、規制に当たった隊員二、三人が火だるまになった。この激しい火炎ビン攻撃に機動隊もたじろいだ。

学生たちはこれと前後して、いくつかのグループに分かれ、国電御茶ノ水駅に通じる明大前通りへ無届デモに出た。

警視庁はこの日、学生が過激な行動に出るという情報で早朝、学生の拠点の明大を捜索、角材などを押収する一方、午後からは明大周辺に精鋭部隊を配置した。だが学生たちはヘルメットをぬいで警戒の網をくぐって外に出る者もあり、火炎ビン騒ぎをきっかけに機動隊は放水とガス銃で規制、現行犯の追跡というかたちで同学生会館などに入り、新、旧学生会館と十一号館の中だけでも約百八十人を逮捕、新しい火炎ビン三百五十五本を再び押収した。そのなかには硫酸を試験管に入れてテープでゆわえた新型の火炎ビン二百七十本が含まれていた。

騒ぎはこれで一旦おさまったかにみえたが、学生たちは警備陣の裏をかくように午後六時前、今度は明大から五百メートル離れた都電通りの駿河台下交差点に付近の商店や食堂のゴミ入れ用のポリバケツなどを持出し、同交差点に並べてバリケードをつくる一方、この騒ぎを知って集まり始めたヤジウマを巻込み、近くの神田署神保町交番に投石、窓ガラスをこわし気勢を上げた。

この間、別の約百人は神田署近くの錦町交差点付近で、駐車中の機動隊輸送車を横倒しにしてガソリンをまき放火、…中大前の聖橋通りなどでも数カ所で次々と道路を封鎖、ここでも乗用車をひっくり返して火を放った。

午後七時すぎから、学生が明大通りや聖橋通りなどでバリケードを築いたり、投石するたびに機動隊は五十人ずつの部隊でかけつけた。だが、学生はそのたびに散り散りになって路地やお茶の水駅になどに逃げ、機動隊のいないところをねらって投石、バリケードの繰返し、午後七時半すぎには御茶ノ水駅東口前に地下鉄工事現場の資材で再びバリケードを作って放火、規制に当たって取残された機動隊員一人が学生につかまって袋だたきに合う一幕もあった。

午後八時をすぎても学生たちは御茶ノ水駅東口や明大、中大付近などになお計千五百人が群がり、古い家の土台に使われていたコンクリートをこわして機動隊に向かって投げたり、持出した材木に火をつけたりした。」(『朝日』十月一日)

この日は、日大生だけではなく他大学の全共闘学生が明大周辺に多数集まっていたようである。たたかいは、夜遅くまで執拗に続けられた。

またセクトは、別のところでも行動を起こしている。午後七時すぎ、東大竜岡門から出た学生が本富士警察署を火炎瓶で襲撃、署長室が燃え上がる。また、午後六時半すぎ、東洋大学から出た学生が白山通りに地下鉄工事現場から持ち出した資材でバリケードをつくった。「一年目の九月三十日」は、日大闘争というよりは、十一月の佐藤訪米阻止闘争の突破口と位置づけたほうがいい。

日大内の中核派は、それを選択したのである。私もその一員であった。

私はこの日のたたかいをもって日大闘争に区切りをつけ、あとはセクトの活動家として生きてゆくことを選んだ。

5 経理課長失踪と日大の闇

＊経済学部不正経理事件

経済学部の経理課長富沢広が六八年三月下旬に失踪したことは、第一部で述べた。これは、その後の顚末である。

『日大経済学部　経理責任者を取り調べ　二億円の使途不明金』『課長〝蒸発〟事件も追求』「警視庁捜査二課は十日朝、日本大学経済学部事務局寿乃田博造次長に背任の疑いで任意出頭を求め、調べを始めた。直接の容疑は日大が四十一年秋、山梨県下に購入した土地について、買入価格に疑問があり、背任の疑いがあるというものだが、寿乃田次長は約二億円にのぼる使途不明金を出して問題になっている日大経済学部の経理面の最高責任者であり、日大経理の実情について追及する。……」（『朝日』夕刊六九年二月十日）

『不明金の着服追及　日大経理不正　寿乃田次長の調べ続行』（『朝日』夕刊二月十一日）

『富沢を告発　7００万円の横領容疑』『実質上の経理長・富沢　年間12億円が動く経済学部』（『朝日』夕刊二月十二日）

『さらに二千万円　日大経済学部の不明金』（『朝日』夕刊二月十三日）

『すぐ帰って真実を　日大・富沢元課長に妻が訴え』『「子のために勇気だして」やつれ果て、食事進まず』（『朝日』夕刊二月十九日）

『富沢、都内に潜伏？　警視庁　特別追跡班を増強』（『朝日』夕刊三月八日）

『さらに二万枚　日大・富沢の手配書配る』（『朝日』夕刊四月十日）

＊逮捕者続々……

『富沢逃亡にひと役？　日大ＯＢの三名を逮捕』「警視庁捜査四課は二十四日、右翼政治団体日本青年社教育部長岡孝（二九）、同社学生部長飛田正幸（二三）、会社員小俣哲郎（二六）の三人を暴行、脅迫の疑いで逮捕した。同課では岡ら三人が、捜査二課から業務上横領罪の疑いで指名手配中の日大経済学部元会計課長富沢広（四二）と深いつながりを持っていたとの疑いを持ち、捜査二課とも連絡を取りながら本格的に追及する。

岡らはいずれも日大応援団のＯＢだが、逮捕の直接の容疑は昨年十一月ごろ、同大紛争に関して、同大本部職員Ａさん（二三）ら数人が、本部構内に「校友会顧問、加藤修を追放せよ」と書いたビラを貼ったことに怒り、同月二十一日午後六時ごろ、Ａさんを日本学生革新連盟の事務所に連れ込んで二時間にわたって背中をなぐったりしておどし、Ａさんに十日間のケガをさせたというもの。岡は日大のＭ幹部の紹介で、さる四十年、経済学部の臨時雇いに採用されてから、同学部の会計課員や富沢とも親しくなり、裏口入学を手伝ったり、裏口入学斡旋容疑で逮捕されそうになった男をかくまったこともあったという。日本青年社の資金の一部が富沢から流れていたといううわさもある。このため、富沢の逮捕で資金源が明らかになるのを極度に恐れていたといわれ、同課では岡が富沢逃亡に一役買っていたという疑いを強めている。」（『読売』五月二十五日）

『日大　不正経理追及、核心へ　寿乃田次長に逮捕状　山形前学部長も取調べ　経済学部事務局』『事務局など六カ所捜索　富沢失踪で捜査難航』『不明金額さえ〝不明〟年間13億、3人で動かす乱脈な経理』（『朝日』夕刊六月六日）

『幹部にさらに波及か　日大不正　寿乃田次長を逮捕』（『朝日』六月七日）

『新聞広告で〝暗号連絡〟日大の富沢へ　愛人の女子職員』「日本大学の経理不正事件を追及している警視庁捜査二課は、業務上横領の容疑で指名手配中の元同学部経理課長富沢広（四二）の行方を追っているが、失踪以来、富沢が愛人の経済学部女子職員（三二）と、新聞広告を使って連絡しあっていた事実をつきとめた。捜査二課はこの女子職員を重要参考人としてこれまで数回、事情を聴いた結果、その供述から二、三の広告社を通して某新聞のたずね人広告欄を利用していたことがわかった。

この暗号広告の内容は、たとえば「便りを出した。居所知らせ父」「いまなら学校に戻れる。すぐ帰れ　母」など一般の広告と見わけがつかず、二人にだけわかる内容。新聞の配達区域は静岡県以東の関東、東北だったという。暗号が載ると二、三日中には、女子職員の自宅か職場に富沢から電話連絡があり、そのうえで密会場所や時間を決めていたという。富沢の最後の足どりは今のところ、さる二月上旬、渋谷区内でこの愛人と会ったあと、タクシーを呼んで横浜市内へ消えたところまでわかっているが、その後愛人の事情聴取もあって広告も出さず、密会の事実もないというので、それきりつかめていないと捜査二課はいっている。しかし、富沢が失踪した去年三月二十五日の一両日後、日大近くにある暴力団私設馬券売場にいたことや前から経済学部に出入りしていた右翼関係者やそれにつながる暴力団と金銭面で直接、間接に関係を持っていたとみられるので、こうしたグループにかくまわれながら転々と居場所を変えているのではないかとの見方を強めている。」（『朝日』夕刊六月十三日）

『日大の寿乃田釈放へ　地検、処分保留のまま』（『朝日』夕刊六月二十八日）

『寿乃田、横領で起訴　日大事件　入学寄付金を五百万円』（『朝日』七月十五日）

『日大の富沢　近く三度目の手配書　姿くらまして一年四か月』（『朝日』八月十四日）

『富沢の追跡残し終る　日大の使途不明金捜査』「日本大学経済学部の不正経理事件を捜査していた警視庁捜査二課は、さきに東京地検から業務上横領罪で起訴された同学部事務局次長寿乃田博造（四七）と、山形一雄同学部長（六一）について、さらに別の業務上横領容疑で十七日、寿乃田を追送検、山形を同容疑で書類送検した。これで日大経済学部の不正経理事件は、いちおうその捜査を終えた。しかし、警視庁では同学部の約一億円と見られていた帳簿上の使途不明金は、ほぼ解明されたとしながらも、帳簿にのっていない不明金はいぜんとしてつかめないので、逃走中の元同学部会計課長富沢広（四二）について、追跡班を残して捜査を続けるという。……」（『朝日』九月十七日）

＊富沢、ついに捕まる

『富沢元課長を逮捕　日大不正事件　初台のアパートで失踪後一年七カ月』（同1面）『日大〝黒い帳簿〟解明へ　富沢の逮捕』『まず不明の一億円　失踪のナゾも追及』（同15面）

「一年七ヵ月姿をかくしていた日本大学経済学部の元会計課長富沢広が、十七日逮捕された。警視庁捜査二課の同学部不正経理の捜査は、富沢がいないため壁に突き当たっていたが、十八日からの富沢の調べで核心に入るものとみられている。今後の捜査は①まず帳簿上の使途不明金一億円の行方②経理帳簿に載っていない〝隠れた不明金〟の収支③富沢の失踪は不明経理の全容が明らかになるのをおそれた大学関係者などによる隠匿ではないか――の三点を中心に腐敗経理にメスをいれる。……」（同15面）『〝国税庁調査でイヤ気〟七百万円遊興費などに使う　富沢の自供』（『朝日』十月十八日）

『富沢の潜伏助けて　謝礼に月十万円　友人ら三人つかまる』「警視庁捜査二課は日大経済学部不正経理のカギをにぎる元同学部会計課長富沢広を追及していたが、二十日富沢の逃亡、潜伏生活を助けた疑いで友人の大竹延（四三）元出版業大塚昇（三〇）石上繁夫（三二）の三人の任意出頭を求めて取調べ、同日午後逮捕した。二十日までの調べで富沢の潜伏は個人的に親しいこれらのグループの手引きによるものと分かったためで、富沢の横領額はこれまでに判明している七百万円の持逃げのほかに数千万円を着服している事実を突き止めた。大竹と大塚は逃走を助けた謝礼としてそれぞれ百万円、石上は毎月十万円を富沢から受取っていたという。捜査二課はこれらの三人は日大当局とは関係なしに行われていたとみている。」「富沢は同郷（福島県）の大竹の会社にひそかに「重役」として名を連ね、経済学部の金を数百万円から数千万円をつぎ込んでいたことも同課の調べでわかった。」（『朝日』夕刊十月二十日）

『〝横領ではなく借用〟　日大事件寿乃田の初公判　東京地裁』（『朝日』夕刊十月三十一日）

『富沢の横領1億5千万円　日大事件』『ブローカーに一億円日大関係含む十人に渡す

自供始める』「日本大学経済学部の不正経理事件を捜査している警視庁捜査二課は、取調べ中の元同学部会計課長富沢広について、手配容疑の七百間横領のほか余罪を追及したところ、二日夜までにさらに一億五千万円にのぼる横領を自供した。使途は富沢をかくまったブローカー大竹延＝逮捕ずみ＝や日大関係者などに渡したのがほとんど、というが、こうした供述は逮捕以来初めてである。

富沢の二日までの供述によると、四十年から失踪した昨年三月までの間に、富沢が一手に扱っていた入学時の寄付金、施設拡充費などを扱う五億円の臨時部会計の中から金融ブローカー大竹に一億円を渡した。他に一昨年秋ごろ、日大応援団関係者の一人Ａ氏に四百五十万円、日大校友会本部のＢ氏に約六百万円、日大出身の不動産業者Ｃ氏に約五百万円など日大関係者を含む十人に計一億五千万円（大竹の部分も含む）を渡したと述べた。」（『朝日』十一月三日）

『元日大職員ら逮捕　富沢の横領金をむしる』「警視庁捜査二課は、さきに業務上横領容疑の疑いで逮捕した元日大経済学部会計課長富沢広の自供から十七日夕、富沢の不正を知ってそれをタネに数百万円の公金をせびり取っていた会社員加藤淳平（三八）商品販売業者野木幹夫（三五）を共犯として同じ容疑で逮捕した。

調べによると、加藤は四十二年まで同学部学生課の職員だったが、四十一年六月下旬、富沢が勝手に預金口座をつくっていることにつけ入り、「親しかった女性の手切れ金を出すから」などといって、その口座から三百五十万円を引出させて受取った疑い。

このほか加藤は富沢が同学部会計課主任だった三十二年ごろから、毎年三、四百万円ずつせびり、十年余りの間に合わせて数千万円を受取っていたものと同課はみている。

野木は同学部のＯＢで、日大購買部に出入りしているうち、富沢のつまみぐいを知り、同じようにその弱みにつけこんで四十一年九月から十月中旬までに二回、計二百万円を出させて事業資金などに使った疑い。野木にも余罪があるとみて追及している。」（『朝日』十一月十八日）

『選挙資金に公金流用？　日大経済学部長選　幹部から事情聴く』「日大経済学部の不正経理事件を捜査中の警視庁捜査二課は、さきに業務上横領罪で起訴された元同学部会計課長富沢広の自供などから、四十二年秋の同学部長選挙の際、同学部の公金一千万円以上が選挙資金として流された疑いが出たため、二十二日までに、大沼健吉同学部教授、加藤修日大本部相談役ら幹部数人から事情を聞いた。

調べによると、問題の選挙は四十二年九月の山形一雄前学部長＝業務上横領容疑で書類送検＝の任期満了に伴うもので、反古田会長派とされた大沼教授と、古田派とされた吉田寛現学部長が立候補を予定。結局話合いで吉田学部長に決まったが、投票とりまとめなどのため多額の金が動いたとうわささされた。

これについて、大沼教授、同学部事務局次長寿乃田博造＝業務上横領罪で起訴、公判中＝につながっていたとみられていた富沢は「大沼教授、加藤相談役には、寿乃田次長から交際費、機密費、学生対策費などの名目で数百万円ずつ流れたはず」と自供した。

これに対し、大沼教授は「全然もらっていない」と否認、加藤相談役は「四十二年はじめ百万円借りたが、これは選挙になって波乱が起こるのを防ぐため、その調整に使い、あとで返した。これ以外の金はもらっていない」と述べたという。

しかし、捜査二課は、いぜんとして、富沢が自供したような金の動きがあった疑いは消えないとして、二十三日も引続き大沼教授らから事情を聞くことにしている。」（『朝日』十一月二十二日）

『富沢の横領は三億円？　大半日大関係者や友人に』「日大経済学部の不正経理事件を捜査中の警視庁捜査二課は同学部会計課長富沢広＝業務上横領罪で起訴ずみ＝ の余罪を調べていたが、一日夕までにこれまでの分と合わせて約二億七千万円を横領、その大半は日大関係者や同郷の友人など二十四人に流していたことがわかった。今後もなお余罪が出る見込みで、最終的には合計三億円にのぼると警視庁はみている。

調べによると富沢は会計課の主任だった三十七年春ごろから失踪する四十三年三月までの六年間にこれだけの金を着服していたもので、富沢からこの金が流れていたのは、学校関係者が十人、友人や知人、家族などが十四人。学校関係者の中では加藤修日大校友会事務局長が三十七年から四十三年にかけて中元、お歳暮の名目や機密費ということで合計約八百万円。山形一雄元経済学部長が五百万円。大沼健吉同学部教授らをはじめ体育会、校友会役員ら七人には合計約千八百万円。

また友人関係では、同じ福島県出身の元出版業大竹延＝逮捕ずみ＝に一億二千万円を事業資金などの名目で、さらに同学部学生課員加藤淳平＝同＝には四十二年から一年ほどの間に約六千万円を渡していた。富沢は加藤から弱みにつけこまれてしばしば金を請求されるのに閉口し、四十三年六月からは毎週一回、加藤（現在会社員）の勤め先か、学内の富沢の席で確実に数万円ずつ〝定期報酬〟として渡していた。

さらに一日夕、会社役員日大OB平間辰雄も、生活費として五十万円を富沢からもらっていた疑いで共犯として書類送検されたが、平間が受取っていた額も調べが進むにつれ五百万円にふくらむ見込みが強い。

富沢自身も家の新築や生活費をはじめ、二人の兄弟に五年ほどの間に約二千五百万円を〝融通〟。さらに週一回は経済学部の職員らを銀座や新宿のバーやクラブに連れて行き、一回について五、六万円ずつ使ったほか、新宿のバーのホステスに約六百万円つぎこんだ。

金の出所は同学部の臨時部会計（学生の入学寄付金など）。ネコババの最も激しかった六十一年からの二年間についてみると、同会計の二割にあたる二億一千級百万円を着服していたという。」『マンモス横領の背景　無鑑査同様の経理　悪をあおる〝ハゲタカ〟』（『朝日』十二月二日）

＊日大の深い闇のほんの一部

これが新聞報道された経済学部不正経理事件、会計課長失踪事件である。なんともすさまじいものである。ただ呆れるばかりである。

この事件を暴いたのは、警察の執念などではない。日大闘争をたたかった者なら、すぐにピンと来るはずである。これは古田の、反古田勢力に対する「仁義なきたたかい」である。この事件で暴かれた者たち、応援団OBの右翼団体、富沢の金が流れた日大関係者、そのすべてが反古田勢力ということである。古田・佐藤首相のラインは、十月一日の「佐藤発言」で日大闘争圧殺を宣言するとともに、大学内の反古田勢力つぶしにかかったのである。警察はその意を受けて、一年七ヵ月精を出したのである。

見てきたのは、新聞報道だけで、すべて警察情報である。その情報は、警察によって操作されているといってよい。また、警察の捜査が意図的に触れなかった部分もあったであろう。それでも、経済学部の腐敗と闇には慄然とさせられる。

経済学部だけでこれなのである。すこし想像力を働かせれば、他の学部、そして日大本部、古田体制全体の腐敗と闇の深さと広さに、ゾッとさせられ身のすくむ思いである。日大生はこれら総体とたたかっていたのである。「二十億の使途不明金」などは、まだほんの一部にしかすぎなかった。日大の闇は、日本社会の闇につながっている。だから、佐藤発言の深層にある、古田体制と国家権力を日大生はひっかいてしまったのである。

6　バリケードへの想い、あるいは自由への渇望

＊日大生を魅了したバリケード

日大生がバリケードについてどう思っていたのか。日大生は、一度は新しい世界を垣間見てしまったのである。

「生きてる　生きてる　生きている
バリケードという腹の中で　生きている
毎日自主講座という栄養をとり
〝友と語る〟という清涼飲料剤を飲み
毎日精力的に生きている

生きてる　生きてる　生きている
つい昨日まで　悪魔に支配され　栄養を奪われていたが
今日飲んだ〝解放〟というアンプルで
今はもう　完全に生き変わった
そして今　バリケードの腹の中で　生きている
生きてる　生きてる　生きている

今や青春の中に生きている」

文理学部バリケードのなかの教室の黒板に殴り書きされていたという。日大生は、たしかに新しい世界を見たのだが、それがどういうものだったのか、まとまった言葉にすることなく五十年が過ぎてしまった。その間、ある種のいら立ちをかかえてきたのである。

六九年の日大闘争は、「法・経奪還」闘争としてたたかい続けられた。それは、六八年の九月の高揚が忘れられずスローガン化したものであった。だが、その根底にあるのはバリケードの空間をもう一度取り戻したいというずきに似た感情である。

三月十日には文理学部でストライキ闘争が実現された。四月三日までの二十五日間バリケードは維持された。だが、機動隊導入によって潰えた。

農獣医学部でも七月二日、本館を封鎖してストライキに入った。だが、翌日には右翼学生の火炎瓶を使った襲撃があり、それを契機に機動隊が導入された。日大生は、それほどバリケードに執着していたのである。

*パリ・コミューンへのオマージュ

六八年五月のパリの学生たちの決起は、労働者の広範なストライキを呼び起こした。その知らせは、日本の学生たちに伝わり影響を広げていた。一部の学生たちは、「神田カルチェラタン闘争」と称して、お茶の水周辺に街頭バリケードをつくったりしていた。六八年は、世界中のあちこちで学生、若者の叛乱が一斉に起こっていた。アメリカの「いちご白書をもう一度」のたたかい、ドイツ・ベルリン自由大学等のたたかい、などなど。それは体制をこえて、プラハの春とワルシャワ条約軍の戦車による蹂躙という事態も生んでいる。芸闘委の一部は、ソビエト大使館抗議に飛び出したりした。

ベトナム戦争反対運動は、世界中に広がっていた。日本でも、べ平連の市民運動は、全国に広がっていた。六七年十月八日の佐藤首相のベトナム訪問に対し、それは日本の参戦国化であるとして、三派全学連の学生たちはヘルメット角材姿で機動隊と激突した。

その政治思想はともかく、闘争スタイルだけは確実に日大闘争に引き継がれた。

日大闘争を最後までよくたたかい抜き、現在も二〇一一年三・一一東日本大震災後の福島に通い続け放射線量の測定を継続している中村順（獣医学科二年）は、「社会や政治のことはまったく興味はなかった、山登りだけが楽しかったし一生の仕事にしようと思っていた、当時ヒマラヤ遠征の話もあった」と言い切っている。そういう日大生も多かったに違いない。

左翼学生たちは、日大、東大はじめ広がる大学バリケードを、マルクスのパリ・コミューンの叙述に依拠して理解しようとしていた。パリの学生たちへの連帯の思いが、それをいっそう掻き立てたのかもしれない。また当時では、これしかなかったといってよい。芸闘委書記局の主張が、一つの典型である。

「旧政府権力の中心所在にして、同時に、フランス労働者階級の根城たるパリは、帝国によって彼らにゆずられた旧政府権力を復興し、これを永久化しようとするチエールと田舎者の企図にたいして、武器をとって立ち上がった。パリがよく抵抗しえた唯一の理由は、包囲の結果として軍隊をおい払い、その大部分が労働者からなる国民防衛隊をもってそれに代えていたからであった。」

「コミューンは、パリの諸区における一般投票によって選出され、選挙人にたいして責任をおい、そして短期をもって解任される市議員によって形づくられていた。その成員の多数は、いきおい労働者であるか、または労働者階級のいっぱんに認められた代表者であった。コミューンは議院的の集団ではなくて、執行部にして同時に立法部たる行動的の集団であった。」（「フランスの内乱」『マルクス・エンゲルス選集』新潮社）

「二十年後の今日、一八七一年のパリ・コミューンの活動と歴史的意義とを回顧するならば、我々は『フランスの内乱』においてあたえられた叙述に、なお多少の補遺を加える必要を見るだろう。」

「経済上の方面では、こんにち我々の見解ではコミューンがしなければならなかったはずの多くのことがらが、等閑にふせられていたことはうなずかれる。人々が、フランス銀行の門前で、神聖な尊敬をもってうやうやしく立ちどまっていたことは、たしかに、もっとも理解にくるしむことである。これもまた、もっとも重要な政治上の誤りであった。コミューンの手にある銀行――それは一万の人質よりも、もっと値うちのあるものだった。それは全フランス・ブルジョアジーが、コミューンとの和解のために、ヴェルサイユ政府を圧迫することを意味していた。」（一八九一年三月十八日付、エンゲルス『フランスの内乱』「緒言」）

マルクスの定式化したパリ・コミューンの教訓は、日大全共闘の「直接民主主義」の中に充分に生かされている。誰でもが自由に参加し、討論し、決定し、参加者全員の責任において実行される。こうしたあり方、考え方は日大全共闘のあり方を決め、組織原則になっていった。自由を求めて立ちあがった日大生は、その精神にもっとも合致した民主主義として「直接民主主義」を理解した。パリ・コミューンの民主主義は、民衆のための民主主義であり、たたかうための民主主義であった。日大生の「直接民主主義」もまた、そういうものであった。

マルクスはコミューンを未来社会のあり方、社会主義社会のあり方として描き出した。それは歴史的な発見でもあったのだろう。

日大闘争も民衆の社会変革のためのたたかいの一部であったのも確かだろう。だが、日大闘争は社会変革を明確な目標としてたたかわねばならないという主張は、とんでもない間違いである。

そして、それは日大のバリケードとその空間を解き明かす言葉になってはいないと思われた。日大生のなかには、マルクス主義嫌いの心情と、マルクスの言葉を引用してみずからのたたかいを存在証明してみせるというカッコよさへの憧れが、混在していた。

*根源的自由への渇望

私は、日大闘争から三十年近く経った頃、一冊の本と出会った。網野善彦『［増補］無縁・公界・楽』（平凡社、一九九六年）である。「えんがちょ」の話から始まる、なんとも魅力的な書であったが、私にはむずかしいものだった。そこで手引書となったのが、中沢新一『僕の叔父さん　網野善彦』（集英社新書）だった。

「根源的な自由を求める心というのが、人間の本質をつくっている。だから人類はそれぞれの社会的条件に合わせながら、さまざまな形態のアジールをつくり出すんだ。未開社会には未開社会の自由の空間というのがあったし、古代社会には古代社会の自由を表現するための、都市というアジールができた。中世は沸騰する宗教の時代だから、アジールは寺社の権威を借りて、自分を実現しようとした。そういうものをつくり出そうとしているのは、人民の中にひそんでいる自由への根源的な希求なんだよ。」（中沢新一、前掲書）

網野は中沢にこう言っていたという。そして、網野の主張をこう要約している。

「『無縁・公界・楽』という本を準備していたころに網野さんがいだいていた基本的なモチーフを、私は自分のやり方で、おおよそつぎのように理解している。人間の本質をつくっているのは自由な意志であり、それが人間と動物を分けている。自由であるということは、言語や法の体系を自然とはまったく違うやり方で、自ら構成できるという意味をもっている。すると構造主義が言うように、言語も法も恣意的な体系としてつくられ、それが今度は人間を拘束する力をもつようになる。自然が決定しているものから自由でいられる能力が、逆に自由な人間の本質を否定するようになるわけだ。

そのとき人間の中に、さらに根源的な自由を求める欲望が発生するのである。人間は自然の決定するものから自由であることによって、言語や法や社会的規則の体系をつくりあげ、その体系の拘束にしたがって生きるようになった。そのとき同時に、人間の中にはそうした規則の体系を乗り越え、否定していこうとする新しい欲望が生まれる。根源的な自由を求めるトランセンデンタルな欲望である。社会的な規則の体系と、この根源的な自由の欲望とは、まったく同時に発生する。両方とも、人間の本質が自由であることに根を下ろしているけれど、向うところは反対方向を向いている。

この根源的自由を現実世界において表現したもののひとつが、アジールなのだ。アジールをつくり出そうとする夢や欲望は、それゆえ人間の本質に属している。平泉澄が主張するような法や権力の体系にとって「変態」などではなく、アジールはむしろ法や権力のさらに根源にある否定性をあらわしているのだ。人間の心のもっとも奥深いところで活動しているのが、この根源的自由であり、それは国家を立ち上げようとする意志よりも深い。

この根源的な自由が、さまざまなアジールの形態をとおして健全に作動している社会は、風とおしがよい。そういう社会では、権力がいたるところを一色に染め上げていくことを許さない。法や権力の絶対に侵入していくことのできないアジール空間が、そこここに実在していることによって、社会はたくさんの穴が開いた平面としてつくられることになる。その穴をとおして、根源的自由が社会の中にすがすがしい息吹を吹き込んでくる。

ところが国家を立ち上げる権力意思は、自分に突きつけられている否定性をあらわす、このアジールを憎んでいる。こうして権力とアジールとの、自由をめぐる永遠の闘いが発生するのである。近代に生まれた権力は、法に縛られず、警察力の介入も許さず、租税を取り立てることも許さないこのような空間が、自分の内部に生き続けているのを許容することができなかった。そのためにアジールとしての本質をもつ場所や空間や社会組織は、つぎつぎに破壊され、消滅させられていった。」（同上）

＊網野史学と共同体のこと

網野自身はこうも言っている。

「ただ、念のため、ここで断っておきたいのは、本書の副題の「自由」と「平和」を、西欧の近代以降の自由と平和と、直ちに同一視しないでほしい、ということである。もちろん、本文でも縷々のべるように、括弧つきで表した「自由」と「平和」は、それと無関係どころか、これを基盤としてのみ、近代以降の自由と平和の理念は生まれえた、と私は考えている。しかし、「自由」と「平和」は、あくまでも原始以来のそれであり、その実体は時代とともに衰弱し、真の意味で自覚された自由と平和と平等の思想を自らの胎内から生み落すとともに滅びていく。だからこそ、世俗の世界から、この「自由」と「平和」の世界に入ることはできても、その逆の道を戻ることは次第に困難、かつときには「絶望的」と思えるほどになっていくのである。そして滅びるものの否応のない宿命として、「自由」と「平和」も、見事に滅び去ることも、淋しく消え去ることもあろうし、また廃頽しときには「悪臭」すら放ちながら、姿を消していかざるをえないこともありうるであろう。

しかし本書は、倒叙法をとったことも関わりがあるが、そうした、現在なお進行中と思われる「末期症状」のあれこれについては、ほとんどふれなかった。こうした側面に立ち入るよりも、本質的に世俗の権力や暴力とは異質な「自由」と「平和」——本書でいう「無縁」の原理が、人類史と、この日本の自然の中に生きてきたわれわれの祖先たちの生活に及ぼしつづけてきた、はかり知れない影響の大きさ、其の「再生」への展望を、私は

できるだけ強調したかったのである。」（網野善彦『[増補] 無縁・公界・楽　日本中世の自由と平和』「まえがき」、平凡社）

日大のバリケードは「退廃し、悪臭を放ちながら消えていった」かもしれない。だが、日大生は「原始以来の本源的自由」に突き動かされ、「現代における自由」を追い求めていたのかもしれない。そんなことをふと思ってしまうのである。

ベトナム反戦闘争が盛り上がり、日大・東大闘争など学生叛乱が全国で起こった一九六八年は、社会に自由の風が吹き抜ける、じつに風通しのいい時代であったことは確かだっただろう。

7　エピローグ

「こないだ」と
五十年前の
話する

「大森千穂・女性・大阪市・43歳・主婦」さんが、『シルバー川柳』（ポプラ社）に投稿したものである。

私の日大闘争の思い出話も、そんなものなのだろう。

＊五十年経って考えたこと

日大闘争とは、いつから始まり、いつ終わったのか。これは、日大闘争をたたかった者たちの間でもなかなか一致をみることのない問題である。

まず、始まりである。

平均的に考えられるのは、六八年五月二十一日の経済学部の無届集会、二十三日の二百メートルデモ、二十七日の全共闘結成からである。

こういうと、経済学部の学生から異論が出る。秋田執行部までの三代の自治会執行部の苦闘のうえで、日大闘争が始まったのである。秋田自身「なぜ日大闘争を起こそうと思ったか」との問いに、「学生会の藤原執行部が、その年（六六年）の四月二十日の新入生歓迎会で暴力的に弾圧される場面を見ていて、この大学は情けないいうんか、どうしようもないなっていう思いを強く持ったんだ」（『忘れざる日々』8）と答えている。

文理学部や法学部からは、「前年の応援団闘争から」という声が聞こえてくる。

では、終わりはいつなのか。

全学部でバリケードが解除された六九年二月か。それでは納得しない者も多いだろう。終わりは、それぞれの個人の問題になってしまう。各人は「ここまで」と、心と体に区切りをつけていったはずである。六八年五月に一年生だった学生が七一年三月までは、日大闘争の記憶を持ち続けた学生が存在していた。六九年四月に入学した学生の日大闘争もあるはずだ。七六年に文理学部で暴力ガードマン追放をたたかった学生たちも、日大闘争を担ったと主張するに違いないだろう。

私は、六八年五月二十一日に突如始まった日大闘争は、六九年九月三十日の「第二の九・三〇」闘争までと思ってきた。それが、日大闘争をたたかった実感だからである。まったく個人的な思い、感情である。

*全共闘のアルケオロジー

日大闘争から四十年たった頃、日大闘争を語り残そうと考えるようになった。そのとき「日大アーカイブ」という会に参加するようになったが、そこでは毎回、日大闘争の思い出が語られた。だが、小さくない事実誤認や思い違いが出てくるのである。そこで、私は『日大全共闘資料集　新聞報道に見る日大闘争』（私家版）をつくることにした。起こったこととその日時などは、これである程度は整理できた。その後、『日大全共闘資料集Ⅱ　朝日ジャーナルが見た日大闘争』、そして当時の月刊誌に載った文章を集めた『日大全共闘資料集Ⅲ　68・69学生反乱と日大闘争』をつくった。

「68・69を記録する会」というものがあった。そこは、映画『日大闘争』『続日大闘争』のビデオ化を行った会である。そして、日大闘争の資料、写真なども集めていて、ダンボール箱三十ほどの膨大なものであった。その後身といえる「日大アーカイブ」がそれを預かってきた。その膨大な資料を日大生は持て余していた。そこで、この資料群を引き取ってくれるところを探していた。千葉県佐倉にある国立歴史民俗博物館が、これらを引き取ってくれるということになった。そこで、送る前に少し整理することになり、重要なものをいくつか見ることができた。日大闘争の評価を変える必要を感じさせた。

日大闘争を書きだした当初、三部構成を考えていた。第一部は「六八年五月二十一日の経済学部での決起から九・三〇大衆団交まで」、第二部は「佐藤発言からバリケードの解除まで」、第三部は「バリケード解除から二度目の九・三〇まで」を予定していた。私は、六八年五月から六九年九月まで日大闘争をたたかったつもりでいる。それは私にとって、ひとつらなりの日大闘争であった。

私が書き残したいことは、日大全共闘とは何であったのかである。だが、日大闘争資料を見ていったとき、六八年五月の全共闘は、佐藤発言以降のどこかの時点で変質を始めているのではないか、と思えてきたのである。そして、六九年のバリケードを失ってからは、異なる全共闘として登場したといっていいだろう。それは、一つはセクトとの関係のあり方であり、同時に日大全共闘内のセクトの立ち居振る舞いである。さらに、それは全共闘の民主的運営の問題として鋭くあらわれる。

もう一つは、日大のバリケードは何であったのか、ということである。これはまだ、簡略に表現することはできない。だが、それは何とも素晴らしい空間であった。それだけは、たしかである。

結局、私の「日大全共闘 1968 叛乱のクロニクル」は、こういうものになった。経済学部の仲間たちは、「六八年五月以前の日大闘争」をまとめようと努力しているようである。

六九年からの日大闘争は、誰かがまた書いてくれるだろう。

*佐藤発言以降、全共闘のとるべき道は

佐藤発言以降も、日大生と日大全共闘は全力でたたかってきた。別のとるべき道があった、などとはまったく思えない。

「旬余におよぶ神田周辺での完全武装の機動隊との激突と、その中で起こった一機動隊員の死を招いたその元凶への怒りが三万五〇〇〇の日大生を両国講堂に導いたのである。

だが、明けて一〇月二日、自民党佐藤政府は異例の閣議において〝日大紛争〟を議題として取りあげ、これに対する政府声明を行なって、二〇億脱税の古田体制を、はっきりと

擁護することにのりだしたとき、すでに、闘いは単に一「日大全共闘」だけのものではなく、また日大全共闘が堅持してきた非妥協な倫理性だけでは破れぬ厚い壁がたちはだかることが、万人の目に判明した。状況の打開に長い時間を要したが、それは一一月二二日の日大闘争・東大闘争勝利の全国総決起集会の形で結実し、発足後半年にも満たぬ日大全共闘は、文字通り全国学園闘争の先頭に躍り出た。この時、日大生および日大全共闘の内部世界は最後の扉を開いたのである。

だが日大闘争の一年の総括が、もし全共闘のレヴェルで正式に行われるならば、68年一〇月から一一月にかけてバリケードの内側で行われた討論の文脈は、克明なまでに明らかにされねばならぬだろう。全体的な権力の側の総反撃が準備され、開始されつつある段階で問題は山積し、それをとりしきる日大全共闘に、この国の革新勢力のいずれもが助力の手をさしのべもしないなかで、日大全共闘の非力のみを攻めることは誰にできるであろうか。ただ一つ、批判的総括の材料としての指摘をするならば、九・三〇から一一・二二への移行に要した時間が長すぎた、間髪を入れず一〇月の初期、日大全共闘は個別闘争の枠を超えることに全力をあげるべきではなかったか。一〇・八、一〇・二一と契機は少なくなかったはずだからである。」（桐生二郎「日大全共闘と直接民主主義」『現代の眼』六九年九月号）

九・三〇以降の日大闘争は、わかりにくい部分があったのだろう。こうした指摘になるべく応えようとしたのが、本書第2部である。日大生は、佐藤発言の意味、その重大さを、理解できないでいた。政治的未熟さ、もっと言えば、社会、政治、国家、権力というものに関する理解力の未熟さを、示している。日大生は頭が悪かった、というだけではない。当時の新左翼勢力の未熟さでもあったと思える。

そのなかでも、東大闘争との連帯の道を選択してきた。それは、セクトとの関係のあり方を模索しながらの選択であった。そのたたかいは、六九年の六・一五闘争、九・五全国全共闘集会を生み出していくことに、いくらかは貢献できたといえるだろう。問題は、その新しく生み出された状況について、正しく認識できず、それを大切にしようとはしなかったということである。それは、時代的限界といえばそうかもしれない。

日大闘争は、なるようになった、ともいえる。日大生と日大全共闘は、与えられた条件の中で、精いっぱいたたかい抜いてきたのも確かである。

ただ現在いえることは、自分たちがつくりだした「直接民主主義」を、最後までもっと大切に扱っていけばよかった。だが、そうしていれば、何かが変わった、というわけでもないのだろうが。

六八年に起こったことを、そのなかの日大闘争を、「異議申立て」社会に対する「問いかけ」として、理解しようとする風潮がある。それを、たたかった本人たちが吹聴することもある。それは違う、と私は思ってきた。明らかに、変革を求めていた。それも根底的なそれを求めていた。「こんな日大なら、ぶち壊してしまえ」というのが、日大生の実感なのである。それは左翼学生の言う「革命」などとは違うものだった。だが、日大生は異議申立てや問いかけをしたのではない。ただただ現実を変革したいと思ったのである。いま現在あるものが間違っているなら、それは変革されなくてはならない。だから、日大生は「古田打倒」のたたかいを貫いたのである。

東大の学生は「自己否定」と言った。それは、流行の言葉にもなった。しかし、日大生はまったく逆の感覚だった。たたかいに立ち上がったとき、自己を回復したのである。大学の管理と右翼支配のもと、下を向いていた日大生が自己を主張し、はじめて「自己肯定」した、そういうたたかいだった。だから、たたかいが喜びであった。それは、素晴らしく楽しい日々だった。

眞武善行［またけ・よしゆき］
1948年生まれ、東京・中野に育つ。1967年、日大芸術学部映画学科入学。68年、日大全共闘に参加、芸術学部闘争委員長として日大闘争をたたかう。ポスト全共闘においても、戦闘的労働運動を担い続ける。
この二十年余り、日大全共闘の記録、写真映像等の蒐集に奔走する。その多くは『「1968年」無数の問いの噴出の時代』(2017/10・1～12・10国立歴史民俗博物館）に展示された。

著者…………眞武善行

印刷／製本…モリモト印刷株式会社
制作…………有限会社閏月社

日大全共闘1968叛乱のクロニクル

2018年5月1日　初版第1刷印刷
2018年5月7日　初版第1刷発行

装本…李舟行

発行者…………徳宮峻
発行所…………図書出版白順社　113-0033　東京都文京区本郷3-28-9
TEL 03(3818)4759　FAX 03(3818)5792

ISBN978-4-8344-0232-2